KB196230

호랑이 깨우기

호랑이 깨우기

WAKING THE TIGER : HEALING TRAUMA

몸의 감각을 깨워 트라우마를 치유하는 법

피터 A. 레빈Peter A. Levine 지음 | 김유미 옮김

라이팅하우스

피터 레빈은 트라우마의 신체적 각인을 이해하고 이를 치료하는 데 있어 전 세계 임상의들의 등대가 되어 준 현명하고 친절한 신체 기반 치료의 선구자다.

–베셀 반 데어 콜크(의학박사, 『몸은 기억한다』 저자)

트라우마의 원인과 생리학적 영향을 설명하는 이 획기적인 책은 인간의 마음과 행동에 관한 이해를 넓혀 준다. 피터 레빈의 말처럼 '트라우마는 종신형 선고가 아니다.' 트라우마 문제는 분명히 해결되고 치유될 수 있다. 이 책은 인류를 자기 파괴의 길에서 구해 줄 것이다.

–미라 로덴버그(장애아동을 위한 블루베리 치료센터 명예원장)

몸의 감각을 통해 트라우마를 치유하는 피터 레빈의 방식은 인간의 마음과 신체가 서로 영향을 주고받는다는 신경과학적 원리에 뿌리를 두고 있다. 신체는 치유자다. 몸이 하는 말에 귀를 기울일 때 트라우마가 남긴 상처도 회복될 수 있다.

–스티븐 W. 포지스(노스캐롤라이나 대학교 정신건강의학과 교수)

진화론적 통찰과 임상 실무가 잘 어우러져 있는 이 책은 '트라우마'라는 수수께끼를 차근차근 풀어 가는 흥미로운 모험담 같다. 이 책을 읽는 누구라도 트라우마와 그 변화에 관한 레빈 박사의 이론에 빠져들지 않을 수 없을 것이다. 정신과 신체의 상호작용 연구에 크게 기여하는 책이다.

–로버트 C. 스캐어(콜로라도 메이플턴센터 재활 서비스 신경의학과장)

어떤 삶에든 준비되지 않은 고난이 찾아오기 마련이다. 이 책을 읽고 배운다면 상처를 치유하고 계속 살아갈 준비를 할 수 있을 것이다.
-버니 S. 시겔(소아외과전문의, 『사랑, 의술 그리고 기적』 저자)

피터 레빈은 과거의 기억을 그대로 되살리는 게 아니라, 당시 일어났어야 했던 신체적 과정을 경험하게 함으로써 트라우마를 극복하는 방법을 알려 준다. 이 것은 과거의 고통뿐만 아니라 미래의 고통을 예방하는 것이다.
-유진 젠들린(철학박사, 심리학자)

나는 국무부 재직 후 테러 자문위원으로 활동하면서 트라우마에는 인내와 연민, 이해가 절실히 필요하다는 점을 배웠다. 이 책은 인질극, 폭발 사건, 테러 피해자뿐만 아니라 그 가족과 일상적 트라우마 피해자 모두에게 점진적 효과를 발휘할 수 있는 트라우마 치료법을 알려 준다. 트라우마 사건을 다루는 사람이라면 반드시 조언을 얻어야 할 책이다.
-테렐 E. 아놀드(미 국무부 대테러부서 전 책임자, 『폭력의 공식』 저자)

피터 레빈은 우리에게 일어난 일을 다시 떠올리고 고통을 다시 경험하라고 요구하지 않는다. 대신 신체 감각으로 행복과 불행 사이를 오가며 내적 회복력을 키울 수 있도록 안내한다. 트라우마 치유 과정을 연구하는 이들이 오랫동안 기다려 온 책이다.
-돈 핸론 존슨(캘리포니아 통합학문연구소 소매틱스 교수)

피터 레빈은 트라우마의 실제 원인을 밝힘으로써 기존의 정신의학적, 심리학적 치료법의 한계를 극복했다. 신체 감각을 통해 트라우마의 생리적 뿌리에 접근할 수 있도록 이끄는 이 책은, 동물적 본능과 인간의 지성을 함께 발휘하는 능력을 알려 준다. 이 두 요소가 어우러질 때 우리는 비로소 이 세상을 제대로 인식하고 즐기며 아이들을 더 안전한 세상으로 인도할 수 있다.
-돌로레스 라 샤펠(심층생태학자)

"트라우마는 지울 수 없는 삶의 일부이지만,
그 속에 평생 갇혀 있어야 하는 것은 아니다."

한 세기의 2분의 1, 내 인생의 절반이 넘는 세월 동안 나는 트
라우마의 광대한 비밀을 푸는 데 매달려 왔다. 동료와 학생들
은 종종 나에게 묻는다. 어떻게 트라우마라는 고통스러운 주제
에 몰두하면서도 지쳐 나가떨어지지 않느냐고 말이다. 그들의
말처럼, 나는 두 번 다시 듣고 싶지 않을 만큼 끔찍한 이야기들
을 수도 없이 들었다. 하지만 그럴수록 트라우마 연구에 열정
적으로 빠져들었고, 다양한 유형의 트라우마를 이해하고 치유
를 돕는 것이 내 일생의 과업이 되었다.

사람들은 흔히 트라우마를 '특별한 사고'라고 생각하지만 사
실은 그렇지 않다. 트라우마의 여러 유형 가운데 가장 흔한 것
은 교통사고나 수술(치과 시술 포함)이며, 폭행 및 폭력, 자연재

해, 사회적 재난의 경우 목격하는 것만으로도 트라우마 증상을 일으킬 수 있다. 나는 트라우마 연구를 통해 그것이 얼마나 다양하고 일상과 가까운지 알게 되었다. 그리고 우리에게 주어지는 필요하기도 하고 불필요하기도 한 고통의 의미를 이해하게 되었다. 무엇보다 인간 정신의 수수께끼를 풀어내는 데 도움을 받았다. 나는 이 특별한 배움의 기회를 얻은 것에 감사한다.

트라우마는 부정할 수 없는 고통스런 현실이지만 종신형 선고는 아니다. 트라우마는 치유될 수 있을 뿐만 아니라 적절한 안내와 도움이 있다면 우리 삶에 변화를 일으킬 수도 있다. 트라우마는 심리적, 사회적, 영적 각성과 진화의 원동력이 될 잠재력이 있다. 따라서 개인, 공동체, 사회가 트라우마를 다루는 방식은 삶의 질에 엄청난 영향을 미친다. 그것은 궁극적으로 인류의 생존 방식과 생존 여부에도 막대한 영향을 끼칠 수 있다.

통상적으로 트라우마는 심리적, 의학적 정신장애로 간주된다. 수천 년 동안 동양과 서양의 샤머니즘 치료사들은 정신신체의학psychosomatic medicine에서 말하는 '마음이 몸에 영향을 미칠 뿐만 아니라 몸의 기관 하나하나가 마음의 구조와 대응된다'는 사실을 인식해 왔다. 그러나 현대 의학과 심리학에서는 몸과 마음이 연결되어 있다고 인정은 하지만, 그것이 트라우마 치료에 얼마나 중요한지는 과소평가한다. 떼려야 뗄 수 없는 몸과 마음의 관계는 오랜 세월 동안 전 세계 전통 치유 시스템의 근간이었지만, 현대의 트라우마 치료 과정에서는 제대로 적용되지 못하는 것이 현실이다. 다행히 최근 신경과학과 정신신경면역학이 획기적으로 발전하면서 몸과 마음이 정교한 양방향 소통을 한다는 과학적 증거들이 밝혀지고 있다. 신경과학자 캔디스 퍼트Candace Pert와 동료 연구자들은 '신경펩티드neuropeptide'라는 신경전달물질(또는 호르몬)과 그 수용체들이 뇌와 신체 전반에 걸쳐 긴밀한 네트워크를 형성하고 있다는 것을 발견하고, 몸과 마음이 소통하는 수많은 경로를 밝혀냈다. 뇌를 비롯한 신체 기관들이 각자의 '생각'과 '느낌', '충동'을 표출하는 동시에 다른 기관의 목소리를 듣는다는 것이다. 이 신경펩티드들은 뇌, 위, 장 등 신체 각 조직 사이를 흐르면서 우리의 의식, 기분, 감정, 행동을 조절한다. 이 최첨단 연구는 몸과 마음을 하나로 보는 고대의 지혜와 맥을 같이한다.

지금의 트라우마 치료는 거의 대부분 대화와 약물로 진행된다. 두 방식 모두 유용할 수 있지만 몸이 수행하는 필수적인 역할을 다루지 않는다면 트라우마는 결코 완전히 치유될 수 없을 것이다. 우리는 몸이 트라우마로부터 어떤 영향을 받는지, 이후 치료 과정에서 얼마나 핵심적인 역할을 하는지 이해해야 한다. 이런 인식이 없다면 트라우마를 정복하려는 시도는 제한적이고 편협할 수밖에 없다.

생명 현상을 물리화학적 법칙으로 분석하려는 관점에서 벗어나면 그 너머에는 감각하고sensing, 느끼고feeling, 인지하고 knowing, 살아 있는 유기체living organism로서의 몸이 있다. 살아 있는 몸living body은 감각을 가진 모든 존재들과 우리를 연결해 주며, 트라우마의 영향에서 벗어날 능력이 선천적으로 우리에게 있음을 일깨워 준다.

이 책은 원초적이고 경이로우며 지적인 몸의 에너지를 이용하고 변화시키는 법을 배움으로써 우리가 얻을 수 있는 지혜에 대한 이야기다. 트라우마의 파괴적 영향력을 극복하는 이 여정에서, 타고난 내면의 잠재력이 우리를 새로운 차원의 삶으로 인도할 것이다.

-피터 A. 레빈

Contents

PART 1 　치유하는 몸

PART 4 트라우마 예방을 위한 응급처치

몸과 마음의 작동법

몸을 움직이게 하는 요인은 마음에도 그대로 작용한다.
마찬가지로 마음을 움직이게 하는 요인은
그것이 무엇이든 몸에도 그대로 작용한다.

— 스피노자

만일 누구에게도 설명하기 어려운 이상한 증상을 겪고 있다면, 그건 아마 기억도 나지 않는 과거 사건에 대한 트라우마(정신적 외상) 반응traumatic reaction일 수 있다. 그런 일은 드물지 않다. 당신은 미치지 않았다. 당신에게 일어나고 있는 일은 합리적으로 설명할 수 있다. 당신은 돌이킬 수 없을 정도로 손상되지 않았고, 그 증상들은 줄어들거나 완전히 없어질 수도 있다.

알다시피 트라우마를 겪고 나면 마음 상태가 완전히 변해 버린다. 예를 들어 교통사고 직후 감정을 느끼지 못하는 경우가 있다. 심지어 사건을 정확히 기억하지 못하거나 실감하지 못하기도 한다. 이것은 우리의 마음이 스스로를 보호하려는 기제를 발동시켰기 때문이다. 우리는 이렇게 놀라운 기제들(해리, 부정

등)을 통해 변해 버린 마음 상태를 정리할 안전한 시기와 장소를 기다리며 위기를 헤쳐 나갈 수 있다.

트라우마가 발생하면 우리 몸 역시 격하게 반응한다. 잔뜩 긴장하고 감당할 수 없는 공포에 얼어붙고 무너진다. 이런 몸의 반응은 위기 상황에 대한 마음의 보호 반응이 정상으로 돌아오면 곧 정상으로 돌아온다. 그러나 이러한 회복 과정이 방해를 받으면 트라우마의 영향이 고착화되면서 외상 후 스트레스 증상이 나타날 수 있다.

심리학에서는 전통적으로 트라우마가 마음(정신)에 미치는 영향을 살핀다. 그러나 이것은 반쪽짜리 접근법에 불과하다. 몸과 마음을 하나의 결합체로 보고 접근하지 않으면 트라우마를 깊이 이해할 수도, 치유할 수도 없기 때문이다.

이 책은 내가 지난 25년간* 개발해 온, 자연주의적 방식으로 트라우마 증상들을 해결하는 방법을 담고 있다. 내가 보기에 '외상 후 스트레스 장애Post Traumatic Stress Disorder, PTSD'는 억제하고 조절해야 하는 병이 아니라 자연적 과정이 생략되어 생긴 결과물이다. 트라우마를 치료하려면 인식하고, 느끼고, 살아 있는 유기체로서 모든 것을 경험하는 것이 중요하다.

---

* 이 책은 1997년 미국에서 초판 발행되었다. 2024년 현재 저자는 52년 이상 트라우마 연구에 헌신하고 있다.─옮긴이

이 책을 통해 공유하려는 원칙들은 내가 내담자들과 함께 트라우마의 근원을 찾아가는 과정에서 얻은 결과물이다. 나는 이 연구를 통해 생리학, 신경과학, 동물행동학, 수학, 심리학, 철학 등의 분야로 발을 내디뎠고, 점점 더 인체에는 생물학적 지식이 본능으로서 내장되어 있다고 믿게 되었다. 기회만 주어진다면 이런 본능은 트라우마를 치유하는 과정 전체를 이끌 수 있고 또 그렇게 될 것이다.

본능적 반응에 중점을 둘수록 환자들이 안정적으로 치유되는 것을 지켜보면서 나 역시 그동안 탐구해 왔던 영역을 진정으로 이해하게 되었다. 내담자들은 증상이 왜 발생했는지 근본적으로 이해하고, 자신의 행동에 담긴 본능을 알아차리고 경험하는 법을 배움으로써 엄청난 안도감을 느끼곤 했다.

소매틱 경험 요법Somatic Experiencing, SE은 새로운 기법이고 아직 철저한 과학적 연구가 완료된 단계는 아니다. 하지만 충만하고 만족스러운 삶을 살지 못하게 막던 증상들이 사라지거나 크게 감소했다는 수백 건의 실제 사례들이 이 치료법의 타당성을 뒷받침할 수 있을 것이다. 나는 주로 일대일 치료를 진행하는데 때로는 다른 방식들을 병행하기도 한다. 물론 이 책이 훈련받은 치료사를 대체할 수는 없겠지만 나는 여기 담긴 원리와 정보들이 트라우마 치료에 이용될 수 있으리라 믿는다.

첫 번째 파트 '치유하는 몸'에서는 트라우마에 대해 소개하고 외상 후 스트레스 증상들이 어떻게 시작되고 발전하는지, 왜 그토록 강력하고 끈질긴지 설명한다. 이로써 트라우마에 대한 온갖 속설들을 타파하는 한편 그 증상들을 일으키는 기본적인 생리학적 과정을 알아볼 것이다.

우리의 지적 능력은 종종 본능을 무시하고 결정을 내리지만 트라우마 반응을 통제하지는 못한다. 우리의 바람과 달리 인간은 네 발 달린 동물에 더 가깝다. 내가 인간에 대해 '유기체 organisms'라고 할 때는 웹스터 사전의 정의를 따른다. 즉, 여기서 말하는 유기체란 '기능에 따라 관계와 속성이 결정되는 상호의 존적 구성 요소들의 복잡한 구조'를 의미하며, 뼈, 화학물질, 근육, 장기 등의 합이 아니라 이들의 복잡하고 역동적인 상호 관계에서 비롯된 '전체성'을 나타낸다. 따라서 유기체를 연구하려면 몸과 마음, 원시적 본능, 감정, 지적 능력, 영성을 모두 함께 고려해야 한다.

인간이 유기체로서 자기 자신을 경험하는 수단은 '펠트센스 felt sense(몸으로 느낀 감각)'이다. 인간은 펠트센스를 통해 풍부한 감각을 경험하고 자기 자신에 대해 알아갈 수 있다. 이 책에 담긴 펠트센스 연습들을 직접 해본다면 인간의 신체와 감정, 직관이 어떻게 작용하는지 이해할 수 있을 것이다.

더불어 첫 번째 파트에서는 트라우마와 이를 치유하는 과정을 자연적 현상으로 바라보고 인간이 지닌 타고난 치유의 지혜에 대해 설명하면서, 원초적인 생물학적 반응 속으로 여행을 떠날 것이다. 트라우마 증상이 있든 없든 첫 번째 파트가 끝날 무렵이면 인체라는 유기체가 어떻게 작동하는지, 활력과 건강을 얻고 인생을 더 즐겁게 만들기 위해서 펠트센스를 어떻게 활용해야 하는지 충분히 알게 될 것이다.

　두 번째 파트 '몸이 말하는 트라우마'에서는 주요 트라우마 반응과 증상, 트라우마를 겪는 사람의 삶에 대해 심도 깊게 살펴볼 것이다. 세 번째 파트 '트라우마를 치유하는 법'에서는 개인 및 집단, 사회적 트라우마를 변화시킬 수 있는 과정들에 대해 알아볼 것이며, 네 번째 파트 '트라우마 예방을 위한 응급처치'에서는 사고 후 정신적 외상을 예방하는 데 도움이 되는 실용적 정보와 함께 어린 시절의 트라우마 치유에 대한 설명을 간략하게 덧붙였다.

　나는 모든 사람이 이 책의 핵심 정보들을 이해할 필요가 있다고 믿는다. 이 정보들은 트라우마 치료에 대한 경험과 이해를 넓히고 신체 감각을 신뢰하도록 도와주며, 개인 및 사회에 모두 적용할 수 있다.

　트라우마는 스스로 증식한다. 특히 전 세계적으로 영향을 미친 사건들로 인해 발생한 트라우마는 국적, 민족과 상관없이 전체 시민에게 타격을 준다. 조치를 취해 막지 않는다면 트라우마는 트라우마를 낳고 결국 가정, 공동체, 국가에서 여러 세대에 걸쳐 계속될 것이다. 안타깝게도 집단 내 트라우마를 변화시키려는 노력은 아직 걸음마 수준이다. 그러나 해결 방법이 없는 것은 아니다. 나는 노르웨이의 동료들과 함께 종교, 인종, 정치적 성향이 정반대인 엄마들과 어린아이들을 대상으로 치료 프로그램을 진행하며 서로를 적대시하는 문화가 되물림되지 않을 수 있다는 희망을 발견했다. 세 번째 파트에서 소개한 집단 치료 방식이 참고가 될 것이다.

우리는 인체의 생리적 과정이 자연스럽게 진행되지 못할 때 비정상적인 경험을 할 수 있다. 그러나 심리학자 중에는 이를 알아볼 정도로 생리학에 정통한 사람이 많지 않다. 나는 최근 널리 이용되는 트라우마 치료법이 기껏해야 일시적으로 고통을 덜어줄 뿐임을 알게 되었다. 또한 트라우마로 인한 강렬한 감정을 다시 느끼게 하는 카타르시스적 방식은 득보다 실이 많을 수 있다. 트라우마의 특성상 지난 경험을 되새겨 해방감을 느끼게 하는 접근법은 그 해방감에 계속 의존하게 하고 흔히 말하는 '거짓 기억false memories'을 만들기 쉽다.

이 책에서 중점을 두는 '충격 트라우마shock trauma'는 생명을 위협하는 사건, 즉 자신의 대처 능력을 넘어서는 특정 사건을 경험할 때 발생한다. 이와 대조적으로 어린 시절의 학대, 특히 가정에서 지속적으로 학대당해 정신적 외상을 입은 사람들은 '발달 트라우마developmental trauma'에 시달릴 수 있다. 발달 트라우마는 주로 결정적 발달 시기인 아동기에 부적절한 양육과 지도를 받음으로써 나타나는 심리학적 문제를 가리킨다. 트라우마를 일으키는 역학은 다르지만 학대와 방임이 유발하는 피해는 충격 트라우마와 비슷하기 때문에 두 트라우마 증상이 구분 없이 뒤섞여 나타날 수 있다. 따라서 발달 트라우마를 겪은 사람들은 그 증상이 더 복잡해지기 전에 근본 원인을 극복하도록 도와줄 치료사에게 도움을 청할 필요가 있다.

만약 이전에는 그런 문제가 없다가 한 번 이상의 연속된 사건으로 충격 트라우마를 겪은 경우라면, 가족과 친구로 구성된 안전한 공동체 안에서 놀라운 자가치유력이 발현되기도 한다. 나는 이 방식을 강력히 추천한다. 그래서 이 책도 비전문가들이 쉽게 이해할 수 있도록 설명하려 애썼다. 깊은 슬픔과 고통에서 스스로를 구하고, 사랑하는 사람을 구할 수 있도록 말이다. 특히 부모, 교사, 보육 분야 종사자 등 아이들에게 안내자이자 롤모델이 되어 줄 사람들에게 유용한 정보가 되길 바란다. 이들은 트라우마 사건에 대한 아이들의 반응을 즉시 해소하도록 도와줌으로써 새로운 미래를 선물할 수 있기 때문이다. 의사, 간호사, 구급대원, 경찰, 소방관, 구조대원처럼 사고 및 자연재해 피해자와 일상적으로 대면하는 사람이라면 환자나 피해자뿐만 아니라 자신을 위해서도 이 책을 참고해 주길 바란다. 어떤 종류의 것이든 참사를 경험하는 일은 당사자나 목격자 모두에게 후유 반응을 일으킬 수 있다.

이 책에서 소개한 연습들은 가벼운 마음으로 즐기듯 따라하되, 한꺼번에 마스터하려고 해서는 안 된다. 트라우마는 인체가 만들어 낼 수 있는 가장 강력한 충동들의 결과이므로 존중하는 마음이 필요하다. 언제든 책의 내용이나 연습이 불편하게 느껴진다면 책을 덮고 마음을 가다듬기 바란다. 과거의 경험이 떠오른다면 뒤이어 마음에 어떤 일이 일어나는지 지켜보라. 트라우마에 대한 오해들은 놀라울 정도로 내면에 깊이 자리 잡고 있어서 당신의 경험과 스스로에 대한 태도에 악영향을 미치기도 한다. 이런 일이 일어날 때는 알아차리는 것이 중요하다. 당신의 반응을 의식하면서 이 책을 읽어 나간다면 유기체인 당신의 몸이 적절한 속도로 이끌어 줄 것이다.

격렬한 감정이 아니라 신체 감각이야말로 트라우마 치유의 열쇠다. 내면에서 부풀어 오르는 감정적 반응에 주의를 기울이며 몸이 어떻게 이 감정들을 감각과 생각이라는 형태로 경험하는지 알아차려 보라. 단, 극심한 분노, 공포, 깊은 무력감 등의 감정이 너무 강렬해진다면 연습을 중단하고 숙련된 전문가에게 도움을 받는 것이 좋다.

트라우마를 반드시 종신형 선고처럼 여길 필요는 없다. 우리를 덮치는 많은 질병 가운데 트라우마는 궁극적으로 이득이 된다고 여겨지는 질병이기도 하다. 치료 과정에서 일어나는 변화를 통해 삶의 질이 높아질 수 있기 때문이다. 트라우마 치유에 꼭 대단한 약물이나 복잡한 절차, 장기간의 치료가 필요하지는 않다. 트라우마가 어떻게 일어나는지 이해하고 트라우마 해소에 방해되는 기제들을 알게 되면 유기체인 우리 몸이 스스로 치유하려는 방식들도 보이기 시작할 것이다. 당신은 몇 가지 간단한 발상과 기법을 통해 내면의 치유력에 힘을 실어 줄 수 있다. 이 책에서 제시하는 수단들은 트라우마를 극복하고 자기 자신에 대한 충만하고 확고한 믿음을 갖는 데 도움이 될 것이다. 트라우마는 생지옥이 될 수도 있지만 그것을 해소하는 과정은 신의 선물이며, 그 과정 하나하나가 모두 위대한 여정이다.

인간은 왜 그토록 쉽게
트라우마에 갇히는가?

우리가 어디에 있든, 우리 뒤를 따르는 그림자는
분명 네 발 짐승의 모습이다.
—클라리사 에스테스, 「늑대와 함께 달리는 여인들」

풀이 무성한 골짜기에서 임팔라 한 무리가 평화롭게 풀을 뜯는다. 갑자기 바람의 방향이 바뀌며 낯선 듯 익숙한 냄새가 스친다. 임팔라 떼는 위험한 기운을 느끼고 즉각 촉각을 곤두세운다. 한동안 킁킁거리고 주위를 살피며 낯선 소리를 감지하던 이들은 별다른 위협이 나타나지 않자 경계심 어린 눈으로 다시 풀을 뜯기 시작한다.

그 틈을 타, 어슬렁거리던 치타 한 마리가 울창한 관목 수풀에서 튀어나온다. 임팔라 떼는 마치 한 몸처럼 재빨리 움직여 골짜기 끝 덤불로 향한다. 그때 어린 임팔라 한 마리가 발을 헛

디딘다. 이내 자세를 바로잡았지만 너무 늦었다. 치타는 시속 100km로 순식간에 표적에게 달려들고 어린 임팔라는 눈앞에 닥친 죽음에 속절없이 땅바닥에 거꾸러진다. 하지만 아직 큰 부상을 입지는 않았다. 몸이 돌처럼 굳었을 뿐. 임팔라가 의도적으로 죽은 체하는 것은 아니다. 죽음이 닥쳐올 때 모든 포유류가 경험하는 의식 상태에 본능적으로 들어간 것이다. 원주민들은 이 현상을 먹잇감의 영혼이 포식자에게 굴복한 것이라고 여기는데, 어떤 의미에서는 맞는 말이다.

생리학자들은 이런 상태를 '부동immobility' 혹은 '얼음freezing' 반응이라 부른다. 이것은 파충류와 포유류가 압도적인 위협을 마주했을 때 일차적으로 보일 수 있는 세 가지 반응 중 하나다. 사실 우리에게는 부동 반응보다 다른 두 가지 반응, 투쟁과 도피fight and flight가 훨씬 익숙하다. 하지만 25년이 넘도록 연구한 결과, 나는 부동 반응이야말로 트라우마의 비밀을 푸는 데 가장 중요한 요소라고 믿게 되었다.

자연에서 부동 반응이 나타난 데는 두 가지 중요한 이유가 있다. 첫째, 부동 반응은 필사적인 생존 전략의 역할을 한다. 일명 '죽은 척하기' 전략이다. 조금 전 어린 임팔라를 예로 들어 보자. 치타는 그 '죽은' 먹잇감을 다른 포식자들이 없는 보금자리나 새끼들이 있는 은신처까지 끌고 갈 가능성이 있다. 그러면 임팔라는 경계가 느슨해진 틈을 타 재빨리 도망칠 수 있다. 위험에서 벗어난 임팔라는 몸에 남아 있는 부동 반응을 털어 내고 다시 자유자재로 몸을 움직이며 일상으로 돌아갈 수 있다. 둘째는 마취 효과다. 얼어붙은 상태에서 임팔라는(인간 역시) 고통을 느끼지 않는다. 치타의 날카로운 이빨과 발톱에 찢기는 동안 고통스러워하지 않아도 된다는 말이다.

현대에는 압도적 위협에 직면했을 때 나타나는 이와 같은 본능적 굴복을 비굴함에 가까운 나약함으로 간주하는 경향이 있다. 이런 판단에는 움직이지 못하는 부동 상태에 대한 인간의 깊은 공포가 깔려 있다. 우리가 이를 피하려 하는 이유는 부동 반응이 죽음과 매우 흡사한 상태이기 때문이다. 죽음에 대한 회피는 당연하다고 볼 수 있지만 그로 인해 인간은 고통스런 대가를 치르고 있다. 생리학적 증거에 따르면, 자연적 부동 반응에 들어갔다가 나오는 능력이야말로 트라우마의 해악을 피하는 비결이기 때문이다.

새끼 임팔라가 트라우마를 겪지 않은 이유

트라우마 증상 치료의 열쇠는 생리학에 있다. 피할 수 없다거나 압도적이라고 인지한 상황에 직면할 때, 인간을 비롯한 동물들은 부동 반응을 보인다. 그런데 부동 반응은 자기도 모르게 일어난다. 즉 이 반응을 좌우하는 생리학적 메커니즘이 의식적으로 통제되는 것이 아니라 우리 뇌와 신경계의 원시적이고 본능적인 부분에서 일어난다는 말이다. 그래서 나는 인간의 트라우마를 이해하고 치료하는 데 야생동물의 행동 연구가 꼭 필요하다고 믿는다.

인간 뇌와 신경계의 무의식적이고 본능적인 부분은 다른 포유류, 심지어 파충류에도 똑같이 존재한다. 흔히 삼위일체 뇌 triune brain라고 하는 우리 뇌는 파충류의 뇌(본능적), 포유류의 뇌 혹은 변연계(감정적), 인간의 뇌 혹은 신피질(이성적, 합리적)이라는 세 개의 필수적 체계로 되어 있는데, 생명을 위협하는 상황을 인지했을 때 활성화되는 뇌의 영역은 동물에게도 공통적으로 존재한다. 따라서 임팔라 같은 동물이 외상을 피하는 방법을 연구함으로써 알 수 있는 점들이 많다. 사실 나는 인간의 트라우마 치료의 해법이 야생동물의 유연한 적응 방식을 모방하는 데 있다고 생각한다. 즉 우리도 동물처럼 부동 반응을 이용해 위험에서 빠져나와 다시 완전한 기능을 되찾고 움직일 수 있다는 말이다.

야생동물과 달리 인간은 위협받는 상황에서 맞서 싸울지 도망갈지 쉽게 결정하지 못한다. 그 이유는 우리가 먹잇감이면서 동시에 포식자였기 때문이다. 선사시대 인류는 대다수가 사냥꾼이었지만 언제든 먹잇감이 되어 갈기갈기 찢길 수 있다는 불안감에 서늘한 동굴에 모여 긴 시간을 보냈다. 인간의 생존 확률이 높아진 것은 더 큰 집단을 이루어 살고, 불을 발견하고, 도구를 고안해 내고, 특히 사냥과 방어에 쓰일 무기를 만들면서부터였다. 하지만 쉬운 먹잇감이라는 유전적 기억은 우리 뇌와 신경계에 각인됐다.

임팔라처럼 빠르지도 않고 치타처럼 날카로운 이빨과 발톱도 없는 우리는 스스로 목숨을 부지하는 행동을 취할 수 있을지 종종 의구심을 품게 됐고, 이런 불확실성 때문에 인간은 트라우마의 강력한 영향에서 특히 벗어나기 힘든 존재가 되었다. 임팔라처럼 자신이 먹잇감임을 아는 동물은 위협이 감지되면 모든 생존 자원을 활용해 도망친다. 치타는 엄청난 달리기 속도와 위협적인 이빨과 발톱 덕분에 포식자로 군림한다. 그러나 인간의 경우에는 이런 연관성이 그리 뚜렷하게 나타나지 않는다. 그래서 죽음의 위협에 맞닥뜨릴 때 우리의 이성적 뇌는 혼란에 빠지고 투쟁이나 도피를 선택하려는 본능적인 충동을 무시하는 경향이 있다. 본능을 무시하는 데는 좋은 의도도 있지만 이렇게 뇌가 혼란에 빠지면 트라우마라는 극적인 사건의 무대가 마련되고 만다. 나는 이것을 '메두사 콤플렉스Medusa Complex'라고 부른다. 그리스 신화에 나오는 메두사 이야기에서처럼, 인간은 죽음에 직면하여 혼란에 빠질 때 새끼 임팔라가 그랬듯 돌처럼 굳어 버릴 수 있다. 문제는 공포로 얼어붙은 에너지를 본능에 맡기지 않는다는 것이다. 그 결과 트라우마의 여러 증상들이 나타난다.

트라우마는 현대인의 삶에 널리 퍼져 있다. 학대나 폭력의 피해자, 참전 군인뿐만 아니라 거의 모든 사람이 트라우마를 겪는다. 트라우마의 원인과 결과는 너무 광범위해서 스스로 알아차리지 못하는 경우도 많다. 여기에는 홍수, 지진, 화재 같은 자연재해부터 폭력, 사고, 추락, 난치병, 갑작스러운 상실(사랑하는 사람의 죽음 등)은 물론 의료적 처치와 치과 시술, 난산, 임신 중 높은 스트레스까지 포함된다.

다행히 우리는 본능적으로 느끼고 반응하고 생각할 수 있는 존재이기 때문에 트라우마로 인한 가장 치명적인 상처마저 치유할 내적 잠재력을 가지고 있다. 나는 여기에서 한 걸음 더 나아가 인류 공동체가 전쟁과 자연재해 같은 대규모 사회적 트라우마의 영향에서 치유될 수 있다고 확신한다.

얼어붙은 에너지

트라우마 증상들은 '트리거 사건triggering event' 자체에서 생겨나는 것이 아니다. '부동' 혹은 '얼음' 상태가 되었다가 깨어나는 과정을 제대로 완결 짓지 못해 몸속에서 얼어붙은 에너지가 그 원인이다. 이렇게 남아 있는 에너지는 신경계에 갇힌 채 우리 몸과 영혼을 난장판으로 만들 수 있다. 장기적이고 해로우며 기이한 PTSD(외상 후 스트레스 장애) 증상이 나타나는 것이다. 하지만 우리는 동적 평형dynamic equilibrium(변화가 끊임없이 일어나지만 그것이 상쇄되어 평형을 유지하는 현상-옮긴이) 상태로 돌아가려는 내면의 충동을 일깨우고 북돋움으로써 얼어붙은 에너지를 녹일 수 있다.

임팔라가 쫓기던 장면으로 돌아가 보자. 쫓아오던 치타에게서 도망치는 동안 어린 임팔라의 신경계에는 시속 100km로 달릴 수 있는 에너지가 채워진다. 치타의 공격에 고꾸라져 죽은 듯 굳은 순간에도 임팔라의 내부 신경계에는 여전히 시속 100km를 달릴 에너지가 충전되어 있는 상태다. 그때 임팔라의 몸에서 일어나는 일은 가속페달과 브레이크를 동시에 밟을 때 차에서 일어나는 일과 비슷하다. 신체 내부의 신경계(엔진)와 외부의 부동 상태(브레이크) 사이에서 발생한 간극이 과부하를 일으켜 몸속에 토네이도처럼 강력한 소용돌이를 만든다. 바로 이 에너지의 소용돌이가 트라우마 증상을 일으키는 중심점이다. 위협을 헤쳐 나가기 위해 동원된 에너지가 방출되지 않고 그대로 몸에 남으면 불안, 우울, 심신질환, 이상행동 등 다양한 증상들이 발생할 수 있다.

이런 증상들은 유기체가 잔류 에너지를 담아 두거나 가둬 두는 자연스러운 방식이기도 하다. 다만 야생동물은 억눌린 에너지를 본능적으로 모두 방출하므로 부정적인 증상이 지속적으로 나타나는 경우가 드문 반면 인간은 동물만큼 능숙하게 에너지를 방출하지 못해 트라우마의 희생양이 된다. 에너지를 방출하려는 시도가 거듭 실패하면 역설적으로 그 에너지에 집착하게 될 수도 있다. 나방이 불로 날아들듯 자기도 모르게 자꾸만 비슷한 상황을 만드는 것이다. 이런 상황에서는 트라우마의 덫에서 빠져나올 가능성이 있어도 지레 포기하거나 대부분 실패하고 만다. 그 결과 많은 이들이 공포와 불안에 사로잡혀 자기 자신과 세상을 온전히 받아들이지 못한다.

참전 군인들과 성폭력 피해자들은 이 과정에 대해 너무나 잘 알고 있다. 이들은 자신의 경험을 이야기하고 되새기며 분노와 두려움, 슬픔을 떨쳐 버리기 위해 몇 달, 심지어 몇 년을 보낸다. 하지만 원초적인 '부동 반응'을 겪어 내며 잔류 에너지를 내

보내지 못한 탓에 트라우마라는 미로에 갇혀 끝없이 과거의 그 시간으로 되돌아가는 경우가 많다.

그나마 다행스러운 것은 트라우마 증상을 만들어 내는 그 엄청난 에너지를 느끼고 활용할 수 있다면 트라우마를 변화시키고 새로운 차원의 치유와 극복, 지혜의 세계로 나아갈 수 있다는 것이다. 해소된 트라우마는 변화와 조화, 사랑, 온정이 존재하는 자연스러운 세상으로 우리를 다시 데려다주는 위대한 선물이 될 수 있다. 나는 수십 년간 상상할 수 있는 거의 모든 방식으로 트라우마를 겪은 이들과 함께하면서 이를 확신하게 되었다. 트라우마의 해로운 영향에서 우리 자신뿐만 아니라 세상 전체를 치유할 수 있는 능력이 이미 우리 몸에 있다고 말이다.

트라우마를 인지한다는 것

> 귓속 혈관의 소리가 들리는 것처럼,
> 세상에서 본 마지막 장면이 표범의 눈이었던 수많은 원숭이의
> 비명 역시 인간의 신경계에 흔적으로 남아 있다.
> —폴 셰퍼드, 『다른 존재들, 동물은 어떻게 우리를 인간으로 만들었나』

최근 한 사업가와 내 연구에 대해 이야기할 일이 있었는데, 대화 도중 그가 이렇게 소리쳤다. "내 딸도 자다가 발작하듯이 비명을 지르는 일이 있었어요. 그게 트라우마 때문일 수도 있겠군요. 그때 아이를 상담한 심리학자는 그냥 악몽이라고 했지만 단순한 악몽이 아닌 것 같았어요." 그의 말이 옳았다. 그의 딸은 작은 수술을 받으러 병원에 갔다가 응급실 분위기에 압도당해 극도의 공포를 느낀 적이 있었다. 이후 몇 주 동안이나 수면 상태에서 몸이 완전히 굳은 채 울며 비명을 지르는 일이 발

생했다. 그와 아내는 너무나 걱정이 되었지만 아이를 깨울 수가 없었다고 한다. 그의 예상대로 아이는 병원에서 진료받는 동안 외상 반응을 겪었을 가능성이 높다. 이 사업가처럼 어느 순간 가까운 사람에게서 설명할 수 없는 증상을 발견하거나 직접 경험하는 사람들이 많다. 전부는 아니더라도 그중 대다수가 트라우마 증상에 해당한다.

전문가들은 트라우마를 설명할 때 용어 자체를 정의하기보다 그 원인이 된 개별 사건의 관점에서 설명하는 경향이 있다. 이렇듯 트라우마를 명확하게 정의하는 방법이 없기 때문에 제대로 인식하기가 더욱 어려울 수 있다.

심리학자와 정신과 의사들이 진단을 내릴 때 사용하는 공식적 정의에 따르면 트라우마는 '일반적 경험의 범위를 벗어나며, 거의 모든 사람에게 현저한 고통을 주는'[1] 스트레스 상황에 의해 발생한다. 이 정의에는 '생명이나 신체에 심각한 위협을 받는 일, 자녀나 배우자 혹은 가까운 친척이나 친구가 심각한 위협이나 피해를 당하는 일, 가정이나 공동체가 갑자기 파괴되는 일, 사고나 물리적 폭력을 당해 심각한 부상을 입거나 사망한 사람을 보는 일'처럼 비일상적 경험들이 주로 언급된다.

---

1 『정신질환 진단 및 통계 편람』(Diagnostic Statistics Manual-DSM III, Revised Edition, 1993)

그러나 이 정의는 유용한 출발점이 될 수는 있지만 모호하고 오해의 소지가 있다. '일반적 경험의 범위를 벗어난 일', '거의 모든 사람에게 현저한 고통을 주는 일'의 기준을 어떻게 정한다는 말인가? 이 정의를 전제로 언급된 사건들은 중요한 기준이 되기도 하지만, 트라우마를 일으킬 가능성이 있는 다른 일상적 사건들을 모호한 영역으로 밀어낼 수 있다. 예를 들어, 신체가 무의식적으로 위협으로 받아들이는 사고, 낙상, 질병, 수술 같은 일들은 빈번하게 정신적 외상을 남기는데도 불구하고 '일반적 경험의 범위를 벗어나는 일'로 간주되지 않는다. 또한 성폭력이나 학교 폭력, 강도 사건 같은 비극은 '거의 모든 사람에게 현저한 고통을 주는 일'이지만 트라우마 증상이 직접적으로 감지되지 못하면 방치될 수도 있다.

사실 우리에게는 트라우마가 발생했을 때 무엇을 느꼈는지 알아차리는 경험적 감각이 더 필요하다. 트라우마의 치유는 사건의 경중이 아니라 증상을 인식하는 데 달려 있기 때문이다.

나의 내담자는 자신의 경험을 다음과 같이 들려주었다.

그날 저는 다섯 살 된 아들과 공원에서 공놀이를 하고 있었어요. 신이 났는지 아이가 저에게서 멀리 떨어진 곳으로 공을 찼고 저는 웃으며 공을 주우러 뛰어갔죠. 막 공을 집어 든 순간 끼

익 하고 길게 타이어가 끌리는 소리가 났어요. 저는 조이가 차에 치였다는 걸 직감했어요. 우리가 있던 곳에서 조이가 보이지 않았거든요. 몸속의 피가 전부 멈추고 발밑으로 빠져나가는 기분이었어요. 얼굴이 유령처럼 창백해지는 걸 느끼면서 길에 모여든 사람들 쪽으로 허겁지겁 뛰어갔어요. 다리가 납덩이처럼 무겁게 느껴졌어요. 사람들 사이로 작은 체구의 아이가 누워 있는 게 보였어요. 조이가 사고를 당했다는 확신이 들자 심장이 죄어들며 머릿속이 두려움으로 아득해졌어요. 저는 사람들을 헤치고 들어가 꼼짝하지 않는 조이의 몸 위로 무너지듯 쓰러졌어요. 제가 공을 주우러 간 사이에 조이가 다른 공을 발견하고 차가 많이 다니는 도로로 뛰어든 거예요. 차에 치인 후 그 차가 멈출 때까지 몇 미터나 끌려갔대요. 아이의 몸은 온통 긁히고 피투성이였어요. 옷은 다 찢어졌고 의식도 없었죠. 저는 공황 상태에 빠져 무력감을 느끼면서 미친 듯이 조이를 추스르려고 했어요. 하지만 피를 닦아낼수록 아이는 더 피투성이가 됐어요. 조이의 찢어진 옷을 다시 입히려고 애쓰면서 계속 생각했어요. '아냐, 이건 현실이 아니야. 조이, 숨을 쉬어. 제발 숨 좀 쉬어 봐.' 멈춰 버린 아이의 심장에 제 생명을 불어넣고 싶어서 심장을 아이의 가슴에 가까이 대고 엎드렸어요. 조이의 얼굴과 몸을 쓰다듬고 있는데 점점 몸의 감각이 없어지면서 제가 그 장면에

서 멀어지는 것 같은 느낌이 들었어요. 같은 동작을 계속 반복
할 뿐, 더 이상 아무것도 느껴지지 않았죠.

이 어머니처럼 비통하고 잔인한 사건을 겪은 사람들은 트라
우마가 무엇인지 누구보다 잘 안다. 사건이 발생한 그날부터
선명하고 강렬하게 트라우마 증상을 경험하기 때문이다. 그러
나 끔찍한 사건을 겪었다고 해도 트라우마 증상은 미묘하게 나
타날 수 있다. 트라우마는 한번 경험하고 나면 모르고 지나갈
수 없는 그런 느낌이 있지만, 그 증상들이 대부분 본능적 방어
기제의 한 형태로 나타나기 때문에 일시적 충동이나 성격적 특
성으로 인식될 때가 많다.

차우칠라 스쿨버스 납치사건과 26명의 아이들

1976년 숨 막힐 듯 더운 여름날, 캘리포니아의 작은 마을에
서 스쿨버스를 탄 26명의 아이들이 납치되었다. 5세에서 15세
사이의 아이들은 어두운 승합차 두 대에 실려 버려진 채석장으
로 끌려가서 거의 30시간 동안 지하 공간에 갇혀 있었다. 다행
히 아이들은 탈출에 성공했고 곧바로 지역 병원으로 옮겨졌다.

병원에서 아이들은 신체적 부상만 치료받았을 뿐 간단한 심리 검사조차 받지 않은 채 집으로 돌려보내졌다. 아이들을 치료한 두 명의 의사는 아이들이 '괜찮았다'고 했다. 괴성을 지르거나 발작을 일으키는 아이들이 없었기 때문이다. 그들은 아이들의 상태를 주의 깊게 지켜봐야 할 필요가 있다는 것은 인식하지 못했다. 며칠 후 한 정신과 의사가 피해 아동들의 부모를 대상으로 하는 강연을 의뢰받았다. 그는 26명의 아이들 중 한 명 정도만 심리적 문제가 있을지도 모른다는 의견을 내놓았다. 이것은 당시 정신의학과의 보편적 믿음에 따르는 견해였다.

8개월 후 레노어 테르Lenore Terr라는 정신과 의사가 트라우마를 경험한 아동에 대한 최초의 과학적 추적 연구를 시작했다. 이 연구 대상에는 차우칠라 납치사건의 피해 아동들도 포함되었다. 테르는 26명 중 한 명이 후유증을 겪는 것이 아니라 그 반대라는 사실을 발견했다. 그의 연구에 따르면 거의 모든 아이들이 심리적, 의학적, 사회적 기능에서 심한 장기적 후유증을 보였다. 아이들 중 대다수가 사건 이후 악몽을 꾸기 시작했고, 극도로 예민해지거나 폭력성을 보이는 등 개인적·사회적 관계를 정상적으로 유지하지 못하는 문제를 겪었다. 이렇게 해로운 후유증으로 피해 아동들의 삶과 가족관계는 이후 몇 년에 걸쳐 엉망이 되어 갔다. 그런데 당시 14세였던 밥 바클레이라는 소년은 그중 후유증이 비교적 덜했다. 그 사건이 있던 날, 이 아이에게 어떤 일이 있었는지 간단히 요약해 보겠다.

당시 아이들은 '구덩이'에 갇혔다고 증언했다. 구덩이란 폐채석장에서 수백 킬로그램의 흙과 바위 아래 묻혀 있던 트레일러였다. 꼬박 하루가 지났을 때 한 아이가 지붕을 떠받치던 나무 기둥에 기대자 임시로 받쳐 둔 기둥이 쓰러지면서 천장이 무너지기 시작했다. 당시 대부분의 아이들은 납치와 감금이라는 심한 충격에 몸이 얼어붙고 멍해져서 거의 움직일 수 없는 상태였다. 그때 상황의 심각성을 먼저 알아차린 아이들이 비명을 지르기 시작했다. 빨리 탈출하지 못하면 전부 죽게 될 거라는 사실을 깨달았던 것이다. 그 위기의 순간에 밥 바클레이는 다른 소년과 함께 빠져나갈 구멍을 파기 시작했다. 그리고 밥이 이끄는 대로 흙더미를 파낸 아이들은 폐채석장 입구로 통하는 작은 굴을 만들어 그곳을 빠져나올 수 있었다.

밥 바클레이는 그날 그곳에서 슈퍼 히어로와 같았다. 다른 아이들은 부동 반응에 압도당해 꼼짝할 수 없었지만 밥은 탈출 방법을 찾기 위해 능동적으로 움직였다. 무엇보다 놀라운 점은 밥이 나머지 25명의 아이들에 비해 트라우마의 해로운 후유증에 덜 시달렸다는 사실이다. 반면 다른 아이들은 함께 빠져나왔지만 탈출 과정에서 더 심한 두려움을 경험한 듯했다. 밥이 도망가자고 강하게 설득하지 않았다면 무력감에 빠진 채로 계속 그곳에 남아 있었을 것이라고 말할 정도였다. 심지어 몇몇 아이들은 위험에서 벗어난 지 한참이 지나서도 두려움에 사로잡혀 움직이지 못했다.

이것은 트라우마를 겪은 사람들에게서 자주 나타나는 현상이다. 그들은 자신이 경험한 불안을 극복하지 못한다. 그들은 트라우마 사건에 압도당한 채 패배감과 공포에 둘러싸여 살아간다. 사실상 공포에 갇혀 일상으로 돌아오지 못하는 것이다. 그러나 비슷한 사건을 겪었다 해도 그런 지속적인 증상이 전혀 없을 수도 있다.

이와 같이 트라우마의 영향은 사람에 따라 이해하기 힘든 방식으로 작용하기도 한다. 아무리 끔찍해 보이는 사건이라고 해도 그것을 겪은 사람이 모두 트라우마를 경험하지는 않는다는 말이다. 그렇다면 밥 바클레이는 어떻게 공포와 두려움을 극복할 수 있었을까? 밥에 비해 다른 아이들이 더 똑똑하지 않거나 무능한 것이 아닌데도 이런 차이가 발생하는 이유는 뭘까? 그것이 이미 과거의 트라우마로 피폐해진 사람들에게 어떤 힌트를 줄 수 있을까?

20년 만에 도망친 아이

트라우마 연구를 시작했을 때 나에게 트라우마는 미스터리 그 자체였다. 그러던 중 트라우마에 대한 이해가 확 넓어진 계기가 있었는데, 1969년에 낸시라는 여성의 치료를 의뢰받았을 때였다. 낸시는 혼자 외출할 수 없을 정도로 심한 공황발작과 섬유근육통, 만성피로 등에 시달리고 있었다. 낸시를 치료하던 정신과 의사는 내가 몸과 마음의 연관성을 이용한 치료법에 관심이 많은 것을 알고 그녀를 나에게 보냈다. 당시에는 이런 접근법이 생소하고 미숙한 단계에 있었지만, 그는 몸을 이완하는 훈련이 낸시에게 도움이 될 거라 생각한 모양이었다.

하지만 이완은 답이 되지 못했다. 치료를 시작한 날 나는 호흡법을 알려 주며 낸시의 긴장을 풀어 주려고 했으나 그녀는 심한 불안발작을 일으켰다. 낸시는 몸이 마비되고 숨이 막힌 듯했다. 심박수가 불안정하게 치솟았다가 급격하게 떨어졌다. 나는 완전히 겁에 질렸다. 내가 지옥으로 통하는 문을 열어 버린 건가? 낸시의 얼굴이 점점 창백해지더니 갑자기 눈을 뜨고 나를 보며 이렇게 말했다. "선생님, 저는 죽어가고 있어요. 죽지 않게 도와주세요." 나는 강렬한 두려움에 사로잡히면서도 한편으로는 정신을 놓지 않으려고 애썼다. 그 순간 호랑이 한 마리가 우리를 향해 달려오는 장면이 스치듯 떠올랐다. 나는 큰 소리로 외쳤다.

"커다란 호랑이가 당신을 공격해요! 호랑이가 달려오는 모습을 보세요. 살고 싶으면 얼른 저 나무로 뛰어가서 그 위로 도망쳐요!"

놀랍게도 낸시는 다리를 후들거리면서도 양쪽 무릎을 번갈아 올리며 달리는 동작을 하기 시작했고, 등골이 오싹해질 정도로 고함을 질러댔다. 그 바람에 지나가던 경찰관이 들여다볼 정도였다(다행히 내 동료가 상황을 설명하고 수습해 주었다). 이윽고 낸시는 와들와들 떨며 흐느끼기 시작했다.

낸시는 거의 한 시간 동안 몸을 떨며 어린 시절의 괴로운 기억 한 조각을 떠올렸다. 세 살 때 편도선 수술을 받기 위해 수술대에 묶였던 기억이었다. 낸시는 마취되어 움직일 수 없었고 숨이 막혔으며 악몽과도 같은 환각이 보였다. 이는 에테르로 마취되었을 때 흔히 나타나는 반응이다. 이 경험은 낸시에게 깊은 충격을 주었다. 차우칠라 납치사건으로 트라우마를 겪은 아이들처럼 낸시 역시 생명의 위협에 압도당하여 성인이 된 후에도 생리적 부동 반응에 갇힌 상태였다. 낸시의 몸이 탈출할 수 없는 상태를 받아들인 것이다. 그런 체념은 쾌활했던 아이를 수동적이고 예민한 성격으로 바꿔놓았다. 그리고 사건이 일어난 지 20년이 지난 어느 날, 미묘하게 숨겨졌던 후유증이 느닷없이 나타났다. 낸시는 학생들로 가득 찬 강의실에서 잔뜩 긴장한 채 대학원 입학시험을 치르다가 심한 공황발작을 일으켰고, 이후 혼자 외출하기도 어려운 광장공포증을 갖게 되었다.

나와 첫 치료를 한 날 획기적인 도약을 경험한 그녀는 '자기 자신을 다시 찾은' 느낌이라고 말했다. 그 후 치료를 몇 번 더 받는 동안 여전히 불안감을 느끼는 반응이 있었지만, 첫날과 같은 불안발작을 일으키지는 않았다. 낸시는 발작을 다스리는 약을 끊고 대학원에 입학해 무사히 학위를 받았다.

낸시를 만났을 때 나는 동물에게서 나타나는 포식자-피식자 predator-prey 행동을 연구하고 있었다. 특히 흥미로운 부분은 낸시의 공황발작이 시작될 때 나타나는 마비 증상과 앞에서 언급한 임팔라의 행동이 아주 비슷하다는 점이었다. 먹잇감이 되는 동물들은 커다란 포식자에게 공격받아 도망칠 수 없을 때 대부분 부동 반응을 보인다. 낸시와 치료를 시작한 날 홀연히 호랑이의 모습이 떠오른 것도 분명 이 연구의 영향이었을 것이다. 이후 나는 오랫동안 낸시의 불안발작과 그녀가 호랑이라는 환상에 보였던 반응의 의미를 이해하려고 애썼다. 그 과정에서 수많은 시행착오를 겪기도 했지만, 이 연구를 통해 나는 낸시가 회복하게 된 계기가 무엇인지 알게 되었다. 그것은 단순히 어린 시절 편도선 수술을 다시 마주하며 강렬한 카타르시스를 느껴서가 아니었다. 얼어붙어 있던 수동적인 부동 반응을 깨고 능동적으로 도망치는 과정에서 에너지를 방출했기 때문이었다. 호랑이라는 심상心象이 잠재되어 있던 본능적이고 능동적인 자아를 깨운 것이다. 또 하나 내가 얻은 통찰은 위협에 직면했을 때 성공적으로 대처할 수 있는 내부의 자원을 치료에도 이용할 수 있다는 점이었다. 이것은 트라우마 사건이 발생한 당시뿐만 아니라 오랜 세월이 지난 후에도 유효할 수 있다.

이후 더 많은 내담자들과의 만남을 통해, 트라우마 치료를 위해 과거를 떠올리고 고통스러운 감정을 되새길 필요가 없다는 것을 깨달았다. 사실 극심한 감정적 고통은 트라우마를 다시 일으킬 수 있다. 트라우마의 증상과 공포에서 자유로워지려면 생리적 자원을 불러내 의식적으로 이용해야 한다. 우리에게는 본능적 반응을 수동적인 차원에서 능동적인 차원으로 바꿀 수 있는 힘이 있다. 이 힘을 모르고 계속 살아간다면 앞으로도 트라우마라는 감옥에 갇혀 고통받을 수밖에 없다.

밥 바클레이는 다른 아이들과 함께 지하에서 탈출해야 한다는 과제에 능동적으로 집중함으로써 트라우마의 충격을 최소화했다. 이 집중된 에너지야말로 밥이 다른 아이들에 비해 트라우마의 영향을 덜 받은 핵심적 이유다. 그날 밥은 다른 아이들을 구한 영웅이었을 뿐만 아니라 이후 오랜 세월 동안 신경계가 잔류 에너지와 공포에 짓눌리지 않도록 자기 자신도 구한 셈이었다.

낸시 역시 시련을 겪은 후 20년이 지나 자기 자신을 구한 영웅이 되었다. 호랑이를 떠올리며 실제로 다리를 움직여 달리는 동작을 한 덕분이었다. 이 반응은 수술이라는 위협에 대처하기 위해 발생한 거대한 생존 에너지를 신경계에서 제거하는 데 도움이 되었다. 낸시는 트라우마 사건이 일어난 지 한참이 지나서야 자신의 영웅적인 능력을 깨워 밥 바클레이처럼 능동적으로 탈출할 수 있었다. 장기적으로 밥과 낸시가 얻은 결과는 비슷했다. 둘 다 수많은 트라우마 환자들을 괴롭히는 후유증에서 벗어나 일상으로 돌아갈 수 있었다. 나는 연구를 계속하면서 치료 과정이 급격하지 않고 서서히 진행될수록 효과적이라는 점을 배웠다. 그리고 그들처럼 트라우마를 치료할 능력이 누구에게나 있다는 사실을 알게 되었다.

트라우마 사건이 발생했을 때 본능적 반응을 완료하지 못하면, 완성되지 못한 행위들은 종종 우리의 삶을 갉아먹는다. 우리는 지나치게 조심스럽고 억눌린 상태가 되거나, 반복적으로 비슷한 상황에서 피해자가 되고 무분별하게 위험에 노출되는 악순환에 빠질 수 있다. 그리하여 영영 피해자로서 치료받아야 하는 처지가 된다. 트라우마 때문에 관계가 망가지거나 뒤틀린 성 경험을 하게 되기도 한다. 성과 관련된 트라우마를 겪지 않았더라도 강박적, 변태적, 문란한 성 행동 또는 성적으로 억압된 행동들은 모두 트라우마의 흔한 증상이다. 트라우마의 영향은 매우 광범위하고 포괄적이며 미묘해서 잘 드러나지 않을 수도 있다. 트라우마가 해소되지 않으면 우리는 자신이 실패했다고 느끼거나 도움을 받으리라 기대했던 사람들에게 배신당했다고 느낀다. 당연한 말이지만, 자신이나 타인을 탓하는 것은 아무런 도움이 되지 않는다.

　문제 해결의 시작은 트라우마 치료에 관한 지식을 늘리는 데 있다. 트라우마 증상이 심리적 증상일 뿐만 아니라 생리적 증상이기도 하다는 사실을 이해할 때까지는 안타깝지만 부적절한 치료 시도가 계속될 것이다. 그러나 억눌린 동물적 본능이 트라우마로 나타난다는 사실을 인식할 수 있다면, 이런 본능들을 의식적으로 활용하여 트라우마 증상을 평온한 상태로 변화시키는 데 쓸 수 있을 것이다.

상처는 치유될 수 있다,
몸을 방해하지 않는다면

어떤 행동이 비도덕적이라면
단지 그것이 완료되지 않았기 때문이다.
—장 주네, 『도둑 일기』

어린 나무는 상처를 입으면 그 상처와 함께 자란다. 나무가
자랄수록 상처는 상대적으로 작아진다. 그리고 멋들어진 옹이
와 뒤틀린 가지들은 나무가 오랜 세월 상처와 장애물들을 극복
해 왔다는 것을 보여 준다. 나무가 과거의 시련을 극복해 낸 방
식은 그만의 절묘한 개성과 아름다움을 꽃피우는 과정이다. 트
라우마가 인격을 성숙하게 한다는 식으로 옹호하려는 게 아니
다. 하지만 트라우마는 인생의 어느 시점에 느닷없이 찾아오는
예측할 수 없는 사건이므로 나무의 무늬는 우리에게 귀중한 거
울이 될 수도 있다.

인간은 수천 년 동안 트라우마를 겪어 왔지만 전문가와 대중에게 광범위한 관심을 받은 것은 최근 10년간의 일이다. 이제 트라우마는 TV 프로그램이나 연예 주간지에서 소재로 쓰일 만큼 일상적인 단어가 되었다. 하지만 유명 전문가들이 카운슬러로 참여하고 기사와 뉴스가 포화 상태에 이르러도 정작 트라우마가 치유됐다는 소식은 듣기 어렵다. 통계에 따르면 미국에 사는 여성 3명 중 1명, 남성 5명 중 1명이 어린 시절 성적으로 학대받은 경험이 있다고 한다. 하지만 성적 학대에 대한 인식이 높아졌음에도 불구하고 우리는 피해 치료에 무엇이 필요한지 여전히 거의 모르고 있다.

예를 들어, 트라우마를 겪은 사람들은 서로를 '피해자'라고 규정짓고 뭉치기도 하는데 이것은 유익한 '첫걸음'이 될 수는 있지만 진전 없는 상태로 무기한 계속되면 오히려 회복에 방해가 될 수도 있다. 세상에는 성적 학대를 포함해 수많은 트라우마의 근원이 존재한다. 그 근원이 무엇이든 긍정적 관점을 가질 때 트라우마의 영향에서 벗어날 가능성이 훨씬 높다. 트라우마 경험을 부정하거나 자신을 피해자 또는 생존자로 규정하기보다는, 풍파를 이겨낸 아름다움으로 가득한 성숙한 나무의 모습을 떠올리는 편이 우리에게 더 도움이 된다는 말이다.

트라우마의 뿌리는 인간의 본능적 생리 작용과 연결되어 있다. 따라서 마음뿐만 아니라 몸을 통해 치유의 열쇠를 찾아야한다. 당신이 몸에서 트라우마의 뿌리를 찾는다면, 어쩌면 그것은 삶을 변화시킬 가장 위대한 기회가 될 것이다.

트라우마 치유는 몸 안에서 일어나는 일들을 알아차리는 자연스러운 과정이다. 몇 년에 걸쳐 심리치료를 받거나 잠재된 고통스러운 기억을 반복해서 끄집어내 지우려고 노력할 필요가 없다. 몸에 집중함으로써 우리는 '외상 기억'에 대한 끊임없는 탐색이 오히려 선천적인 치유의 지혜를 방해할 때가 많다는 사실을 알게 될 것이다.

나는 트라우마를 겪은 사람들을 수없이 만나 오면서, 외상 후 증후군이란 본질적으로 '공포에 사로잡혀 완결되지 못한 생리적 반응'이라는 결론에 도달했다. 생명을 위협받는 상황에서 일어난 반응들은 완전히 끝날 때까지 증상이라는 형태로 남는다. 외상 후 스트레스 증후군도 여기에 해당한다. 상황에 대한 반응이 완료될 때까지 그 증상들은 사라지지 않는다. 하지만 앞서 얘기했던 밥 바클레이와 낸시의 경우처럼 부동 반응 안에 갇힌 에너지는 분명 변화할 수 있다. 두 사람 모두 생체의 움직임을 회복하고 생존 에너지를 방출하는 데 성공함으로써 완전히 활력을 되찾을 수 있었다.

새 한 마리가 허공인 줄 알고 날아가다가 유리창에 부딪혔다고 상상해 보자. 바닥에 떨어진 새는 기절했거나 죽은 것처럼 보인다. 그것을 본 한 아이가 안타까운 마음에 주변을 맴돌다가 새를 집어 든다. 따뜻한 아이의 손은 새가 정상적인 기능을 되찾는 데 도움을 줄 수도 있다. 새가 몸을 부르르 떨기 시작한다면 그건 새로운 환경에 다시 적응하고 있다는 신호다. 새는 비틀비틀 균형을 잡으려고 애쓰며 주위를 둘러본다. 다친 곳이 없고, 몸을 떨며 재적응하는 과정이 순조롭게 끝난다면 새는 트라우마에 빠지지 않고 부동 상태에서 벗어나 다시 날아갈 수 있을 것이다. 그러나 그 과정이 방해를 받으면 이후 심각한 고난을 겪어야 할지도 모른다. 예컨대 새가 살아 있는 기색을 보이기 시작할 때 아이가 새를 만진다면 적응 과정을 방해받은 새는 쇼크 상태로 되돌아간다. 만약 생존 에너지를 방출하는 이런 시도가 여러 번 방해를 받는다면 쇼크 상태는 더 오래 지속되고, 결국 새는 공포에 사로잡혀 죽을 수도 있다.

실제로 죽는 경우는 거의 없지만, 인간 역시 부동(얼음) 반응으로 갇힌 에너지를 방출하지 못하면 큰 고통을 받는다. 참전 군인, 성폭행 생존자, 학대받은 아동은 앞서 언급한 임팔라나 새와 마찬가지로 감당하기 힘든 상황을 마주한 사람들이다. 직면한 상황에 맞서 싸울지 도망갈지 선택하지 못한 채 시간이 흘렀다면 그들은 얼어붙은 마음으로 현실과 거리를 두고 살아가거나 자신의 삶을 방치하고 망가뜨릴 가능성이 높다. 갇힌 에너지를 능동적으로 방출한다면 회복될 수도 있다. 그러나 당연한 듯 부동 반응에서 빠져나오는 동물과 달리 우리 인간은 온갖 해로운 증상에 잠식당하며 삶이 붕괴되는 경우가 많다. 인간의 경우 트라우마에서 벗어나려면 새를 집어 든 아이의 따뜻한 손바닥처럼 안전하게 보호해 주는 평온한 환경이 필요하다. 가족은 물론이고 친구와 자연의 도움이 중요하다. 이런 지지와 연결이 있을 때 우리는 자연스러운 치유 과정을 믿고 따르며 안정적으로 자기 삶을 살아갈 수 있다.

『아내를 모자로 착각한 남자』의 저자이자 신경과 전문의 올리버 색스는 또 다른 저서 『편두통』에서 여러 환자들의 주목할 만한 발작에 대해 기술했다. 편두통은 신경계가 스트레스에 반응하여 나타나는 증상으로, 외상 후 반응(부동 반응)과 비슷하고 서로 관련 있는 경우가 많다. 이 책에서 색스는 매주 일정한 주기로 편두통을 앓는 한 수학자의 흥미로운 이야기를 소개한다.

수학자는 수요일만 되면 불안하고 짜증이 나기 시작했다. 목요일이나 금요일에는 스트레스가 심해져 일을 할 수 없을 정도였고, 토요일에는 불안과 흥분 상태가 최고조에 달해 일요일이면 온갖 편두통 발작 증상이 나타났다. 하지만 일요일 오후가 되면 서서히 증상이 약해지다 사라졌다. 편두통이 사라지면 그는 마치 다시 태어난 듯 창조적이고 희망찬 기분이 들었다. 그리하여 월요일과 화요일에는 다시 젊어진 것 같은 상쾌한 기분으로 지냈다. 차분하고 창의적인 상태로 수요일까지 효율적으로 일한 그는 어느 순간 다시 짜증을 느꼈고, 그렇게 전체 주기가 매주 반복되었다.

색스는 수학자의 편두통을 가라앉히기 위해 약물을 사용했는데, 그것이 그의 창조적 원천도 같이 막아 버렸다는 사실을 깨달았다. 그는 매우 애석해하며 "나는 이 남자의 편두통을 '치료'하면서 수학적 능력도 같이 '치료'해 버렸다…… 병과 함께 창조성도 사라져 버렸다"라고 말했다.

또한 색스는 환자들이 극심한 편두통 발작을 일으킨 후 땀을 흘리고 소변을 보는 경우가 있다고 설명했다. 그는 이런 현상을 '생리적 카타르시스'라고 묘사했는데, 수학자를 포함해 약을 먹은 환자들의 경우 이런 반응이 나타나지 않았다.

이런 생리적 카타르시스는 몸을 통한 트라우마 치료 과정에서도 자주 나타난다. 태풍 같은 불안한 오한이 지나가면 환자들은 작은 흥분이 파도처럼 일며 따뜻하고 촉촉한 기운이 몸을 감싸는 듯한 경험을 한다. 타고난 치유 능력을 가진 신체가 트라우마로 인해 생긴 깊이 얼어붙은 빙산을 녹이는 것이다. 만약 우리가 트라우마 증상에서 비롯된 떨림과 같은 신체 감각을 경험하도록 스스로 허용한다면 불안과 절망은 창조력의 원천이 될 수도 있다.

트라우마 증상 안에는 건설적 변화에 필요한 에너지, 잠재력, 자원이 들어 있다. 하지만 수학자의 편두통처럼 증상을 억제하기 위해 약물을 사용하거나, 적응이나 통제를 지나치게 강조하거나, 감정과 신체 감각들을 부성하고 무력하게 만든다면 긍정적인 힘을 발휘하는 창조적 치료 과정이 방해받을 수 있다.

필요한 해답은 모두 우리 몸에 있다

심리학자 대니얼 골먼은 1992년《뉴욕타임스》에 기고한 「치유될 수 없는 상처」라는 칼럼에서 트라우마는 회복할 수 없는 질병이라는 의학계의 일반적 관점에 대해 이야기했다. 그는 이 '뇌질환'을 치료할 유일한 희망은 프로작Prozac 같은 마법의 알약이 발견되는 것이라고 말하며, 예일대학교 정신과 의사인 데니스 차니Dennis Charney 박사의 말을 다음과 같이 인용했다.

"전쟁에 대한 끊임없는 공포든, 허리케인에 휘말리는 것이든, 교통사고든, 통제할 수 없는 모든 스트레스는 생물학적으로 똑같은 충격을 남길 수 있다. 강력한 트라우마의 피해자는 결코 이전의 생물학적 상태로 돌아갈 수 없을지도 모른다."

사실 트라우마가 일으키는 생리적 반응은 생존에 도움이 되는 유연성과 적응성을 유지하기 위한 것이다. 그런데 인간의 경우 이 반응이 제대로 처리되지 않아 고착된 부동 반응이나 부적응 상태가 나타난다. 부적응 상태는 경미한 불안부터 극심한 무력감까지 모두 포함하기 때문에 반드시 의학적 질병이라고 진단할 수는 없다. 하지만 개인에게는 충분히 '병적인' 심리적, 신체적 고통을 초래할 수 있다. 다행인 것은 부적응 상태에서도 몸과 마음의 흐름을 회복시킬 잠재력이 여전히 존재한다는 점이다. 우리가 다시 편안해지고 모든 기능을 회복하려면 이 잠재력을 깨워 갇힌 에너지가 흐르도록 해야 한다.

골먼은 앞서 언급한 《뉴욕타임스》 칼럼에서 또 다른 연구자인 찰스 네메로프Charles Nemeroff 박사의 말을 다음과 같이 인용했다.

"만약 쇼핑몰 주차장에서 차 한 대가 폭발음을 낸다면, 당신은 트라우마를 직접 경험했을 때 느꼈던 것과 똑같은 상태에 휩싸일 것이다. 식은땀이 나고 두려움에 온몸이 떨릴 것이다."

네메로프 박사가 제안하는 다음 단계는 '떨림 반응을 잠재우는 약을 개발하는 것'이다. 약물은 트라우마 환자가 안정될 때까지 시간을 벌어 줄 수도 있다. 하지만 장기간 복용하면 스트레스 상황에서 균형을 회복하려는 인체의 반응이 억제되어 오히려 치료를 방해할 수 있다.

동물 세계에서 볼 수 있듯, 생물체로서 중요한 행위 과정을 완료하려면 자발적인 동요와 떨림 반응이 필요하다. 이 현상은 1982년 내셔널 지오그래픽에서 제작한 「북극곰의 경계Polar Bear Alert」라는 영상에서도 확인할 수 있다. 북극곰 한 마리가 극도의 스트레스를 받으며 쫓기다 마취총에 맞았다. 북극곰은 마취에서 천천히 깨어나면서 오랫동안 몸을 떨고 흔든 다음 정상 상태로 돌아왔다.

의학계에서는 트라우마를 병으로 간주하기 때문에 이런 자연적이고 창조적인 과정을 억제하는 일이 너무 많이 일어난다. 그러나 자연적인 회복 반응이 약물로 억제되든, 얼어붙은 공포에 갇히든, 의지력으로 제어되든, 어떤 식으로든 방해받으면 선천적 자기 조절 능력은 제대로 발휘되지 못한다.

통념과 달리 트라우마는 치료될 수 있다. 긴 시간 동안 치료받으며 고통스러운 기억을 계속 떠올리고 약에 의존하지 않아도 된다. 우리는 과거의 일을 바꿀 필요도 없고, 그럴 수도 없다는 것을 깨달아야 한다. 오래된 트라우마 증상들은 에너지가 갇혀 배워야 할 점을 배우지 못했음을 보여 주는 증거다. 현재에 집중하는 법을 배운다면 과거는 문제가 되지 않으며 매 순간이 새롭고 창조적인 시간으로 변할 것이다. 우리는 오직 현재의 증상을 치료하고 현재를 온전히 살아가면 된다. 치유의 순간이 과거와 미래에 파급효과를 일으킬 것이다.

모든 병이 그렇듯이 트라우마도 뒤늦게 치료하는 것보다 예방하기가 훨씬 쉽다. 이 책에 담긴 정보와 수단들을 이용하면 트라우마가 될 수 있는 경험의 악영향을 막고, 위협적인 상황에 대한 회복 탄력성을 기를 수 있을 것이다. 물론 적절한 약물을 포함해 전문가의 직접적인 도움이 필요할 정도로 증상이 심한 사람도 있다는 점을 명심해야 한다. 도움을 구하는 것은 전혀 부끄럽거나 부적절한 일이 아니다. 심리치료사나 의사가 최고의 도움을 제공할 수 있도록 상황을 공유하는 편이 좋다.

트라우마에서
벗어나지 못하는 6가지 이유

힘든 시기를 겪고 있을 때 어떤 이들은
'긍정적인 생각을 하라'고 일러 줄 것이다.
그런 충고는 도움이 되지 않는다.
―로빈 샤르마, 『페라리를 판 수도승』

　트라우마 환자가 겪는 온갖 기이하고 위협적인 증상들은 다음과 같다. 플래시백flashback(현실에서 단서를 접할 때 과거의 기억이 강렬하게 떠오르는 현상-옮긴이), 불안, 공황발작, 불면증, 우울증, 신체화 질환, 개방성 결여, 이유 없는 폭력적 분노 발작, 반복되는 파괴적 행동 등이다. 한때 건강했던 사람도 짧은 기간 동안 일어난 힘든 사건의 결과로 거의 미치기 직전까지 내몰릴 수 있다.

　트라우마 피해자라고 하면 대부분의 사람들은 참전 군인이나 심각한 아동 학대 피해자를 떠올린다. 그러나 트라우마의 원인은 대부분의 사람들이 인지조차 못할 정도로 일상적이고 광범위하다. 명백한 외상 후 스트레스 환자가 아니더라도 누구나 살면서 한 번쯤은 트라우마가 될 만한 일을 겪는다. 결정적 사건 이후 트라우마 증상이 몇 년이나 잠복하기도 하므로, 정신적 외상을 입었지만 아직 증상이 나타나지 않은 사람들도 있을 것이다.

다행히도 오늘날에는 대수롭지 않아 보이는 평범한 사건들도 트라우마를 일으킬 수 있다는 사실이 많이 알려져 있다. 또 하나 좋은 소식은 트라우마를 평생 안고 살아야 하는 것이 아니라는 것이다. 트라우마는 치료될 수 있으며, 예방은 치료보다도 훨씬 쉽다. 자연스러운 생리적 본능에 따를 의지가 있다면 아주 특이한 증상이라도 해결할 수 있다. 그러기 위해서는 자기 자신을 완전히 새로운 방식으로 이해하고 경험하는 법을 배워야 한다. 대다수의 사람들에게 이 과정은 낯선 신대륙에 발을 들이는 느낌일 것이다.

한번 굴복하면 앞으로도 계속 지게 된다

이제 나는 여러분을 원시적인 세계로, 한때 파충류들만 살았던 곳으로 데려가려 한다. 이 원시 세계는 아직 우리 안에 생생히 살아 있으며, 여전히 우리에게 가장 귀중한 내부 자원의 원천이다.

인간이 산과 계곡을 돌아다니면서 뿌리와 열매를 채집하고 야생동물을 잡아먹으며 동굴에 살던 시절, 우리의 생활은 자연과 밀접하게 연결되어 있었다. 우리는 매 순간 자기 자신과 가족 혹은 부족민들이 잡아먹히거나 위험에 빠지지 않도록 목숨 걸고 방어할 준비가 되어 있었다. 재미있는 것은 원시시대 사람들이 일상적으로 직면했던 '생명을 위협하는 사건들'이 현대 인간의 신경계에 남아 생존이 위협받는다고 인식될 때 강력하게 대응하도록 만든다는 것이다. 오늘날에도 우리 인간은 이런 선천적 능력이 발휘될 때 기쁨과 활력, 살아 있다는 느낌을 경험하며 어떤 도전에도 맞설 수 있다는 자신감을 느낀다. 즉, 우리는 위협받을 때 깊이 감춰져 있던 내부 자원을 끌어내고 인간으로서의 잠재력을 최대로 발휘하며, 감정적, 신체적 건강도 증진된다.

하지만 현대사회에서는 이렇게 강력하게 진화된 능력을 사용할 기회가 거의 없다. 현대인의 생존은 신체적 대응 능력보다 사고 능력을 개발하는 데 더 크게 좌우된다. 그리하여 우리는 자연스럽고 본능적인 자신, '동물적' 자신과 멀어졌다. 이제 대부분의 사람들은 자신이 동물이라고 생각하거나 자신을 동물로서 인식하지 않는다. 하지만 본능과 동물적 감각을 멀리하면 인간의 삶은 완전해질 수 없으며 여러 가지 문제가 생길 수 있다. 그중 하나가 바로 트라우마에 민감해진다는 점이다.

현대에 이르러 인간의 지능과 기술은 빠르게 발전했지만, 그에 비해 신경계는 훨씬 느리게 진화했다. 이 말은 자연스럽고 본능적인 자아와 긴밀하게 연결되어야 트라우마에서 빠르게 회복할 수 있다는 뜻이다. 원시적이고 본능적인 자아의 자원을 쉽게 이용하지 못할 때 인간의 몸과 영혼은 서로 멀어진다.

신경계와 마음이 건강하게 유지되려면 난관을 마주하고 성공적으로 극복하는 경험이 필요하다. 이 경험이 충분히 채워지지 않거나 성공하지 못하면 활력이 부족해지고 삶에 온전히 집중할 수 없다. 특히 전쟁, 학대, 사고 등 트라우마를 일으키는 사건들을 이겨내지 못하고 무너진 사람들은 훨씬 더 심각한 결과를 겪는다.

트라우마의 평범성

트라우마가 초래하는 문제들이 얼마나 심각한지 궁금해하

는 사람은 드물다. 그 이유는 얼마나 많은 사람들이 트라우마로 인해 고통받고 있는지 제대로 알지 못하기 때문이다. 최근 1천 명 이상의 남녀를 대상으로 실시된 연구에 따르면, 응답자의 40%가 지난 3년 동안 트라우마 사건을 경험했다고 응답했다. 성폭행 혹은 신체적 폭행을 당한 경우, 심각한 사고를 겪은 경우, 사망 혹은 부상을 목격한 경우가 가장 많았다. 미국 노숙자의 약 30%가 외상 후 스트레스를 겪고 있는 베트남 참전 군인으로 추정된다는 보고도 있다. 뿐만 아니라 미국인 가운데 7500만 명에서 1억 명 정도가 아동기에 성적·신체적 학대를 경험했다고 한다. 보수적인 단체인 미국의사협회에서도 임산부 중 30%, 전체 기혼여성 중 30% 이상이 배우자에게 폭행당한 경험이 있다고 추산한다. 9초마다 한 명의 여성이 남편이나 연인에게 얻어맞는다는 얘기다(임산부 폭행은 태아에게도 트라우마가 된다).

전쟁과 폭력은 지구상의 모든 여성, 남성, 아이의 삶에 영향을 미친다. 끔찍한 자연재해도 마찬가지다. 허리케인 휴고·앤드루·이니키, 미국 중서부와 캘리포니아의 홍수, 오클랜드 화재, 샌프란시스코·로스앤젤레스·멕시코시티·카이로·고베 지진 등 대비할 수 없는 처참한 자연재해로 지역사회 전체가 파괴되거나 황폐화되었고, 많은 사람들이 트라우마의 위험에 노출되었다.

트라우마 증상을 자각하지 못하고 살아가는 사람들도 많다. 예를 들어, 성인 가운데 10~15%가 원인 불명의 불안, 공황발작, 공포증에 시달린다. 그리고 의사를 찾아오는 사람 가운데 75%가 눈에 보이는 외상이 없다는 이유로 심신증(정신 신체화 증상) 환자로 분류되는 데 불만을 갖고 있다. 나는 연구를 거듭할수록, 이들 중 다수가 적어도 그런 증상과 관련 있는 트라우마를 겪었으리라는 확신이 들었다. 정신질환이 흔히 그렇듯 우울증과 불안은 트라우마 사건에 뒤따르는 경우가 많다. 트라우마 분야에서 존경받는 학자인 베셀 반 데어 콜크[2] 박사가 진행한 연구에 따르면 대형 정신병원 환자들이 트라우마로 보이는 증상들을 겪는 경우가 많았다. 당시 이런 증상들이 관심을 받지 못한 이유는 그 중요성을 알아보는 사람이 없었기 때문이다.

지금은 성적, 신체적, 정서적 학대는 물론 폭력이나 위험에 노출되는 경험이 한 사람의 인생을 송두리째 바꿔 놓을 수 있다는 사실을 모르는 사람이 없다. 하지만 겉보기에 유해해 보이지 않는 상황에 대해서는 여전히 무관심하다. 다시 한번 말하지만 트라우마로 인한 결과는 아주 광범위하며 잘 드러나지

---

2 Psychological Trauma-American Psychiatric Press, 1987

않을 수 있다. 내가 지금까지 일하면서 깨달은 것은 행동 문제, 정신 신체화 증상, 활력 부족 등의 기이한 증상들이 꼭 충격적인 사건에서만 발생하는 게 아니라는 사실이다. 매우 일상적인 사건도 전쟁이나 학대만큼 해로운 후유증을 남길 수 있다. 또한 트라우마의 영향이 반드시 사건이 일어난 직후에 나타나는 것은 아니다. 수년 혹은 수십 년에 걸쳐 증상이 드러나지 않고 축적되는 경우도 있다. 그러다 스트레스를 많이 받거나 또 다른 사건이 일어났을 때 증상이 불쑥 나타나기도 한다. 심지어 증상의 원인을 알 수 있는 단서가 아예 보이지 않을 수도 있다.

무지함이 우리를 더 힘들게 한다

트라우마의 경우 무지함이 고통의 원인이 되기도 한다. 트라우마를 겪은 사실을 인지하지 못하거나 부정한다고 해도 그 증상은 사라지지 않기 때문이다. 물론 트라우마와 그 치료법에 대한 잘못된 정보와 믿음이 넘쳐나는 상황에서 트라우마를 인정하는 것은 쉬운 일이 아니다. 설명하기 어려운 증상을 겪는 것만으로도 힘든데 원인이 무엇인지, 과연 나아질 수 있을지 알지 못한다면 불안감만 커질 것이다. 여기에 더해 배우자나 가족, 친구, 친척들이 이제 잘 살아볼 때가 되었다며 당신이 정상적으로 행동하기를 바라거나, 의사에게 평생 약을 먹어야 한다는 식의 잘못된 조언을 듣는다면 깊은 고통과 무력감, 허무함, 절망을 느낄 수도 있다. 그러면 점점 자신의 증상에 대해 말하는 게 두려워지고, 말해도 믿어 주지 않을 것 같다거나 스스로 미쳐 가고 있다는 생각이 들 수 있다. 쌓여만 가는 병원비도 스트레스다. 여러 차례 검사받고, 치료받고, 다른 곳으로 보내져 그곳에서 또 치료받고, 고통의 원인을 찾아내기 위해 의미 없는 수술을 받고, 그럼에도 불구하고 고통의 원인이 발견되지 않아 건강 염려증 환자 취급을 받으면 치료를 포기하게 되기 십상이다.

더 치명적인 경우는 트라우마 증상을 섣불리 해석해서 잘못된 진단을 내리는 것이다. 이는 학대받은 적이 없는데도 마치 어린 시절 성적·신체적 학대를 받았다거나 심지어 어떤 의식의 희생자였다고 믿게 만드는 위험한 결과를 초래할 수 있다. 아동 학대 피해가 조작될 수 있다고 말하려는 것이 아니다. 이 사회에서 매일 수많은 아이들이 학대로 고통받고 있는 것은 분명한 사실이다. 심지어 성인이 될 때까지 실제로 학대 사실을 기억하지 못하는 아이들도 많다. 그러나 나중에 더 설명하겠지만, 트라우마라는 것은 끔찍하고 기이한 '기억'을 만들어 낸다는 특

성이 있다. 너무나도 실제처럼 느껴지는, 하지만 결코 일어난
적 없는 사건에 대한 기억을 만들어 낼 수 있다는 말이다.

트라우마와 그 치료에 관한 정보들, 그리고 자신의 회복 가능
성에 대한 트라우마 환자의 예측은 믿기 어려울 정도로 잘못된
부분이 많다. 전문가들조차 트라우마를 제대로 이해하지 못하
고 말하는 경우가 많다. 이런 잘못된 정보들은 우리를 더 큰 고
통과 불안의 늪으로 빠뜨린다.

어느 트라우마 환자의 일기

트라우마 환자가 겪는 괴로움은 언어로 표현할 수가 없다. 그
강렬함을 묘사하기란 불가능하다. 그래서 트라우마에 시달리
는 사람들은 타인이 도저히 공감할 수 없는 혼자만의 지옥에서
살고 있다고 느낀다. 심한 트라우마에 시달리는 사람들이 느끼
는 고통을 요약하자면 다음과 같다.

두렵지 않은 것이 하나도 없다. 아침에 잠자리에서 일어나는
것도, 집 밖으로 걸어 나가는 것도 두렵다. 죽음이 두렵다. 언젠
가 죽는다는 사실 때문이 아니라 당장 몇 분 안에 죽을 것 같아

서 두렵다. 분노가 두렵다. 내 분노도, 다른 사람의 분노도. 당장
은 나타나지 않지만 누군가의 마음속에 있는 분노의 불씨가 두
렵다. 거절당하는 것, 버려지는 것이 두렵다. 성공과 실패가 두
렵다. 매일 가슴에 통증이 느껴지고, 팔다리가 저리고 감각이
없다. 생리통 같은 복통과 고통스러운 경련이 매일같이 일어난
다. 항상 어딘가가 아프다. 더 이상 견딜 수 없을 것 같다. 두통
이 있고 늘 초조하다. 숨이 가쁘고, 심장이 두근거리고, 정신이
혼미하고, 공황 상태가 된다. 늘 몸이 춥고 입이 마른다. 뭔가를
삼키기가 힘들다. 에너지와 의욕이 없고 무언가를 성취해도 만
족감이 없다. 짓눌리는 느낌, 혼란, 상실감, 무력감, 절망을 일상
적으로 느낀다. 분노와 우울이 갑자기 주체할 수 없이 터져 나
온다.

트라우마와 관련된 증상과 감정들은 이렇듯 극단적일 수 있
다. 그래서 대부분의 사람들은 (특히 가까운 사람들에게) 자신의 상
태를 감추고 억누르려고 한다. 하지만 이런 상호 부정^{mutual denial}
은 치료에 방해가 될 수 있다.

우리 사회는 트라우마에 시달리는 사람들이 겪는 정서적 취
약성을 너그럽게 받아들이는 분위기가 아니다. 상처받은 마음
과 감정을 수습할 충분한 시간도 주어지지 않는다. 대개는 감

당하기 힘든 상황을 겪어도 빨리 추스르도록 압박받는다.

우리 문화에서 부정은 너무 흔한 나머지 식상한 표현이 되어 버렸다. "정신 좀 차려. 이제 다 끝났잖아. 이제 잊어버리고 일상으로 돌아갈 때가 됐어." 이런 말을 얼마나 자주 들어봤는가?

누가 트라우마에 취약한가 : 6가지 발생 조건

위험과 위협에 적절히 대응하는 능력은 다음과 같은 몇 가지 요소에 따라 결정된다.

① 사건 자체

얼마나 위협적인가? 얼마나 오래 지속되는가? 얼마나 자주 일어나는가? 강렬하고 오래 지속되는 위협적 사건들은 커다란 난관이다. 매우 위협적인 사건이 시간 간격을 두고 반복되는 경우도 마찬가지다. 전쟁과 아동 학대는 개인의 생존 자원으로 감당하기 힘든 대표적인 트라우마 사건이다.

② 사건 발생 당시의 삶

가족과 친구들의 지지(혹은 지지의 결여)는 우리에게 굉장한 영향력을 행사한다. 마찬가지로 건강하지 못한 상태, 지속적인 스트레스, 피로, 영양부족도 중요한 영향을 미친다.

③ 신체적 특징

체질, 즉 유전적으로 스트레스에서 회복하는 능력이 뛰어난 사람들이 있다. 어떤 상황에서는 체력과 같은 전반적인 건강이 중요한 요소로 작용할 수도 있다. 그러나 무엇보다 중요한 요소는 연령 또는 신체 발달과 회복력의 수준이다. 예를 들어, 추운 방에 혼자 남아 있는 상황이라면 아기는 생존 자체가 문제가 될 것이고, 유아나 아동은 감당할 수 없는 공포를 느낄 것이다. 반면, 청소년이나 성인에게는 약간 불편한 정도일 것이다.

④ 개인의 학습된 능력

아기와 어린아이처럼 위협적인 상황에 대응할 경험이나 기술이 부족한 사람은 트라우마에 더 취약하다. 앞서 예로 든 추운 방을 생각해 보자. 청소년이나 성인은 추위와 고립을 참을 수 있을 뿐 아니라 불만을 제기하고, 온도조절장치를 찾아보고, 방에서 나가려고 시도하고, 옷을 덧입고, 하다못해 팔을 감싸고 문지르며 견딜 수도 있다. 하지만 어린아이나 갓난아기는 이런 선택들을 할 수가 없다. 바로 이런 이유로 트라우마는 아주 어린 시절에 시작되는 경우가 많다. 따라서 사건이 다른 사람들에게는 어떻게 보이든, 누군가에게는 트라우마를 일으킬 수 있다는 사실을 반드시 기억해야 한다.

⑤ 위기 대처 능력에 대한 경험적 감각

위험에 맞서 스스로를 온전하게 지켜낸 경험을 한 사람들은 어떤 위기 상황이 와도 자신을 안전하게 지킬 수 있다고 느낀다. 경험에서 비롯된 이런 자신감은 살아가는 데 아주 중요하다. 그러나 반드시 위기 상황을 경험하고 그 상황 속에서만 위기 대처 자원을 얻을 수 있는 것은 아니다. 여기서 말하는 자원이란 내부 자원일 수도 있고 외부 자원일 수도 있다.

▶ 외부 자원

크고 튼튼한 나무, 바위, 좁은 틈, 숨기 좋은 장소, 무기, 도와줄 수 있는 친구 등 안전을 제공할 가능성이 있는 환경은 위기에 대처할 자원이 충분하다는 느낌을 준다. 다만, 발달 단계상 이런 자원들을 이용할 수 있어야 한다. 어린아이의 경우 자신을 학대하지 않고 존중해 주는 어른, 혹은 학대가 일어나지 않는 안전한 장소가 외부 자원이 될 수 있다. 자원의 형태는 다양할 수 있으며, 특히 어린아이에게는 동물, 나무, 봉제완구, 심지어 천사도 자원이 될 수 있다.

▶내부 자원

개인이 자신의 자아를 어떻게 인식하고 경험하느냐는 다양하게 얽힌 자원들에 영향을 받는다. 이 자원에는 심리적 태도와 과거의 경험도 포함되지만 그보다 더 중요한 것은 유기체에 깊이 새겨져 있는 선천적 행동 계획이다. 인간을 포함한 모든 동물은 생존율을 높이기 위해 이런 본능적 대처법을 사용해 왔다. 이 본능적 대처법은 먹고, 쉬고, 번식하고, 방어하는 인간의 기본적인 생물학적 반응을 통제하도록 미리 설정된 프로그램과도 같다. 건강한 사람의 신경계는 위협이 감지될 때 이 선천적 행동 계획을 최우선으로 실행한다. 갑자기 날아온 공을 막기 위해 팔을 올린다든지, 걷다가 축 처진 나뭇가지가 나오면 순간적으로 몸을 숙인다든지 하는 것들이 그 예다. 투쟁 혹은 도피 반응도 이 선천적 행동 계획에 포함된다.

나는 한 여성에게 들은 이야기를 통해 인간의 선천적 행동 계획이 어떤 효과를 발휘하는지 살펴볼 수 있었다. 깜깜한 밤, 이 여성이 집에 가고 있는데 맞은편에서 두 남자가 걸어오는 게 보였다. 남자들의 태도가 마음에 걸린 여자는 바로 경계 태세에 들어갔다. 그때 남자들이 갈라지더니 한 명은 앞에서 다가 오고 다른 한 명은 빙 돌아 여자의 뒤쪽으로 갔다. 의심은 현실이 되었다. 위험한 상황이었다. 심장이 점점 쿵쾅거렸고, 바짝 긴장한 여자는 이 상황에서 벗어날 수 있는 온갖 방법들을 떠올렸다. 소리를 질러야 하나? 도망가야 할까? 어디로 가지? 뭐라고 소리를 지르지? 여러 생각이 머릿속을 스쳤지만 고민할 시간이 없었다. 이때 극적으로 본능이 나섰다. 무엇을 해야 할지 의식적으로 결정을 내리지는 못한 상태에서 그녀는 순간적으로 마주 걸어오는 남자를 향해 빠르고 분명한 걸음으로 나아갔다. 그녀의 대담한 행동에 놀란 듯한 남자는 다른 방향으로 비켜섰고, 뒤에 있던 남자는 작전이 실패했다는 걸 직감하고 어둠 속으로 사라졌다. 여자는 무사할 수 있었다.

이 여성은 본능을 신뢰한 덕분에 트라우마가 될 뻔한 사건을 피할 수 있었다. 처음에는 어쩔 줄 모르고 당황했지만 타고난 방어 계획 중 하나를 따름으로써 공격을 피하는 데 성공했다.

이와 비슷한 행동을 미샤라는 개의 이야기에서도 발견할 수 있다. 미샤는 엘리자베스 토머스의 유쾌한 책 『개와 함께한 10만 시간』에 나오는 두 살짜리 시베리안 허스키다. 어느 날 저녁, 짧은 여행을 하던 미샤는 커다랗고 사나운 세인트 버나드 한 마리를 만났다. 앞에는 무서운 개, 뒤에는 고속도로가 있어 오도 가도 못하는 상황이었다. 책에는 이렇게 쓰여 있다.

"몇 초 동안 상황은 미샤에게 불리해 보였다. 하지만 미샤는 훌륭하게 문제를 해결했다. 고개를 빳빳이 들고 자신감을 나타내는 깃발처럼 꼬리를 높이 쳐든 채, 세인트 버나드를 향해 똑바로 타닥타닥 걸어가기 시작했다."

미샤와 밤길을 가던 여성 모두 선천적 행동 계획을 따름으로써 위기에서 벗어날 수 있었다.

⑥ 성공 혹은 실패 경험

선천적 행동 계획의 성공과 실패를 가르는 요인은 과거 비슷한 상황에서의 성공과 실패에 달려 있다.

트라우마를 일으키는 흔한 사건들

수십 년간 수많은 임상 사례를 접하면서 나는 트라우마를 일으키는 사건과 그 반응들이 너무나도 광범위하고 다양하다는 사실에 놀라곤 했다. 예컨대 작은 수술 같은 것은 중요한 경험이지만 트라우마를 일으킬 정도의 사건이라고 여겨지지는 않는다. 하지만 현실은 그렇지 않을 수 있다. 다음은 한 내담자가 네 살 무렵에 겪은 경험을 들려준 것이다.

마스크를 쓴 거인들이 나를 하얗고 높은 탁자에 묶으려고 했어요. 나는 몸부림쳤지만 거인들은 아랑곳하지 않고 움직였어요. 차갑고 쨍한 불빛이 쏟아지는데 검은 마스크를 들고 다가오는 사람의 형체가 보였어요. 마스크에서 역한 냄새가 나서 숨이 막혔어요. 그걸 나에게 씌우지 못하게 하려고 비명을 지르며 필사적으로 버둥거렸지만 어느 순간 어질어질하고 컴컴한 환각의 터널로 빨려들어 갔어요. 깨어나니 잿빛을 띤 녹색 방 안이었어요. 나는 여전히 충격과 공포에서 벗어나지 못한 상태였죠. 목구멍이 너무 아픈 것 빼고는 아무렇지도 않은 것 같았지만, 사실은 아니었어요. 완전히 배신당한 기분이었어요. 내가 들은 말이라고는 부모님이 곁에 있어 줄 거고 제일 좋아하는 아이스크림을 먹어도 된다는 말뿐이었어요. 수술대에 묶였던 그날 이후 이 세상은 더 이상 안전한 곳이 아니었어요. 시간이 갈수록 내가 나쁜 아이라서 그런 일이 일어났다는 생각이 들었고 자주 무기력해지고 수치심에 사로잡혔어요(그녀의 이성적인 뇌가 그런 벌을 받아 마땅한 나쁜 아이라고 생각하게 한 것이다). 이 끔찍한 경험 이후 몇 년 동안 잠드는 게 두려웠어요. 한밤중에 악몽에 시달리다 숨을 헐떡이면서 깨어나면, 숨이 막혀 죽을지도 모른다는 공포에 다시 잠들지 못하고 혼자 누워만 있었어요.

여섯 살인가 일곱 살 무렵에는 학교생활에도 적응하지 못하고 스트레스 증상도 심해져서 소아정신과에 갔어요. 그 무렵 저는 텁수룩하고 지저분한 흰색 강아지 인형이 있어야 잠들 수 있었는데, 의사는 그 인형에만 관심이 있었어요. 그 의사는 제가 지나치게 소심하고 불안해하는 이유는 밝혀내지 못한 채, 인형을 계속 안고 자려고 하면 나중에 어른이 되었을 때 어떤 문제들이 생길지 생생하게 알려 줬어요. 그 점에서는 '효과가 있었다'라고 말해야겠네요. 겁에 질린 제가 강아지 인형을 버렸거든요. 하지만 증상은 없어지지 않았고 만성적인 불안 발작과 잦은 복통, 다른 신체화 증상들로 발전해서 중학교부터 대학원 시절까지 지속됐어요.

위의 경우처럼, 시간이 한참 흐른 후에 트라우마 증상이 나타나는 사건들이 있다. 이것은 사건을 경험한 사람이 당시 그 상황을 어떻게 경험했느냐에 달려 있다. 흔히 트라우마를 일으키는 선행 사건의 예는 다음과 같다.

- 태아(자궁 내) 시절의 충격
- 출산 시의 충격

- 부모나 가까운 가족의 사망
- 질병, 고열, 사고로 인한 중독
- 추락 및 사고로 인한 부상
- 심각한 폭력이나 유기 등 성적, 신체적, 정서적 학대
- 폭력을 목격하는 경험
- 지진, 화재, 홍수 등 자연재해
- 치과 시술 또는 간소한 의학적 조치
- 수술(특히 에테르 마취를 통한 편도선 절제술), 귀 수술, 흔히 '사시'라고 하는 약시 수술
- 마취
- 장기적으로 움직이지 못하는 상태(휜 다리나 척추측만증 등 다양한 이유로 아동의 다리나 몸통을 깁스와 부목으로 고정한 경우)

입원이나 의학적 조치가 트라우마의 흔한 원인 중 하나라는 사실에 놀라는 사람이 많다. 그러나 오랫동안 움직이지 못하는 상태, 장기 입원, 특히 수술 후유증은 종종 증상도 심각하고 오래 지속된다. 당사자가 필요한 수술이라고 인지하고 있고 마취로 인해 살, 근육, 뼈를 도려내도 고통을 느끼지 못하는데도 몸에서는 생명이 위험한 사건이라고 받아들이기 때문이다. 세포 차원에서는 우리 몸이 치명적 위험으로 간주할 만한 부상을 입

었다고 인식한다. 머리로는 수술이라고 생각하지만, 더 원초적 수준에서 몸은 그렇게 생각하지 않는다. 그리고 트라우마에 관한 한, 신경계의 본능적 지각이 훨씬 더 큰 영향력을 가진다. 이러한 생리학적 사실이 수술 이후 트라우마 증상이 일어나는 주된 원인이다.

《리더스 다이제스트》1993년 7월호에 「모든 것이 괜찮지 않다」라는 제목의 글이 실렸다. 이 글을 쓴 아버지는 아들의 '가벼운' 무릎 수술에 대해 이렇게 기록했다.

의사는 다 괜찮다고 한다. 무릎은 괜찮다. 그러나 약 기운 때문에 악몽에 시달리고 병상에서 몸부림치는 아이에게는 모든 것이 괜찮지 않다. 누구도 아프게 한 적 없는 착한 아들이 마취로 몽롱해져 들짐승 같은 눈빛으로 간호사를 때리면서 "나 살아 있는 거야?" 하며 소리를 지른다. 나는 아이의 팔을 붙들 수밖에 없다. 아이는 내 눈을 똑바로 보면서도 나를 알아보지 못한다. 아들은 집에 돌아와서도 계속 두려움에 사로잡혀 있었다. 자다가 소스라치듯 깨서 헛구역질을 했다. 어떻게든 도와주고 싶은 마음이 간절했지만 할 수 있는 게 없었다. 그저 여느 아빠들처럼 장난감을 사주며 아이가 좋아할 거라고 믿는 수밖에.

수백만 명의 부모들이 예측하기 어려운 트라우마 사건 이후 자녀의 극적인(또는 미묘한) 행동 변화를 이해하지 못해 어려움을 겪는다. 성인과 어린이 모두에게 이러한 후유 증상이 발생하지 않도록 예방하는 방법에 대해서는 이후 네 번째 파트에서 자세히 설명하고자 한다.

공감하는 공동체의 힘

말과 글로 전해진 모든 역사에서, 개인 혹은 공동체의 균형과 건강이 무너졌을 때 그것을 바로잡도록 돕는 것은 부족의 치유사나 샤먼의 일이었다. 서양의학에서 트라우마의 파괴적 영향력을 인지하는 데 오랜 세월이 걸린 것과 달리, 샤머니즘 문화에서는 아주 오래 전부터 이런 상처를 인정해 왔다. 샤머니즘 문화에서는 질병과 트라우마를 개인의 문제로만 보지 않고 공동체 전체의 문제로 여겼다. 그래서 그들은 자신뿐만 아니라 사회 전체의 이익을 위해 치유에 앞장섰다. 이런 관점은 오늘날 우리 사회에서 트라우마를 치유하는 데 적용해 볼 수 있다.

길 잃은 영혼을 함께 보살폈던 원시의 치료사들

오랜 세월 동안 샤머니즘 치료사들은 치유를 위해 다양하고 복잡한 방법을 사용해 왔다. 이런 다양한 의례와 믿음의 바탕에는 트라우마에 대한 공통된 이해가 깔려 있었다. 충격에 압도당한 사람들의 영혼이 몸에서 '분리'될 수 있다는 것이다.

저명한 종교학자이자 샤머니즘 의례 분야의 권위자인 미르체아 엘리아데Mircea Eliade[3]에 따르면 샤머니즘 치료사들이 질병의 원인 중 단연 해롭고 만연하다고 여기는 것이 바로 이 '영혼의 강탈'이다. 영혼의 중요한 부분을 빼앗긴 사람들은 영적으로 정지된 상태에서 길을 잃는다. 즉, 샤머니즘적 관점에서 보면 질병은 '영적 공백spiritual limbo'에 갇힌 결과다.

문명 이전부터 여러 문화의 샤머니즘 치료사들은 '길 잃은 영혼'들이 자기 몸으로 돌아가는 데 필요한 조건들을 적절히 조정하는 능력이 있었다. 소위 '원시적' 치료사라고 불리는 이들은 다채로운 의식을 통해 환자의 강력한 내적 치유력을 일깨웠다. 북을 치고, 주문을 외우고, 춤추고, 황홀경에 빠지는 의식을 통해 공동체의 분위기를 고조시켜 치유가 일어나는 환경을 만

---

3 Shamanism-Princeton University Press, 2nd Printing, 1974

들었다. 이 과정은 며칠씩 계속되는 경우가 많았고 촉매 작용을 하는 약물이나 식물이 사용되기도 했다. 눈여겨볼 점은, 아무리 다양한 의식이 동원돼도 마지막에는 치유받는 사람들이 하나같이 비슷한 신체 반응을 보인다는 것이다. '땀을 흘리며 몸을 떨고 흔든다.' 이것은 갇혀 있던 에너지를 방출할 때 모든 동물에게서 일어나는 현상과 같다. 25년 전 도심 한복판의 내 연구실에서 낸시에게 일어났던 일도 이와 똑같았다.

우리는 원시시대와 동떨어진 문화에서 살고 있지만, 현대의 트라우마 생존자들 역시 샤머니즘 문화와 비슷한 방식으로 자신의 경험을 설명하는 경우가 많다. "아버지가 나를 성폭행했을 때 내 영혼도 강탈됐어요." 이런 '영혼의 강탈'은 어린 시절 성적 학대를 당한 사람이 그 파괴적인 상실의 경험을 묘사할 때 사용하는 전형적인 표현이다. 수술 등 의학적 조치를 받은 후의 느낌을 설명하는 사람들도 이러한 상실감과 단절감에 대해 이야기한다. 나는 많은 여성들이 이렇게 말하는 것을 들어왔다. "골반 검사를 받을 때 내 몸과 영혼이 겁탈당하는 기분이었어요." 심지어 전신마취 수술을 받은 사람들의 경우 몇 개월 혹은 몇 년간 몸과 영혼이 분리된 것 같은 기분을 느낀다고 말하기도 한다. 비교적 경미해 보이는 사고나 낙상, 심지어 배신이나 버림받은 경험도 이와 비슷한 정서적 반응을 일으킬 수

치유하는 몸

있다.

정확히 표현할 단어는 없지만, 많은 이들이 트라우마로 인해 영혼에 상처를 입었다고 느낀다. 배우 로드 스타이거는 오프라 윈프리와의 인터뷰에서 수십 년간 계속된 수술 우울증에 대해 말했다. "난 찐득거리는 누런 안개 속으로 천천히 빨려 들어갔어요. 안개는 내 몸속으로, 내 마음, 정신, 영혼으로 스며들었죠. 그건 나를 완전히 장악하고 내 삶을 빼앗아 갔어요."

샤먼들은 영혼이 길을 잃었거나, 강탈당했거나, 혼란에 빠졌을 때 병에 걸린다고 여긴다. 따라서 그들은 영혼을 불러들여 환자의 몸속에서 다시 제자리를 찾게끔 도와주는 방식으로 치료를 한다. 엘리아데에 따르면 오직 샤먼만이 영혼을 볼 수 있고 정화할 수 있다. 그는 이렇게 말한다. "샤먼만이 영혼이 빠져나간 것을 알아차리고 망아忘我 상태의 영혼을 붙잡아 육체로 돌려보낼 수 있다." 엘리아데가 묘사한 거의 모든 '영혼 회수' 과정에서 샤먼은 영적 영역의 중재자로서 환자를 치료한다. 그는 책에서 톨릇족의 샤먼이 병든 아이의 영혼을 불러들이는 모습을 묘사했다. "너의 나라로 돌아오라. 너의 가족, 너의 집, 밝게 타오르는 불가로 돌아오라! 너의 아버지에게 어머니에게 돌아오라⋯⋯."[4]

트라우마 치료에 있어서 가장 결정적인 조건이 이 단순한 시에 담겨 있다. 바로 영혼을 달래어 몸으로 돌아오게 하려면 가족, 친구, 친척, 부족민들의 따뜻한 지지가 필요하다는 사실이다. 그래서 이런 의식은 부족의 축제로 자리 잡는 경우가 많다. 샤머니즘 문화에서는 사람들 사이의 깊은 상호 연결성, 지지, 사회적 화합이 트라우마 치료에 필요하다는 인식이 깊게 깔려 있다.

우리 각자는 자신의 트라우마 상처를 치유해야 할 책임이 있다. 자기 자신과 가족, 넓게는 이 사회를 위해 그렇게 해야 한다. 그러기 위해서는 서로가 상호 연결되어야 한다는 필요성을 인식하면서 자신이 속한 공동체의 지원을 요청할 수 있어야 한다.

오늘날 의료진들과 정신건강 분야 종사자들은 영혼을 되찾는다는 식의 표현은 절대 하지 않지만 이와 비슷한 과제와 마주하고 있다. 트라우마로 산산이 부서진 인간이라는 유기체의 전체성을 회복하는 문제다. 샤머니즘 문화에서는 공동체가 함께 길 잃은 영혼과 육체를 통합하는 트라우마 치료를 한다. 이런 방식은 과학적인 관점에서는 생각하기 어려운 낯선 것이다.

---

43)과 같은 책

그러나 바로 이 지점, 샤머니즘은 성공하고 서양의학의 접근 방식은 실패하는 그 지점에 트라우마 치료의 실마리가 있다.

내 결론은 샤머니즘 치료법의 몇 가지 측면은 지금도 유효하다는 것이다. 트라우마 문제에 관한 한 우리는 전통 부족의 치료 과정에서 배울 점이 많다. 1994년 로스앤젤레스에서 지진이 일어났을 때, 부유한 중산층 가정보다 충격을 더 잘 이겨 낸 사람들은 한 공간에서 먹고 자며 노는 문화를 가진 제3세계 출신 가족들이었다. "본격적인 지진은 아직 일어나지도 않았다"라는 지질학자들의 인터뷰와 재난 장면들을 강박적으로 시청하며 교류 없이 지낸 사람들은 공동체 안에서 서로 돕고 지지하며 지낸 사람들에 비해 트라우마에 훨씬 취약했다.

로스앤젤레스의 내 동료들이 들려준 바로는 지진이 일어나기 몇 시간 전부터 정원 연못의 잉어들이 뭉쳐서 몰려다녔다고 한다. 잉어떼는 이후 몇 시간 동안 그 형태를 유지했다. 샌디에이고 야생동물원에서 자문을 맡고 있는 야생동물 행동학자 낸시 하비Nancy Harvey에게 들은 이야기도 이와 비슷했다. 나는 캘리포니아 남부의 엄청난 화재로 영양 서식지 코앞까지 불길이 덮친 후에, 동물들이 트라우마와 비슷한 증상을 보였는지 물었다. 그러자 낸시는 동물들이 트라우마 증상을 나타내는 대신 신기한 행동을 보였다고 대답했다. 영양들이 울타리에서 멀리 떨어진 곳에 모여 불이 꺼질 때까지 그대로 함께 있었다고 말이다.

내가 샤머니즘 치료법의 가치를 인정하고 다양한 문화의 샤머들과 어울리면서 많은 지혜를 얻은 것은 맞지만, 이 책에서 소개하는 소매틱 경험 요법^{Somatic Experiencing, SE}은 샤머니즘 기법이 아니다. 나는 우리들 각자가 샤먼보다 위대한 치유력을 가지고 있다고 믿는다. 그것이 가장 중요한 차이점이다. 우리에게는 샤먼의 도움 없이 자신의 영혼을 구할 수 있는 강력한 힘이 있다. 여기에 가족과 친구들의 지지가 더해진다면 치유의 여정은 훨씬 더 성공적일 것이다.

이번 장에는 트라우마 치료에 도움이 되는 연습들이 들어 있다. 훈련받은 전문가가 이 과정을 이끌어 준다면 더 효과적일 것이다. 어린 나이에 트라우마를 겪었거나 학대나 배신으로 인해 트라우마가 발생한 경우에는 특히 그렇다. 하지만 전문가의 도움 없이 혼자서, 혹은 짝을 짓거나 여럿이서 함께 연습해도 강력한 효과를 발휘할 것이다. 단, 부정이나 거부가 강력한 영향력을 행사할 수 있다는 것을 명심하라. 미리 경고하건대, 이 연습을 하다가 트라우마 증상이 활성화될 수도 있다. 압도당하는 기분이 들거나 답답한 느낌이 계속되면 전문가에게 도움을 받기 바란다.

샤머니즘 치유법에서는 샤먼이 나의 영혼을 원래의 몸으로 불러들인다. 소매틱 경험 요법에서는 나 자신이 치유를 주도하면서 잃어버렸거나 분열된 자아를 재통합한다. 이것을 해내기 위해서는 다시 온전한 존재가 되고자 하는 강한 열망이 있어야 한다. 이 열망은 영혼과 몸이 다시 멀어지지 않도록 붙들어 주는 닻의 역할을 할 것이다. 트라우마 증상이라는 형태로 얼어붙어 있던 과거 경험들이 녹기 시작하면 치유가 일어난다. 그렇게 해빙기가 시작되면 몸과 마음도 제 기능을 하며 유연하게 살아갈 수 있을 것이다.

공감하는 타인의 힘

트라우마를 치유하기 위해 샤먼이 영적 의례를 벌이는 것은 원시적이고 미신적인 문화로 느껴질 수 있다. 하지만 이 방식에서 우리가 배워야 할 중요한 이점이 있다. 바로 문제를 공개적으로 다룬다는 점이다. 이들은 공동체에 속한 누군가가 충격에 압도당했을 때 치료가 필요하다고 공공연하게 인정한다. 그러나 우리 자신을 포함해 대부분의 현대 문화는 참는 것이 강한 것이라는 신념에 사로잡혀 있다. 무슨 일을 겪든, 얼마나 괴롭든, 이 악물고 견디며 앞으로 나아가는 사람에게 박수를 보내는 것이다. 그러면 뛰어난 합리화 능력을 가진 대뇌 신피질은 전쟁 같은 심각한 트라우마를 겪어도 '끄떡없이' 일상으로 복귀할 수 있다고 속삭이며 우리의 등을 떠민다.

고통을 외면하고 초인적 존재가 되길 강요하는 이런 혹독한 사회적 통념은 개인과 사회 모두에 매우 부정적인 영향을 미친다. 괴로운 경험을 통과할 때 발생하는 몸과 마음의 변화에 주의를 기울이지 않고 억지로 삶을 끌고 나아간다면, 우리의 강인함은 환상에 불과하다. 그 사이에 트라우마의 영향은 점점 더 심각해지고 마음에 단단히 뿌리를 내려 만성화된다. 그리고 신경계에 얼어붙은 완결되지 못한 반응들은 외부 상황에 의해 언제든 폭발할 준비가 되어 있는 제거 불가능한 시한폭탄으로 남는다. 이 시한폭탄을 해체할 수 있는 적절한 도구와 지원을 찾을 때까지 우리는 원인 모를 폭발을 계속 겪게 될 것이다. 자신의 경험을 억압하거나 부정하는 게 아니라 공개적으로 인정하는 진정한 용기를 깨닫게 될 때까지 말이다.

감각이 무뎌진 사람들을 위한 워밍업

몸과 영혼의 분리는 트라우마의 가장 중요한 부작용 중 하나다. 트라우마를 겪은 후 느끼는 무감각과 분리감은 신체화 증상으로 나타나기도 하는데, 그 대표적인 증상이 바로 피부 감각 상실이다. 감각을 되찾기 위해서는 지금부터 소개하는 '알아차림 연습'을 치료 과정 내내 병행하는 게 도움이 된다.

연습 ❶

첫 번째 연습은 워밍업이다. 매일 10분씩 차갑거나 미지근한 물이 온몸에 닿도록 부드럽게 샤워를 한다. 중요한 것은 물줄기의 자극이 느껴지는 부위에 집중하는 것이다. 자세를 바꾸면서 각 부위로 의식을 옮겨 보라. 손등으로 물을 맞아 보고 손바닥과 손목도 차례로 물줄기에 닿게 한다. 양쪽 얼굴, 어깨, 팔, 머리, 이마, 목, 가슴, 등, 다리, 골반, 엉덩이, 허벅지, 발목, 발 … 신체의 모든 부위에 빠짐없이 물줄기가 닿도록 하라. 그리고 각 부위에서 느껴지는 감각에 주의를 기울여라. 아무 느낌이 없거나 얼얼하고 아픈 느낌이 드는 사람도 있을 것이다. 그때는 물줄기의 흐름에 따라 감각이 돌아오는 걸 상상하면서 "이건 내 뺨이고 이건 내 손이야"라고 말해 보라. 물줄기가 리드미컬하게 쏟아지는 펄싱 샤워기pulsing shower head가 있다면 효과를 더 높일 수 있다. 감각을 깨우는 또 다른 방법은 몸의 여러 부위를 가볍게 찰싹 때리는 것이다. 이 연습을 규칙적으로 하면 피부의 감각과 함께 다른 감각들이 돌아오는 데 도움이 된다.

이 간단한 연습은 몸으로 돌아오는 영혼을 위한 환영식과 같다. 이것은 트라우마로 인해 분리된 몸과 마음, 영혼을 다시 이어 주는 중요한 첫걸음이 될 것이다.

펠트센스로 트라우마 비춰 보기

나는 피와 살이 지성보다 현명하다고 믿는다.
몸의 무의식은 우리 안에서 생명이 솟아나는 근원이다.
그것은 우리가 살아 있음을, 영혼 깊숙이 생명의 존재를 느끼고
우주와 연결되어 있음을 깨닫게 한다.
—D. H. 로렌스

이 장에서는 트라우마를 정복하기 위한 일반적 접근법을 살펴보려 한다. 본능적 감각을 가진 동물로서 자신을 경험할 수 있다면 우리는 우리를 움켜잡은 트라우마의 손아귀에서 빠져나와 그 강력한 에너지를 변화시킬 수 있다. 단, 트라우마에 정면으로 맞서면 그 무시무시한 손에 단단히 붙잡힐 수 있으므로 그러지는 말자. 중국 게임 '차이니즈 핑거 트랩(양쪽 끝에 손가락을 넣었다 빼는 대나무나 종이로 만든 원통형 장난감. 힘을 줘서 빼려고 하면 더 깊이 갇히고 안으로 밀어 넣어야 빠져나올 수 있다-옮긴이)'처럼

트라우마 속으로 부드럽게 미끄러져 들어간 다음 서서히 조금씩 빠져나올 것이다.

메두사를 비추는 거울

메두사 신화에서 메두사의 눈을 똑바로 쳐다보는 사람은 즉시 돌로 변해 버린다. 트라우마도 이와 마찬가지다. 트라우마에 정면으로 맞서려고 하면 트라우마는 우리를 계속 두려움 속에 묶어둘 것이다. 페르세우스는 메두사를 죽이러 가기 전에 아테나 여신에게서 메두사를 똑바로 보지 말라는 경고를 받았다. 그는 아테나가 선물한 반짝이는 청동 방패로 메두사를 비춰 메두사가 자기 모습을 보게 함으로써 그 목을 벨 수 있었다. 트라우마를 극복하는 방법도 이와 같다. 트라우마를 직접 상대하는 대신 트라우마가 반영된 신체적 반응을 연구함으로써 간접적으로 접근하는 게 부작용이 덜할 수 있다. 트라우마의 영향력은 너무나 강해서 트라우마를 겪은 사람은 과거의 사건에 강박적으로 집중한다. 불행히도 트라우마에 한번 굴복했다면 앞으로도 계속 지게 될 것이다.

해결의 실마리는 우리 몸에 있다. 신체 감각은 증상이라는 신호수를 통해 트라우마가 시작된 곳을 알려 주고, 이를 극복할 수 있는 본능적 자원으로 우리를 인도한다. 그리고 이 본능적 자원은 우리가 포식자나 그 밖의 적대적 존재에게서 스스로를 보호할 수 있는 힘을 준다. 위험에 대응하는 본능적 자원은 누구에게나 있다. 이 자원과 접촉해 사용하는 법을 익힌다면 우리 모두 트라우마를 비춰 보고 치유할 수 있는 자기만의 방패를 만들 수 있을 것이다.

꿈, 신화, 구전설화 등에서 '말horse'은 인간의 몸과 본성을 상징한다. 흥미롭게도 메두사의 목이 베일 때 두 존재가 튀어나오는데, 하나는 날개 달린 말 '페가수스'이고 하나는 황금 검을 든 전사 '크리사오르'다. 아마 본능적 자원을 설명하는 데 있어 이보다 더 적절한 상징은 없을 것이다. 말의 본성은 땅에 발을 딛고 살아가는 것이지만, 날개를 통해 대지 위를 자유롭게 날아오르는 초월적 존재가 된다. 즉, 날개 달린 육체를 통해 타고난 본성을 변화시키는 것이다. 절대적 진리를 상징하는 검은 신화 속 영웅들의 최후 무기다. 이것은 명료함과 승리, 도전을 피하지 않는 용맹함, 궁극의 지략을 의미한다. 나는 이 상징들이 트라우마에 시달리는 사람이 자기 안의 메두사를 무찌르는 과정에서 발견하는 자원이라고 생각한다.

치유 과정이 시작되면 우리는 '펠트센스Felt Sense(몸이 느끼는 통합적 감각, '감각느낌'이라고도 불린다-옮긴이)'라고 불리는 신체 내부의 감각을 사용하게 될 것이다. 펠트센스는 트라우마의 증상을 찾아내 그것을 간접적으로 비춰 주는 거울 역할을 한다. 신체 내부 감각에 주의를 기울임으로써 우리는 트라우마를 정면으로 공격하지 않고 억눌린 에너지를 자유롭게 할 수 있다.

펠트센스라는 방패로 맞서라

페르세우스가 방패를 사용해 메두사를 물리쳤듯이, 우리 역시 트라우마를 극복하기 위해 펠트센스라는 방패를 사용할 수 있다. 펠트센스는 트라우마를 변화시키는 데 필요한 '명료함, 본능적 힘, 유동성'을 모두 포함한다.

'펠트센스'라는 용어를 만든 유진 젠들린Eugene Gendlin은 『힘들 때, 지칠 때』[5]라는 책에서 다음과 같이 적었다.

펠트센스는 정신적 경험이 아니라 신체적 경험이다. 즉, 어떤 상황, 사람, 사건을 몸으로 알아차리는 것이다. 특정한 상황이

---

5 Focusing-Bantam Books, 1981

나 사건에 대해 우리가 알고 있고 느끼고 있는 모든 것을 아우르는 내면의 기운으로, 세부사항보다는 단번에 대상의 전체를 인식하고 우리에게 알려 준다.

펠트센스는 말로 정의하기 어려운 개념이다. 언어는 일정한 순서대로 배열되는 선형적 구조이지만, 펠트센스는 순서 없이 여러 가지가 한꺼번에 나타날 수 있는 비선형적 경험이기 때문이다. 그래서 이 경험을 언어로 이해하려고 하면 다양한 차원의 의미들을 잃어버릴 수도 있다.

우리는 '유기체'를 상호 의존적이고 종속적인 요소들로 이루어진 복잡한 구조라고 정의한다. 각 요소들의 관계와 속성이 전체 안에서 어떤 기능을 하는가에 따라 결정되기 때문이다. 따라서 유기체 전체는 개별적 요소의 합보다 크다. 펠트센스도 이와 마찬가지다. 단일한 감각을 느끼는 것이 아니라 흩어져 있는 수많은 자료들을 통합하여 의미를 부여한다. 예를 들어 텔레비전에서 아름다운 장면을 볼 때 우리가 보는 것은 사실 픽셀 혹은 화소라는 무수한 점들의 집합이다. 만약 우리가 개별적 요소인 픽셀에 집중한다면 아름다운 이미지가 아니라 수많은 점들만 보게 될 것이다. 좋아하는 음악을 들을 때도 마찬가지다. 우리는 음표가 아니라 전체적인 청각적 경험에 집중한다.

그리고 우리의 청각적 경험은 개별 음표의 합보다 훨씬 더 아름답다.

펠트센스는 우리가 느끼는 감각의 총체를 경험하게 해 주는 매개체라고 할 수 있다. 트라우마를 치유하는 과정에서 우리는 텔레비전 픽셀이나 음표와 같은 개별 감각에 집중할 것이다. 이 감각들을 부분과 전체 모든 차원에서 인식할 수 있을 때, 우리는 개별 감각에 매몰되지도, 무감각해지지도 않는 통합적 경험을 할 수 있다.

다시 한번 말하지만, 우리는 모든 사건을 개별적 요소와 통합된 전체라는 이중적 방식으로 경험한다. 우리가 펠트센스를 통해 사건을 통합적으로 인식할 수 있다면 트라우마를 무효화하는 방법도 알 수 있을 것이다.

연습 ❷

다음 연습은 기본적인 펠트센스를 이해하기 위한 것이다. 어디에서 이 글을 읽고 있든, 가능한 한 편안한 상태로 따라해 보길 바란다.

• 지금 당신의 몸은 어디에 닿아 있는가? 그것의 온도, 표

면은 어떤 느낌인지 느껴 보라.

- 피부가 옷에 닿은 느낌과 옷의 감촉을 느껴 보라.
- 피부 속을 느껴 보라. 어떤 감각이 느껴지는가?
- 위의 감각들을 떠올리면서 당신이 편안한 상태인지 아닌지 느껴 보라. 그리고 편안하다는 것을 어떻게 아는지 알아차려 보라. 편안함을 주는 신체적 감각들은 주로 어떤 것인가?
- 그 감각들을 의식할수록 편안해지는가 아니면 불편해지는가? 시간이 지나면서 느낌이 달라지는가?
- 이제 연습을 멈추고 잠시 그대로 앉아서 편안한 상태가 주는 느낌을 누려라.

몸과 몸의 감각들을 의식적으로 알아차리면 모든 경험이 강렬해진다. 다만, 우리가 느끼는 편안함은 편안하다고 느끼는 우리의 내적 감각에서 오는 것이지, 우리가 앉아 있는 의자나 소파 때문이 아님을 이해하는 것이 중요하다. 가구 매장에 가면 금방 이해하게 되겠지만, 당신이 직접 의자에 앉아 어떤 느낌인지 몸으로 느끼기 전까지는 어떤 의자가 편안한지 알 수 없는 법이다.

펠트센스에는 우리의 경험 속에 존재하는 거의 모든 정보들이 혼합되어 있다. 우리가 의식하지 못하는 순간에도 펠트센스는 우리가 어디에 있는지, 그 순간을 어떻게 느끼고 있는지 알려 준다. 그때그때 개별적인 정보들을 해석한다기보다는 유기체의 전반적인 경험을 전달하는 것이다. 즉, 펠트센스란 살아 있는 몸 안에 머무르는 경험이며, 외부 환경에 대한 몸의 반응을 통해 몸이 처한 환경들의 미묘한 차이를 알아차리는 것이다. 이것이 펠트센스에 대한 최선의 설명일 것이다.

여러 면에서 펠트센스는 변화무쌍한 지형을 따라 흐르는 강물과 같다. 일단 주변 환경과 감응하여 그 성격이 바뀐다는 점에서 그렇다. 가파른 바위틈을 지날 때는 세차게 흐르며 바위와 돌조각에 부딪혀 소용돌이와 거품을 만들어 낸다. 평평한 곳에서는 멈춘 것처럼 보일 정도로 잔잔하게 흐른다. 봄에 비가 내리고 얼음이 녹으면 급격히 불어나 주변 땅에 흘러넘치기도 한다. 이와 마찬가지로 우리 역시 펠트센스를 통해 자신이 처한 환경이 해석되거나 규정되면 어떤 상황에서도 그 환경에 조화롭게 어우러질 수 있다. 이 놀라운 감각은 내면과 외부 환경의 정보와 기분을 모두 아우른다. 흐르는 강물이 그렇듯이 펠트센스도 환경에 맞추어 형태를 바꾼다.

사람들은 펠트센스라고 하면 으레 시각, 청각, 후각, 촉각, 미각 같은 외부 신체 감각을 떠올리지만 이것은 펠트센스의 기초를 형성하는 정보의 일부분에 불과하다. 다른 중요한 정보들은 내면의 의식이 만들어 내는 자세, 긴장감, 움직임, 체온 등에서 생성된다. 펠트센스는 우리의 생각에 영향을 받을 수 있고 심지어 바뀔 수도 있다. 하지만 펠트센스 그 자체는 생각이 아니라 느낌이다. 감정 역시 펠트센스에 영향을 주지만 사람들이 생각하는 만큼 중요한 역할을 하지는 않는다. 슬픔, 분노, 공포, 혐오, 기쁨처럼 명확하게 구분되는 감정들은 강렬하고 자극적이어서 누구나 쉽게 알아차리고 이름을 붙일 수 있다. 그러나 펠트센스는 그렇지 않다.

펠트센스는 끊임없이 변화하는 미세하고 미묘한 감각의 복잡한 집합체다. 다음 내용을 읽으면서 글로 표현된 것보다 얼마나 더 풍부한 것들이 느껴지는지 상상해 보라.

- 저녁노을이 내려앉은 산 정상을 바라본다.
- 부드럽고 하얀 구름이 흩어져 있는 파란 하늘을 본다.
- 야구경기를 보러 갔는데 옷에 토마토케첩이 튀었다.
- 파도가 바위와 절벽에 부딪혀 생기는 물보라를 본다.
- 아침 이슬을 머금은 장미 꽃봉오리나 풀잎을 만져 본다.
- 브람스의 협주곡을 듣는다.

- 화사한 옷을 입은 아이들이 전통 민요를 부르는 모습을 본다.
- 시골길을 혼자 걷는다.
- 친구와 즐거운 시간을 보낸다.

슬픔, 분노, 기쁨 같은 극적인 감정들 없이 보내는 하루는 상상할 수 있다. 하지만 펠트센스 없이 산다는 것은 상상할 수도 없고 실제로도 불가능하다. 살아 있는 존재라면 가장 기본적인 경험조차 펠트센스를 거치지 않을 수 없기 때문이다.

펠트센스는 가끔 분명치 않을 때도 있지만, 끊임없이 움직이고 항상 복잡하며 계속 전환하고 변화한다. 그리고 다양한 강도와 명료함으로 우리의 인식을 변화시킨다. 우리는 펠트센스를 통해 움직이고, 새로운 정보를 얻고, 밀접한 관계를 맺음으로써 결국 자신이 누구인지 알 수 있다.

펠트센스는 인간으로서의 경험에 너무나 필수적이어서 우리는 그것을 당연하게 받아들이는 경향이 있다. 그렇다 보니 가끔 의도적으로 주의를 기울이기 전까지 그 존재를 알아차리지 못할 때도 있다. 나는 전보다 신체 감각을 훨씬 잘 알아차리게 되었지만 펠트센스로 들어가려면 일종의 절차가 필요하다는 생각을 하게 되었다. 나의 평범한 일상을 살펴보면 이 말을 이해할 수 있을 것이다.

나는 시내에서 바쁜 하루를 보내고 집에 돌아오면 TV 리모컨부터 찾는다. 그러나 버튼을 누르기 직전, 이 습관적인 산만함을 멈추고 내면의 의식에 집중해 보자고 스스로에게 상기시킨다. 먼저 머릿속에 파리 떼처럼 많은 생각들이 정신없이 날아다니고 있음을 알아차린다. 그 불쾌한 감정이 내 의식 안에 퍼지도록 내버려 두자 윙윙거리는 느낌이 더 심해진다. 이제 몸, 특히 가슴속에서 뻣뻣한 긴장이 느껴진다. 잠시 후 나는 불편하고 아픈 부위를 알아차리기 시작한다. 불편한 느낌이 이리저리 돌아다니는 것 같다. 천천히, 깊고 편안하게 숨을 쉬자 분주히 날아다니던 생각들이 조금 차분해지는 느낌이 든다. 오늘 있었던 일들이 몇 장면 스치듯 떠오른다. 시간이 더 지나니 머리 뒤쪽에서 서서히 두통이 느껴진다. 나는 초조함을 느낀다. 팔다리를 가만히 두기가 힘들고 자꾸 떨린다. 일어나서 바쁘게 뭔가를 해야겠다는 생각이 든다. 하지만 그대로 앉아 있다. 곧 머리를 앞으로 끄덕거리고 싶은 마음을 알아차린다. 머리가 리드미컬하고 부드럽게 끄덕거린다. 손이 따뜻해지면서 약간 얼얼한 느낌이 들기 시작한다. 그제야 손이 얼마나 차가웠는지 깨닫는다. 배에서 약간의 따뜻함이 느껴진다. 그 느낌에 주의를 기울이니 몸이 더 따뜻해지면서 온기가 주변으로 퍼진다. 갑자기 전화벨이 요란하게 울리고 그 소리에 신경이 곤두서며 짜증이 난다. 창밖에서 지저귀는 새소리에 의식을 두자 양팔의 근질근질한 느낌이 가라앉는다. 다음으로 떠오른 것은 오랜 친구의 모습이다. 그러자 따뜻한 느낌이 든다. 가슴속이 탁 트이는 듯하다. 뭔가 둥글둥글하고 꽉 찬 느낌이다. 나는 이 광활한 느낌 안에서 내 친구의 이미지를 본다. 고요하고 부드럽게 고동치는 기운이 팔과 다리로 흘러들어 가는 것을 느낀다. 나는 이 느낌에 '기쁨'이라는 이름을 붙인다. 다시 말해, 나는 기쁨이라는 펠트센스를 경험한다.

몸이 말하게 하라

우리는 여러 가지 이유로 펠트센스라는 탁월한 기능을 발달시켜 왔다. 펠트센스는 감각적 경험의 즐거움을 극대화시키고, 우리를 영적 편안함으로 안내해 준다. 유진 젠들린의 책 『힘들 때, 지칠 때』에 실린 연구에 따르면 일반적으로 펠트센스를 이용하는 치료는 그렇지 않은 치료에 비해 더 효과적이다. 펠트센스는 몸에 대해 더 자연스럽고 편안하며 안정적이라고 느끼도록 돕고 균형감과 조화로운 느낌을 더해 준다. 또한 기억력과 창의력을 향상시키고, 트라우마 치유를 돕는 본능적 충동에 더 깊이 접근하도록 해 준다. 우리가 행복, 평화, 유대감을 경험하는 것도 펠트센스에서 출발한다. 우리는 이런 식으로 '자기 self'를 경험한다.

선택의 기로 앞에서 머뭇거리며 망설일 때 사람들은 '네 직감을 믿어라'라고 흔히 말한다. 펠트센스는 이런 본능의 목소리에 귀 기울이는 법을 배울 수 있는 통로다. 아쉽게도 대부분의 사람들은 감각을 알아차리도록 이끌어 주는 도움을 받은 경험이 거의 없다. 우리는 펠트센스와 매우 단절된 방식으로 사는 데 익숙하다. 그렇다고 낙심할 필요는 없다. 처음에는 낯설고 어렵겠지만 조금만 버티면 분명히 펠트센스를 느낄 수 있다.

사실 서구 문화권에서는 자신을 이런 방식으로 경험하도록 가르치지 않는다. 학교에서 읽기, 쓰기, 계산법을 배우지만 펠트센스에 대해서는 배울 기회가 거의 없다. 가정이든, 길거리든, 그 어디서든 펠트센스에 대해 들어보지 못한다. 누구나 매일 이 감각을 경험하지만 그것을 의식적으로 자각하는 사람은 극소수에 불과하고 그 능력을 개발하는 사람은 더 드물다. 하지만 펠트센스가 매우 신비로우면서도 자연스러운 인간의 능력이라는 사실을 반드시 기억해야 한다.

특히 트라우마에 시달리는 사람들은 펠트센스 사용법을 배울 때 힘들 수 있다. 감당할 수 없는 감각과 감정에서 우리 자신을 보호하기 위해 내적 경험을 차단하는 것이 트라우마의 작동 방식이기 때문이다. 내적 경험들을 약간 허용할 정도로 마음이 열리기까지는 시간이 필요할 수도 있다. 당장 모든 것을 경험할 필요가 없다는 점을 항상 기억하길 바란다. 느긋하게 기다려 보자. 우리의 영웅적인 여정은 한 번에 한 걸음씩 아주 천천히 나아가는 과정이니 말이다.

펠트센스로 본능의 목소리를 듣는 법

이제 우리는 본능의 목소리를 들어 보려고 한다. 첫 단계는 펠트센스를 이용해서 몸이 하는 말에 귀 기울이는 법을 배우는 것이다. 이 단계에서 가장 필요한 요소는 온화함이다. 본능적 자아와의 만남은 강렬한 경험이므로 절대 억지로 해서는 안 된다. 천천히 편안하게 하라. 감당할 수 없다는 느낌이 든다면 중단해도 좋다. 그리고 다음 번 시도에서 그 지점에 진입할 때 속도를 늦춰라. 이 과정만은 천천히 시도해야 원하는 바를 더 빨리 이룰 수 있다. 펠트센스가 서서히 나타날 때도 있고 한순간에 모든 것이 명확히 이해되는 경우도 있다. 가장 좋은 접근법은 열린 마음으로 호기심을 갖고 임하는 자세다.

무슨 일이 일어나고 있는지 해석하고, 분석하고, 설명하려 들지 마라. 그냥 경험하고 메모하라. 기억이나 감정, 깨달음, 그 밖의 어떤 것도 끄집어낼 필요가 없다. 그런 것들이 자동적으로 떠오른다면 그건 괜찮다. 다만 그것을 해석하거나 감정과 결부시키지 않아야 한다. 떠오른 것을 지켜보고 흘러가도록 놓아두어라. '있는 그대로 받아들이기'야말로 펠트센스의 언어를 배우는 최고의 방법이다. 펠트센스가 주는 정보는 단어, 장면, 깨달음, 감정의 형태로 당신에게 올 것이며, 항상 또 다른 감각들이 동반될 것이다. 이 감각들은 이해하기가 어려울 수 있지만 깊게 집중하는 법을 배운다면 감지할 수는 있을 것이다.

이처럼 펠트센스를 통해 자신을 이해하는 법을 배우는 것이 트라우마 치유의 첫걸음이다. 펠트센스를 흐르는 강물에 비유했던 것을 다시 떠올려 주길 바란다. 마주하는 사람, 사물, 상황에 대한 우리의 반응과 대처는 변화하는 물줄기처럼 의식 안에서 움직일 것이다.

다음 연습은 펠트센스를 알아차리는 이전 연습의 심화 과정이다. 이 연습은 감각이라는 강물의 느낌을 파악하는 데 도움을 줄 것이다. 그리고 몸이 하는 말을 알아듣는 능력을 키우는 데도 도움이 될 것이다.

연습 ❸

이 연습에는 사진이나 그림이 많은 책 혹은 잡지가 필요하다. 글보다 삽화가 많은 가벼운 책, 여행 잡지, 그림 달력 정도면 된다. 글을 읽을 때는 감각 영역과는 다른 뇌의 영역이 사용되므로 읽지 말고 이미지를 보기만 하라. 이 연습에서는 감각을 직접 지각하는 데 중점을 둔다.

책을 펴기 전에 양팔과 다리의 감각을 느껴 보라. 당신을 받치고 있는 사물이나 바닥의 표면에 닿은 팔다리의 감각을 느껴 보라. 이번에는 옷, 신발, 머리카락 등이 어떤 느낌을 주는지 느껴 보라. 마지막으로 느슨함, 조임, 온기, 얼얼함, 떨림, 배고픔, 목마름, 졸림 등의 감각도 느껴 보라. 연습을 진행하는 동안 몸과 호흡에 집중하면서 계속 펠트센스 안에 머물러 있도록 하라.

첫 번째 사진을 보면서 당신의 반응을 알아차려 보라. 마음에 드는가? 그저 그런가? 마음에 들지 않는가? 아름다움, 고요함, 낯섦, 신비함, 인상적임, 기쁨, 슬픔, 예술성 등이 느껴지는가? 당신이 어떻게 반응하든 그저 알아차려 보라. 다양한 반응이 일어난다면 그것들 역시 알아차려 보라. 지극히 정상적인 반응이다. 어떤 대상에 한 가지 반응만 일어나는 경우는 거의 없다.

이제 자신에게 물어보라. 나는 사진에 대한 내 반응들을 어떻게, 무엇을 보고 알 수 있는가? 사진을 볼 때 어떤 신체적 감각이 일어나는지 확인해 보라. 감각은 미세할 수도 있고 강하고 확실할 수도 있다. 어떤 감각이든 그저 알아차려 보라. 에너지가 움직이거나 갑자기 멈추는 것이 느껴지는가? 그 에너지는 빠른가, 느린가, 혹은 어느 방향으로 움직이는가? 감각에서 어떤 리듬이 느껴지는가? 몸의 특정 부위에서 느껴지는가? 긴장감, 느슨함, 편안함, 나른함, 따끔거림, 무거움, 가벼움, 차가움, 따뜻함, 빡빡함, 상쾌함 같은 느낌인가? 또 다른 느낌도 있는가? 호흡과 심장 박동에 주의를 기울여 보라. 피부에 어떤 감각이 느껴지는지, 전체적으로 몸이 어떤 느낌인지 알아차려 보라. 이중 어느 하나라도 경험해 보는 것이 시작이다.

몇 분 동안 그대로 감각을 느끼면서 감각이 변하는지 지켜보라. 그대로일 수도 있고 더 강해지거나 약해질 수도 있고, 사라지거나 다른 느낌으로 변할 수도 있다. 그 변화를 알아차려 보라. 어떤 일이 일어나든 그저 지켜보라. 그 감각들이 점점 불편한 느낌으로 변하면 잠시 다른 곳으로 주의를 돌려도 된다.

다음 사진으로 넘어가서 이 과정을 반복한다. 익숙해지면 당신에게 맞는 속도로 책이나 잡지를 보면 된다. 펠트센스 사용법을 처음 배울 때는 주로 감각을 감지하고 느끼는 데 집중하면서 천천히 진행하는 편이 좋다.

이번에는 특히 트라우마와 관련 있는 신체적, 감정적 감각을 다루는 연습을 소개하려 한다. 감정은 강력하고 떨쳐내기 힘들며 극단으로 치달을 수 있기 때문에 펠트센스를 통해 다루기가 쉽지만은 않다. 또한 어떤 감정들은 트라우마 증상과 얽혀 있기 때문에 그것을 탐색하는 법을 배울 필요가 있다.

대부분의 사람들은 미세한 감각을 알아차리는 것보다 감정을 탐색하는 편이 훨씬 흥미롭다고 여긴다. 그러나 트라우마 치유를 위해 펠트센스를 이용하는 법을 배우고 싶다면 감정적 반응을 일으키는 근원인 신체적 징후(감각)를 알아차리는 법을 배워야 한다. 감각은 증상에서 비롯되고 증상은 억눌린 에너지에서 비롯된다. 이 과정에서 우리가 다루어야 하는 것이 바로 이 억눌린 에너지다. 신체 감각과 펠트센스를 통해 우리는 이 거대한 에너지의 압력을 풀고 트라우마를 변화시키는 데 사용할 수 있다.

다시 말하지만, 온화함을 잊지 마라. 천천히 편안한 마음으로 느끼고 경험에 대한 어떤 해석이나 판단도 붙이지 마라. 그저 그 경험이 당신을 통해 흘러가고 다음 경험으로 이어지도록 놔두라. 이 연습이 익숙하게 느껴지더라도 한 번도 그런 경험을 한 적 없는 것처럼 새롭게 시도한다면, 더 많은 효과를 얻을 것이다.

연습 ❹

이번 연습에서는 책이나 잡지 대신 사진첩이나 수집품을 활용할 것이다. 가족사진 앨범이나 여행 기념품, 어린 시절에 만든 스크랩북 같은 것들이면 완벽하다. 사진에는 당신이 가 본 장소들과 잘 아는 사람들이 담겨 있어야 한다. 이번에도 사진을 보는 것 말고는 아무것도 할 필요가 없다.

우선 팔다리의 감각을 느껴 보고, 당신의 몸이 닿아 있는 의자나 마룻바닥 표면에서 어떤 감각이 느껴지는지 보라. 또 다른 신체적 감각이 느껴진다면 그것도 느껴 보라. 이 연습을 하는 내내 이것을 반복한다면 몸의 감각에 온전히 집중하는 데 도움이 될 것이다.

첫 번째 사진이나 스크랩북의 첫 장을 보고 당신의 반응을 알아차려 보라. 그 사진이 어떤 감정을 불러일으키는가? 행복, 즐거움, 걱정, 약간의 동요, 혼란, 슬픔, 분노, 사랑, 감사, 부끄러움, 증오, 혐오, 그리움 같은 감정들이 느껴지는가? 아마도 모든 감정들은 느낌이 모두 다를 것이다. 제각각 다른 경험을 통해 만들어졌기 때문이다. 앞서 했던 연습과 마찬가지로, 어떤 반응이든 그저 있는 그대로 알아차려 보라. 여러 가지 반응이 한꺼번에 일어난다면 그 반응이 어떤 것인지 지켜보라. 강한 반응인가, 약한 반응인가? 그것이 강하거나 약한 반응이라는 사실을 어떻게 아는가? 만약 이 질문에 신체 감각으로 답할 수 있다면 당신은 감정의 생리적 반응을 이해하고 그것을 활용할 수 있는 길에 들어선 것이다.

이제 자신에게 물어보라. 이것이 사진에 대한 나의 감정적 반응이라는 것을 나는 어떻게 아는가? 사진에 대한 당신의 반응 아래 깔려 있는 감각들이 무엇인지 확인해 보라. 강한 감각도 있고 미묘한 감각도 있을 것이다. 그것이 무엇이든 간에 일단 느껴 보라. 어떤 긴장감이나 에너지가 느껴지는가? 만일 그렇다면 어디에서 어떤 강도로 느껴지는가? 호흡, 심장 박동, 몸 전체에 흐르는 긴장감의 양상에 주의를 기울여 보라. 피부로 어떤 느낌이 오는지도 알아차려 보라. 전반적으로 몸의 느낌은 어떤가? 긴장, 힘, 멍함, 평온함, 까칠함, 헝클어짐, 무감각, 더움, 느슨함, 끈적거림, 편안함, 무거움, 가벼움, 추움, 둔함, 따뜻함, 활기참, 얼얼함, 떨림, 단단함 같은 느낌이 드는가? 그것이 몸의 어디에서 느껴지는가? 감각이 덩어리로 존재한다면 어떤 물질로 만들어진 것 같은지 생각해 보라. 에너지가 움직인다면 어떻게 움직이는가? 빠른가, 느린가? 어떤 방향으로 움직이는가? 부풀어 오르는 느낌이 있는가? 있다면 몸 어느 부위에서 느껴지는가? 최대한 구체적으로 느껴 보라. 그리고 당신은 자신이 어떻게 반응하는지 어떻게 아는가?

지금 당신이 사용하는 단어들이 흔히 감정을 나타내는 단어라고 생각된다면 하나씩 살펴보며 스스로 질문을 던져 보라. 내가 감정을 느낀다는 것을 나는 어떻게 아는가? 감정은 과거와 연결되어 있기 때문에 사진이나 기념품에서 또 다른 사건의 기억이 떠오를 수도 있다. 그 기억과 함께 떠오르는 감각들도 같은 방식으로 알아차려 보라. 감정이나 생각이 아닌 감각으로 묘사해야 한다는 점을 계속 상기하라. 다음 사진으로 넘어가서 같은 과정을 반복한다. 사진에 반응하여 일어나는 감각들을 알아차릴 수 있을 만큼 천천히 진행해야 한다는 점을 기억하라. 스크랩북의 각 페이지나 사진 한 장마다 일어나는 감각들을 몇 분 동안 충분히 느끼면서 감각이 변화하는지 지켜보라. 감각은 그대로이거나 사라질 수도 있고 더 강해질 수도 있다. 어떤 일이 일어나든 그저 알아차리는 것에만 집중하라.

느낌이나 감각이 너무 강렬하거나 불쾌해지면, 의도적으로 의식을 전환해 즐거웠던 경험이나 경험해 보고 싶은 신나는 일을 떠올리고 그것에 집중하라. 그리고 즐거운 경험과 관련된 신체적 펠트센스에 주의를 기울여라. 이렇게 다른 감각으로 주의를 옮기는 것은 불편한 느낌이 가라앉는 데 도움이 된다. 해소되지 않은 트라우마에 강력한 힘이 있다는 사실을 잊어서는 안 된다. 이 책을 읽거나 연습을 하면서 압도당하는 느낌이 사라지지 않는다면 일단 멈추고 다음에 다시 시도하거나 훈련받은 전문가에게 도움을 청해야 한다.

만약 몸서리쳐지도록 무서운 장면이 떠오른다면 그때 느껴지는 감각을 조용히 알아차려 보라. 가끔 강렬한 감각이 일어날 때 시각적 이미지가 먼저 떠오르는 경우가 있다. 바로 그 감각이 트라우마를 헤쳐 나가는 데 도움이 된다. 그것이 어떤 감각인지 알게 될 수도 있고 끝까지 모를 수도 있다. 반응을 경험하는 동안 트라우마의 영향에서 벗어나기 쉬워질 테니 일단 마음을 편안히 가라앉히기 바란다. 위험에 처할 수 있는 아이를 보호해야 하는 상황처럼 객관적으로 사실 여부를 알아야 할 때 당신은 그 상황에 더 잘 대처할 수 있는 유리한 위치에 있게 될 것이다.

트라우마의 에너지가 성폭행 혹은 학대를 당했다는 '믿음'과 결부되어 있다는 사실을 알아야 한다. 이런 믿음을 의심하거나, 그 믿음이 사실이 아니라면 에너지의 일부가 갑자기 방출될 수 있다. 이런 경우에는 휴식을 취하며 새로운 정보를 받아들일 충분한 시간을 가져야 한다. 당신이 경험하는 감각에 최대한 머물러 보라. 떨리거나 처지는 느낌이 들더라도 놀랄 필요 없다. 둘 다 에너지가 정상적으로 방출되고 있다는 증거다. 감당할 수 있는 것보다 더 많은 것을 하도록 밀어붙여서는 안 된다. 피로하면 낮잠을 자거나 일찍 잠자리에 드는 것이 좋다. 신경계의 놀라운 은총 가운데 하나는 끊임없이 자율 조절을 한다는 점이다. 지금 안 되는 부분은 나중에 더 건강하고 정신적 여건이 좋을 때 처리할 수 있다.

펠트센스에는 생리적 요소와 심리적 요소가 포함되어 있다. 두 요소의 중요한 차이에 대해서는 다음에 이어지는 두 개의 글에서 전반적으로 설명하려 한다. 첫 번째 글에서는 유기체가 생리학적 작용을 통해 소통하는 방식에 초점을 맞췄고, 두 번째 글에서는 유기체가 나타내는 심리적 습성을 주로 살펴볼 것이다. 이 논의가 당신이 생리 작용과 감각이라는 낯선 영역에서 펠트센스를 능숙하게 이용하는 데 도움이 되길 바란다.

유기체의 소통 방식

유기체는 그 나름의 소통 방식을 가지고 있다. 유기체의 소통 방식에서 알 수 있는 몇 가지 중요한 특성은 지금까지 우리가 했던 연습에 그대로 드러나 있다. 바로 앞의 연습으로 돌아가 보자. 당신은 감각을 묘사할 때 당신에게 익숙한 생리적 감각을 나타내는 용어들을 사용했다. 이 점을 알아차렸는가? 멍한 느낌을 경험한 적이 없다면 그 느낌을 모를 것이고 '멍한'이라는 단어를 사용하여 감각을 표현하지 않을 것이다. 유기체는 지금 경험하는 느낌을 묘사할 때 이미 아는 단어를 사용한다.

이 느낌을 문자 그대로 받아들이지는 않았으면 한다. 우리는 멍한 느낌, 까칠까칠한 느낌, 몸이 유리나 나무, 플라스틱으로 만들어진 것 같은 느낌을 경험할 수 있다. 이 묘사의 핵심은 '어떠어떠한 것 같은 느낌'에 있다. 우리 몸 안에 실제로 멍하거나 까칠한 부분은 없다. 수술 과정에서 터무니없는 사고가 있었던 것이 아니라면 당연히 몸에 나무나 유리, 플라스틱 조각도 없다. 그저 그와 비슷한 느낌이 든다는 비유적 표현일 뿐이다. 물론 장기, 뼈, 근육에서 주는 정보가 그 비유적 표현과 정확히 일치하는 감각일 수는 있다.

한편 유기체는 의사소통을 할 때 물리적 특성뿐만 아니라 이미지나 장면들도 사용하는데, 이런 장면들은 기억으로 받아들여지기 쉽다. 트라우마의 에너지는 이루 말할 수 없이 강력해서 분노, 공포, 무력감 같은 극단적인 감정을 일으킨다. 우리 몸이 이 에너지의 존재를 시각적으로 전달하려 할 때 우리가 어떤 장면을 보게 될지 생각해 보자. 무궁무진한 가능성이 있겠지만 한 가지 공통점은 그다지 아름답지 않다는 것이다. 많은 사람들이 이 시각적 정보를 현실로 착각하는 실수를 저지른다. 유기체가 전달하고자 하는 것은 강간이나 고문을 당한 '것 같은 느낌'인데, 실제로 강간이나 고문을 당했다고 믿어 버리는 것이다. 실제로 일어난 일은 공포스러웠던 치료, 교통사고, 어린 시절 방치되었던 일 등 다양할 수 있다.

물론 떠오른 장면이 진짜 기억일 수도 있다. 강간이나 고문의 영향으로 고통받는 경우 그 경험을 바탕으로 장면들이 만들어진다. 어린아이들은 그런 경험을 몇 년씩이나 기억하지 못하다가 나중에 떠올리는 일이 흔하다. 어쨌든 그것이 진짜 기억이더라도 트라우마 치료에 있어 어떤 역할을 하는지를 고려해야 한다. 그런 기억과 연결된 설명, 믿음, 해석은 펠트센스에 깊고 온전하게 들어가는 데 방해가 될 수 있다. 트라우마 치료에서 중요한 것은 그 장면을 볼 때의 펠트센스다. 즉, 그 감각이 어떻게 느껴지고 어떻게 변하는지에 주목해야 한다.

감각과 알아차림

생리학적 측면을 다룰 때 가장 먼저 알아야 할 점은 펠트센스가 알아차림과 밀접하게 관련되어 있다는 사실이다. 펠트센스는 마치 풍경을 바라보는 것과 비슷하다. 아니, 풍경을 느끼는 것에 가깝다. 즉, 여기서 말하는 '알아차림'이란 지금 일어나는 일을 바꾸거나 해석하려 들지 않고 그저 경험한다는 뜻이다. '이것의 의미는~'이라고 말하거나 생각할 때 우리는 경험에 해석을 덧붙임으로써 단순한 알아차림에서 벗어나 심리학적 영역으로 들어가게 된다. 물론 경험에 대한 의미나 해석은 알아차림의 결과로서 트라우마 치료에서 중요한 역할을 한다. 하지만 지금은 경험에 대해 생각하는 것보다 경험 자체에 집중하는 것이 더 중요하다. 트라우마 치료에서 의미가 갖는 중요성에 대해서는 나중에 다시 이야기하려 한다.

외부 감각은 우리의 전반적인 경험에 영향을 미치는 신체적 반응이다. 예컨대 얼음 조각을 하나 집어 든다고 해 보자. 얼음 조각의 느낌에 관여하는 감각들은 차가움, 매끄러움, 딱딱함, 각진 형태 등이다. 이 느낌들은 모두 얼음 조각을 완전히 이해하는 데 중요한 역할을 한다. 내부 감각도 이와 마찬가지다. 그러므로 처음에는 의식으로 들어오는 특정 감각들의 속성을 모두 알아차리고 있는지 메모하며 거듭 확인하는 것이 중요하다. 익숙하고 너무 당연한 느낌이라서, 감각 전체를 온전히 받아들이지 못해서 혹은 너무 미묘해서, 감각의 어떤 속성을 알아차리지 못하고 놓칠 수도 있기 때문이다.

냉동실에서 바로 꺼낸 얼음 조각은 차갑고 딱딱할 뿐 아니라 손에 쩍 달라붙는 낯선 느낌을 준다. 그러다 촉촉해지면서 달라붙는 느낌이 사라지고 차갑고 매끈하고 단단한 정육면체라는 얼음 조각의 이미지를 갖춘다. 이 얼음 조각처럼 우리의 내부 감각 경험도 계속 변한다. 내부 감각은 한번 알아차리고 나면 십중팔구 다른 감각으로 변한다. 이런 변화는 대개 에너지와 생명력이 자유롭게 흐르는 방향으로 움직인다.

생체리듬에 맞춰 느리게 나아가라

감각은 셀 수 없이 다양하다. 알아차림이 그토록 중요한 이유도 바로 이 때문이다. 생리학의 영역에서 미묘하게 감지되는 감각과 생체리듬은 강렬하고 확실하게 나타나는 감각과 생체리듬만큼이나 중요하다. 바로 이 생체리듬이 내가 마지막으로 말하려는 펠트센스의 특성이다.

생리 현상은 주기적으로 일어난다. 이런 생물학적 리듬은 트라우마를 변화시키는 근본이라고 할 만큼 중요하다. 처음에는 이 리듬을 인식하고 받아들이기가 힘들 수 있다. 생물학적 리듬은 우리가 살아가는 속도보다 현저하게 느리기 때문이다. 애초에 정신적 외상을 입는 이유도 여기에 있다. 우리는 자연스러운 생체리듬이 완결될 때까지 필요한 시간을 충분히 주지 않는다. 대부분의 경우 기껏해야 몇 분 정도지만 지극히 중요한 그 몇 분을 기다려 주지 않는다.

우리가 이러한 리듬을 주로 알아차리게 되는 곳은 감각이 밀려왔다 잦아드는 변화 속이다. 우리가 그 감각들의 모든 특성을 인지하고 그들의 속도대로 진행되도록 허용한다면 하나의 감각은 그 나름의 속도에 맞춰 다른 감각, 이미지, 느낌으로 변할 것이다. 우리는 강물을 빠르게 흐르게 할 수 없다. 이 리듬을 존중하고 그에 맞추는 것이 이 과정에서 할 일이다.

이제 우리는 펠트센스를 이용하는 기본적인 방법을 배웠다. 펠트센스는 단순하고 우아하지만 고성능 컴퓨터보다 수십억 배 더 정교하다. 알아차림, 감각, 예민함, 다양성, 리듬이 한데 어우러진 펠트센스야말로, 복잡하고 영적인 유기체인 우리 자신을 알아가도록 도와주는 수단이라고 할 수 있다. 당신이 이 원시적이면서도 세련된 요소들을 파악하기 시작했다면 제대로 가고 있는 중이다.

무기도 전략도 없이,
동물이 자연에서 살아남는 법

인간의 고유한 특징은 지금까지 인간에게 남아 있는
아주 오래된 동물적 특성과 대조할 때 비로소 발견할 수 있다.
―콘라트 로렌츠(동물학자)

동물들은 무엇이 다른가

인간 생리학의 기초는 원시 자연의 흙바닥에서 탄생한 초창
기 생명체와 함께 진화했다. 하지만 우리는 그렇게 생각하고
싶어 하지 않기 때문에 우리의 시작점과의 관계는 늘 답보 상
태였다.

기본적인 생물학적 유기체 수준에서는 사고나 개념이 존재
하지 않는다. 오직 본능적 반응만 존재할 뿐이다. 유기체인 인
간도 몇몇 분명치 않은 충동을 제외하면 매우 강력하고 압도적

인 본능적 충동에 이끌린다. 이성적으로 사고하고, 감정을 느끼고, 계획하고, 건설하고, 분석하고, 경험하고, 창조하는 인간의 능력이 아무리 진화해도 원시 과거로부터 물려받은 본능적 치유력을 대체할 수 있는 것은 없다.

자연이 거의 모든 생물체에게 준 신경계는 위협에 매우 비슷하게 대응한다. 그러나 모든 생물 가운데 일상적으로 장기적인 트라우마 후유증을 겪는 종은 인간이 유일하다. 다른 동물이 이와 비슷한 후유증을 앓는 경우는 통제된 실험실이나 열악한 사육 환경에서 지속적으로 스트레스를 받을 때뿐이다. 이런 사실은 다음과 같은 의문을 품게 만든다.

- 위협에 대한 신경계 반응은 거의 모든 생물체에게서 효과적으로 작동하는데, 왜 인간은 이 신경계가 가진 이점을 제대로 활용하지 못하는가?
- 인간은 신경계에 접근하는 법을 알지 못하나?
- 인간이 신경계를 무시하고 있는 건가?
- 인간은 왜 그토록 쉽게 트라우마에 갇히는가?
- 인간은 하지 않는데, 동물들만 하는 행동은 무엇인가?
- 인간은 동물에게서 무엇을 배울 수 있는가?

지금 이야기하는 자연계의 생존 방식은 정상적이고 건강하며 동물에게 유리하도록 설계된 것이다. 동물들은 생명이 위험한 사건을 경험할 때 재빨리 처음의 충격 반응에서 벗어나 원래 상태로 돌아온다. 이 반응은 일시적으로 나타나고 만성이 되지 않는다. 이런 행동을 관찰하면 트라우마를 극복할 수 있는 본능적 능력을 깨달을 수 있을 뿐만 아니라, 본능을 방해하지 않는 법에 대해서도 배울 수 있다.

펠트센스는 우리 안에 있는 동물적 속성과 다시 연결될 수 있는 발판을 제공한다. 알고, 느끼고, 감각하는 경험은 치유가 시작될 수 있는 곳으로 우리의 주의를 집중시킨다. 자연은 우리를 잊지 않았다. 우리가 자연을 잊었을 뿐이다. 트라우마를 겪는 사람의 신경계는 손상된 것이 아니라 일종의 정지된 영상 안에 얼어붙어 있는 것이다. 펠트센스를 재발견하면 우리의 경험에는 따뜻함과 활기가 돌아올 것이다.

펠트센스는 트라우마가 일어날 때 방해받았던 본능적 에너지의 작용을 부드럽고 위협적이지 않게 다시 시작하는 방법이기도 하다. 이 과정을 끝까지 해내면 외상 후 반응이 만성이 되지 않도록 막을 수 있다. 우리는 트라우마에 대응하고 그것을 자연스럽게 해소하는 방향으로 나아가게 하는 기제를 이미 가지고 있다. 그중에는 동물들에게 공통적으로 존재하는 기제도

있지만, 고도로 발달한 사고와 언어 처리 능력처럼 인간에게만
있는 기제도 있다.

파충류 뇌에 귀를 기울여라

그럼 이제 뇌 이야기로 넘어가 보자. 뇌는 트라우마에 대해
논의할 때 매우 중요한 부분이다. 모든 동물의 뇌 안쪽 깊은 부
분에는 '파충류 뇌'라는 영역이 있다. 이곳이 바로 본능의 근원
이다. 트라우마 치유력에 의식적으로 접근하는 유일한 통로는
신체 감각과 펠트센스인데, 이것이 바로 파충류 뇌가 사용하는
언어다. 생물학적으로 볼 때 파충류 뇌는 인간을 포함한 모든
동물에게 아주 중요한 부위다. 파충류 뇌에는 자기 종의 생존
을 보장하기 위한 행동, 즉 자기 보존self-preservation과 번식을 위
한 본능적 계획이 내장되어 있다. 신체의 생명 유지 기능을 조
절하는 무의식적 변화도 이곳에서 관리한다. 모든 고등생물은
이 파충류 뇌를 원형으로 하여 진화했다. 고등동물의 경우 파
충류 뇌가 더 향상된 기능을 발휘하거나 본래의 기능이 무효화
된 것처럼 보이기도 하지만, 어쨌든 이곳에서 관장하는 행동들
이야말로 트라우마의 비밀을 푸는 열쇠다. 우리는 이런 행동들

을 통해 인간이라는 동물로서의 자신을 경험할 수 있다.

파충류는 어떤 행동을 의식적으로 선택하는 것이 아니다. 매 순간 모든 움직임이 본능에서 나온다. 오직 본능만으로 먹이와 집, 번식에 적합한 짝을 찾는다. 모든 방어 전략이 이 원초적이고 고도로 효율적인 뇌에 유전적으로 입력되어 있다. 이런 행동들은 파충류가 통제할 수 없는 자연의 주기에 따라 수행된다. 수억 년에 걸쳐 날마다, 계절마다, 해마다 이러한 삶의 의식들이 반복되었다. 왜? 그것이 효과적이기 때문이다.

곤충 한 마리가 통나무 위에서 해를 쬐고 있는 도마뱀 쪽으로 기어간다. 도마뱀이 혀를 한 번 휘두르자 곤충이 사라진다. 도마뱀은 배가 고픈지 아닌지 생각하지 않는다. 먹어도 될 만큼 곤충이 깨끗한지, 하루 섭취 칼로리가 초과되는지 계산하지도 않는다. 그저 먹을 뿐이다. 그저 잠자고, 번식하고, 도망치고, 얼어붙고, 싸운다. 본능이 지배하는 삶은 이렇게 단순하다. 도마뱀은 기억할 것도, 계획할 것도, 배울 것도 없다. 모두 본능이 알아서 한다.

앞서 언급한 임팔라나 치타 같은 포유동물은 파충류 뇌의 핵심 구조와 더 정교한 변연계 뇌limbic brain를 모두 가지고 있다. 우리를 포함한 모든 고등동물에게 있는 변연계는 파충류에게서 나타나지 않는 복잡한 감정적, 사회적 행동을 관장한다. 이런 행동들은 파충류 뇌에서 비롯되는 본능적 충동을 대체하는 것이 아니라 그것을 보완하고 향상시킨다. 변연계는 파충류 뇌가 보내는 충동을 더욱 정교하게 만든다. 진화에 따른 이러한 도약은 포유류로 하여금 파충류보다 더 많은 선택지를 가질 수 있게 해 주었다.

임팔라 무리가 한 몸처럼 움직이며 풀을 뜯고 소통하고 달아날 수 있는 것은 이 변연계에서 제공하는 추가적인 정보 덕분이다. 임팔라들은 도망치는 본능적 반응에 더해 무리 지을 때 생존 가능성이 높아진다는 사실을 익혔고 그 지식을 바탕으로 진화했다. 생명을 위협당한 새끼 임팔라가 무리에 다시 합류하려는 행동을 보이는 것도 여기에 해당한다.

변연계와 함께 감정도 진화했다. 감정은 포유류가 고도로 발달한 방식으로 정보를 저장하고 소통할 수 있게 해 주었고 이성적인 뇌로 진화하기 위한 길을 마련했다. 인간의 지성은 본능을 기반으로 진화했고, 본능은 각 생물종의 사고 능력과 언어 발달을 결정하는 매개변수 역할을 한다. 건강한 인간의 경우 본능, 감정, 지성이 함께 작용하여 폭넓은 사고와 창조를 만들어 낸다.

조율과 적응

도마뱀의 혀가 닿을 거리에 있던 곤충 한 마리가 사라지고, 임팔라 떼가 위험한 냄새를 감지하자마자 일사분란하게 움직이는 예들은 외부의 단서를 본능적 반응으로 즉시 변환하는 동물들의 잠재적 능력을 보여 준다. 자극과 반응이 분리되지 않는다는 점에서 동물과 외부 환경은 하나다.

이러한 '적응' 또는 '조율attunement'을 해파리나 아메바보다 생생하게 보여 주는 유기체는 없을 것이다. 해파리가 거대한 바다의 힘을 막아 내는 방법은 바다에 모든 것을 내맡긴 채 흐늘거리며 움직이는 것뿐이다. 자신을 구성하고 있는 물질과 별반 다를 바 없는 액체 안에서 꿈틀거리며 이리저리 밀려다니는 아메바는 마치 주변 환경과 하나인 것처럼 움직인다. 환경이 조금만 변해도 아메바는 즉시 반응한다. 예를 들면 먹이 쪽으로 방향을 바꾸거나 독이 있는 곳에서 멀리 떨어진다. 아메바가 외부의 신호를 받아들이고 반응하는 과정은 하나의 사건처럼 일어난다. 그들은 사실상 동일한 존재인 셈이다.

이렇게 환경과 유기체가 서로 맞춰 변화하는 조율 과정은 모든 유기체가 생존하는 데 결정적인 역할을 한다. 조율이 없다면 기회와 위험 앞에서 어떻게 때맞춰 적절히 반응하겠는가?

이러한 조율의 수단은 바로 몸이다. 인간의 경우 이런 경험은 신체 감각과 펠트센스를 통해 표현된다.

오늘날 대부분의 사람들은 자기 내면과 외부 환경의 미묘한 차이를 감지하고 조율하는 능력이 부족하다. 그러나 자연 속에서 살아가는 원주민들의 경우 이러한 자각 능력이 여전히 핵심적 역할을 한다. 야생의 자연에서 사냥감을 쫓는 이들의 경험을 상상해 보라.

사냥꾼은 주변 환경과 하나가 되기 위해 자신의 펠트센스와 동물적 반응에 온 신경을 집중한다. 그렇게 함으로써 자신의 감각은 물론이고 사냥감의 반응도 더 잘 인식하게 된다. 쫓는 자와 쫓기는 자가 하나가 되는 것이다. 사냥꾼은 사냥감이 병에 걸렸는지, 다쳤는지, 배고픈지, 피곤한지는 물론, 언제 다른 동물을 사냥했고 짝짓기를 했는지, 얼마나 잠을 잤는지 안다. 동물의 발자국을 보고 어디서 물을 마셨는지 알고, 덤불 옆에 쌓인 눈을 보고 어디서 잤는지 안다. 사냥꾼은 그 동물과 '하나됨oneness'을 느끼며 오직 신체 감각의 안내에 따라 강풍이 부는 고원에서 사냥감을 추적한다. 사냥꾼의 본능이 동물이 어디로 갔는지 말해 준다. 이 순간만큼은 두 존재가 영혼을 공유하고 있는 것이다.

하지만 자신이 쫓고 있는 동물과 깊이 조율되어 있더라도, 사냥꾼은 내·외부의 다른 모든 자극과 정보에 주의를 기울여야 한다. 굶주린 또 다른 동물이 그를 쫓고 있을 수도 있고, 호기심 많은 동물이 지켜보고 있을지도 모르기 때문이다. 그의 안전은 펠트센스를 사용해 현재에 머무르는 능력에 달려 있다. 내부와 외부의 모든 감각이 정교하게 조율되면 아주 작은 소리나 움직임도 잡아낼 수 있고, 표현할 수는 없지만 뭔가 이상하다는 느낌에 이끌려 위험을 미리 감지할 수도 있다. 또한 온갖 냄새와 색이 선명하게 느껴지고 온 세상에 생명력이 흘러넘치는 듯한 의식 상태에 접어들면서 나뭇가지나 애벌레, 잎사귀에 맺힌 이슬처럼 그냥 지나치기 쉬운 것들에서 아름다움을 발견할 수 있다.

자연의 흐름에 조율되어 있는 동안 사냥꾼은 깊은 평온함과 함께 무엇에든 민첩하게 반응할 준비가 되어 있다고 느낀다. 그는 경계를 유지하면서도 편안한 상태에 있다. 이와 같은 최적의 정향 반응orienting response(새로운 자극이나 환경이 제공됐을 때 동물이 보이는 각성 반응-옮긴이) 속에서 사냥꾼은 어떤 난관이든 잘 대처할 수 있다는 자신감과 안정감을 갖는다.

야생동물의 경우 이런 본능적 반응은 생존과 직결된다. 동물들이 주변 환경에 적응해 일심동체가 되도록 함으로써 계속 살아남을 수 있게 해 준다. 인간도 이런 동물적 반응을 이용하면 훨씬 많은 것들을 얻을 수 있다. 서로 연결되고 생생함과 활력,

즐거움을 느끼는 능력이 향상되기 때문이다. 만약 당신이 트라우마가 없고 건강한 상태라면 이런 본능적 반응을 통해서 삶의 다양성과 경이로움을 더욱 많이 얻을 수 있을 것이다.

생존을 향한 본능, 정향 반응

"하드로사우르스는 먹기를 멈추지 않았다. 그랜트에게서 불과 몇 발자국밖에 떨어지지 않은 곳이었다. 그랜트는 납작한 부리 위에 난 길쭉한 콧구멍 두 개를 보았다. 분명 이 공룡은 그의 냄새를 맡지 못한 것 같았다. 게다가 왼쪽 눈은 똑바로 그랜트를 보고 있었는데도 웬일인지 그에게 반응하지는 않았다. 그랜트는 전날 밤 티라노사우르스가 왜 자신을 볼 수 없었는지 떠올리고 실험을 해보기로 했다. 그는 기침을 한 번 했다. 그 순간 하드로사우르스는 얼어붙었다. 커다란 머리와 턱이 씹던 동작 그대로 딱 멈췄다. 오직 눈알만이 움직이며 소리 나는 곳을 찾았다. 잠시 후 위험이 없다고 느낀 녀석은 다시 씹기 시작했다."
- 마이클 크라이튼, 『쥬라기 공원』

널찍한 초원을 느긋하게 걷고 있다고 상상해 보자. 갑자기 어떤 그림자가 휙 움직이는 것이 보인다. 어떻게 반응하겠는가? 당신은 본능적으로 동작을 멈출 것이다. 살짝 쭈그려 앉을지도 모른다. 자율신경계가 활성화됨에 따라 심박수도 달라질 것이다. 그리고 이런 순간적인 '정지' 반응 이후 당신의 동공은 커지고, 그럴 마음이 없더라도 그림자의 위치와 정체를 확인하기 위해 주위를 살필 것이다. 이때 당신의 근육 상태가 어떤지 느껴 보라.

당신의 목, 등, 다리, 발의 근육들은 몸의 방향을 돌리기 위해 협동하고, 몸은 본능적으로 길게 확장된다. 최대한 주변을 훑어보기 위해 눈이 가늘어지고 골반과 머리가 수평으로 움직인다. 이때 당신의 내적 상태는 어떤가? 그림자에 반응하는 내면의 느낌이나 감각은 어떠한가?

대부분의 사람들은 주변을 경계하면서 그것이 무슨 그림자였는지 궁금해한다. 그림자의 정체를 밝혀내고 싶은 욕구를 자극하는 약간의 흥분을 느낄 수도 있고 위험성을 감지하고 약간의 불안을 느낄 수도 있다.

동물은 환경의 변화를 감지하면 그 근원이 어디인지 찾아보는 식으로 반응한다. 이 탐색은 한 눈으로 천천히 주변을 살펴보기만 할 수도 있다. 처음에는 짝짓기 상대나 먹잇감을 찾고 위험에서 멀어지는 쪽으로 방향을 잡았다가 환경의 변화가 위험, 식량, 짝짓기 후보를 의미하지 않을 경우 하드로사우르스처럼 하던 행동을 계속한다. 이와 같이 새로운 자극을 경험하고 반응하는 동물의 행동을 '정향 반응'이라고 한다.

이러한 본능적 반응은 그것을 주관하는 파충류 뇌만큼이나 원초적이다. 이를 통해 동물들은 시시각각 변화하는 환경에 유동적으로 대처한다. 인간을 포함한 모든 동물에게는 근육의 움직임과 주변을 지각하는 능력이 협업하는 일정한 양식이 있다. 인간은 도마뱀이나 임팔라와 많이 다름에도 불구하고 환경에서 새로운 소리, 냄새, 움직임을 감지할 때 기본적으로 이들과 똑같은 방식으로 반응한다.

러시아의 위대한 생리학자인 이반 파블로프Ivan Pavlov는 동물의 조건화에 관한 기념비적인 연구를 통해 정향 반응을 발견했다. 그는 이 반응의 본래 특성을 '슈 에타 타코에shto eta takoe' 반사라고 불렀다. 직역하면 '이게 뭐지What is it?' 반사가 되는데, 설명을 덧붙이자면 "저게 뭐야? 여기서 무슨 일이 일어나는 거지?", "이봐, 무슨 일이야!" 하는 놀라움과 호기심이 모두 담긴 표현이다.

어떤 일이 발생했을 때 반응과 동시에 의문을 던지는 이러한 이중 반응은 정향 반응의 지배적인 특징으로 알려져 있다. 다른 동물들과 마찬가지로 인간의 경우에도 위험을 감지하는 능력, 기대감, 놀라움, 경계심, 호기심은 모두 정향 반응으로 인해 발생하는 운동 감각과 지각의 여러 형태들이다. 트라우마를 겪은 사람들은 이런 자원들이 약해져 있다. 그래서 어떤 자극에 적절한 정향 반응을 보이는 대신 트라우마로 인한 부동 반응이 활성화되는 경우가 많다. 이를테면 전쟁 트라우마가 있는 참전 군인은 자동차 폭발음을 듣고 공포로 혼절할 수 있다.

정향 반응은 동물이 환경에 맞춰 적응하는 주된 수단이다. 이 반응들은 끊임없이 서로 조정되며 다양한 반응과 선택을 일으킨다. 자극의 원인이 어디에 있는지, 무엇인지, 위험한 것인지 좋은 것인지 판단하는 과정은 의식적 사고를 거치기 전에 잠재의식 속에서 먼저 일어나 정향 반응으로 이어진다.

최근 한 친구가 들려준 이야기는 이런 동물적 본능이 어떻게 작동하는지 생생하게 보여 주었다. 아프리카 여행 중이던 내 친구 아니타와 그녀의 남편, 세 살배기 아들은 야생동물을 보기 위해 케냐의 한 사파리로 갔다. 그들은 밴을 몰고 마사이 마라 사막을 가로질러 가다가 잠시 멈춰 쉬기로 했다. 아니타와 남편은 창문을 연 채 차 안에서 마주 앉아 있었고 아이는 아빠 무릎에 앉아 창밖을 바라보고 있었다. 사파리에서 본 동물 이야기를 하던 중, 아니타는 갑자기 남편 쪽으로 몸을 던져 재빨리 창문을 닫고 있는 자신을 발견했다. 바로 다음 순간 아들에게서 몇 발자국 떨어지지 않은 풀숲 사이로 커다란 뱀이 나타나는 것이 보였다. 엄마의 본능이 뱀을 의식적으로 인지하는 것보다 먼저 반응한 것이다. 조금만 늦었더라도 끔찍한 일이 일어났을 것이다. 이처럼 본능적 뇌는 우리가 의식적으로 자극을 알아차리기 전에 반응하고 대처하곤 한다.

투쟁, 도피 그리고 부동

어떤 종은 안전을 지키는 데 특화된 전략을 발전시켜 왔다. 얼룩말은 추적과 공격을 피하기 위해 얼룩무늬로 위장하고, 거북이는 등껍질 속으로 숨으며, 두더지는 땅을 파 들어가고, 개, 늑대, 코요테는 복종하는 자세로 바닥에서 뒹군다. 투쟁, 도피, 부동 반응은 매우 원시적이어서 파충류 뇌보다도 먼저 발달했다. 이러한 생존 수단들은 거미와 바퀴벌레에서 영장류와 인간에 이르는 모든 종에서 발견된다.

이처럼 보편적이고 원시적인 방어 행동을 '투쟁 혹은 도피fight or flight' 전략이라고 부른다. 생물체는 위협에 맞닥뜨렸을 때 공격해야 하는 상황이면 맞서 싸우고, 싸워서 질 가능성이 높으면 온 힘을 다해 도망간다. 이런 행동은 생각해 내는 것이 아니라 파충류 뇌와 변연계에서 본능적으로 선택하는 것이다. 그런데 투쟁과 도피로 유기체의 안전을 보장하지 못할 때는 다른 방어 체계가 작동한다. 바로 부동(얼음) 반응이다. 이것은 투쟁과 도피 반응만큼 보편적이고 기본적인 생존 전략이지만 생물학과 심리학에서는 그만한 위상을 차지하는 일이 드물다. 그러나 위협받는 상황에서 부동 반응은 앞의 두 전략과 마찬가지로 성공 가능성이 높은 생존 전략이다. 때로 최선의 선택일 때도 많다.

생물학적 차원에서 성공이란 이기는 것이 아니라 살아남는 것이다. 어떻게 살아남았는지는 별로 중요하지 않다. 위험한 상황에서 목표는 위험이 사라질 때까지 살아남는 것이고 행동의 결과는 나중에 처리한다. 자연은 어느 쪽이 더 좋은 전략인지 판단하지 않는다. 코요테가 죽은 것처럼 보이는 주머니쥐를 두고 떠나면 주머니쥐는 죽은 척보다 좋은 전략이 있었을지 생각해 보지 않고 그저 부동 상태에서 깨어나 걸어갈 것이다. 동물들은 부동 반응을 약함의 증거라고 보지 않는다. 우리도 그래야 한다.

투쟁 혹은 도피 전략의 목적은 위험에서 벗어나는 것이다. 부동 반응은 투쟁 혹은 도피만큼 분명한 효과를 기대할 수 없지만 그에 못지않게 중요한 생존 전략이다. 결국 한 종의 생존 가능성을 높이는 본능적 반응이 무엇인지는 자연이 결정한다. 인간은 물론이고 어떤 동물도 위협을 만났을 때 부동 반응을 보일지 말지 의식적으로 통제할 수 없다. 부동 반응은 동물이 싸우거나 도망갈 수 없다고 인지한 상황일 경우 몇 가지 이점을 제공한다.

첫째, 많은 포식 동물들은 매우 굶주릴 때가 아니면 움직이지 않는 동물을 죽여 잡아먹지 않는다. 부동 반응은 죽음을 흉내 낸 것이므로 포식자는 움직이지 않는 먹잇감의 상태가 좋지 않다고 오인할 수 있다. 그리고 먹잇감이 된 동물은 달아날 기회를 얻을 수 있다.

둘째, 포식 동물들은 표적이 움직이지 않으면 그들을 잘 탐지하지 못한다. 특히 먹잇감이 된 동물이 보호색이나 위장술을 이용해 숨어 있을 경우 더욱 그렇다. 어떤 동물들은 먹잇감이 움직이고 있을 때만 알아차릴 수 있다. 예컨대 개구리나 도마뱀은 풀숲에서 곤충들이 움직이지 않으면 발견하지 못한다. 그뿐만 아니라 포식자들은 대개 움직이지 않는 먹잇감에게는 공격하고 싶을 만큼 자극받지 않는다. 활력 없는 몸은 공격성을 불러일으키지 않는 경우가 많다.

셋째, 포식자가 동물의 무리와 마주쳤을 때 한 마리가 쓰러지면 순간적으로 포식자의 주의를 끌게 되므로 나머지는 무사히 도망칠 수 있다.

넷째, 어떤 동물이든 먹이사슬 안에서 포식자나 먹잇감이 될 수 있다. 부동 반응은 죽는 순간의 고통을 최소화하는 마취 효과를 제공한다.

동물에게서 배워라

내가 부동 반응을 계속 강조하는 이유는 이것이 트라우마로 이어지기 쉽기 때문이다. 일반적으로 동물들은 각자의 방식으로 죽은 체한 후에 그 '연기'의 결과로 괴로워하는 일이 없다. 동물들을 주의 깊게 살펴보면 어떻게 그럴 수 있는지 알게 된다.

사슴 한 무리가 숲속에서 풀을 뜯는다. 그때 나뭇가지가 딱 소리를 내며 부러진다. 즉각 사슴들은 경계 태세에 돌입하고 언제든 숲속으로 도망칠 준비 자세를 취한다. 물러설 곳이 없다면 맞서 싸울 것이다. 모두가 가만히 멈춰 있다. 근육이 팽팽히 긴장된 상태로 귀를 쫑긋 세우고 냄새를 킁킁 맡는다. 이것은 어디서 소리가 났는지 정확히 알아내려는 정향 반응이다. 그 소리가 대수롭지 않은 일이라고 여겨지면 사슴들은 다시 한가롭게 오후의 식사를 즐기면서 어린 사슴들을 씻기고 먹이며 따뜻한 햇살에 몸을 녹일 것이다. 그러다 또 다른 자극이 감지되면 다시 바짝 경계하는 상태로 들어가 극도로 각성된 채 싸우거나 도망칠 준비를 할 것이다.

쌍안경으로 사슴들을 유심히 관찰해 보면 바짝 경계하는 상태에서 일상적이고 편안한 활동으로 돌아가는 과정을 볼 수 있다. 사슴들은 위험에 처하지 않았다는 판단이 서면 대부분 몸을 씰룩거리거나 가볍게 흔들고 털기 시작한다. 몸을 떨고 흔드는 과정은 귀 주변에서 시작되어 목 위쪽, 가슴, 어깨, 배, 골반, 뒷다리로 내려간다. 이처럼 근육 조직을 가볍게 떠는 행동은 유기체가 부위마다 제각각 다르게 활성화된 신경계의 상태를 조절하는 방식이다. 사슴은 이런 일련의 동작들을 하루에 수백 번씩 반복하며 이완된 경계 상태와 극도로 긴장된 경계 상태 사이를 주기적으로 유연하게 오간다.

동물은 우리에게 자연의 균형을 보여 주는 스승이다. 야생동물들은 건강과 활력의 기준을 보여 줄 뿐만 아니라 생물학적 치유 과정을 이해할 수 있도록 도와준다. 그들은 우리가 순전히 본능적으로만 반응한다면 어떤 일이 가능할지 엿볼 수 있는 단서이기도 하다.

트라우마 치료에서 힘든 점 중 하나는 사람들이 트라우마를 초래한 사건의 내용에 지나치게 집중한다는 것이다. 트라우마를 겪는 사람들은 자신을 본능적 치유력이 있는 동물이라고 여기기보다 트라우마에서 살아남은 사람이라고 생각한다. 그러나 스스로를 생존자라고 규정하는 것은 트라우마 피해자로서의 정체성에 머물러 있음을 암시한다.

위협적인 상황을 딛고 다시 일어나는 동물의 능력은 우리 안에 내재된 치유력을 되찾게 도와주는 좋은 본보기가 될 수 있다. 우리는 트라우마의 해로운 영향력에서 벗어나는 데 필요한 본능적 전략을 찾기 위해 우리의 동물적 본성에 주의를 기울여야 한다.

정신적 상처는 어떻게 병이 되는가

만물에는 고유의 흐름이 있다.
모든 것은 진자처럼 오고 간다.
오른쪽으로 가면 그만큼 왼쪽으로 간다.
—세 명의 입문자, 『헤르메스 가르침 : 키발리온』

트라우마의 무대

트라우마 증상은 원초적인 생리학적 기제에서 시작하여 나선형으로 점점 복잡하게 발전한다. 이 과정의 핵심에는 파충류 뇌에서 일으키는 방어 기제인 부동 반응이 있다.

유기체는 위협에 반응하여 싸우거나, 도망가거나, 얼어붙을 수 있고, 이런 반응들은 통합된 방어 체계의 일부로 존재한다. 투쟁과 도피 반응이 통하지 않는 상황에서 유기체는 본능적으로 몸을 수축하면서 최후 수단인 부동 반응으로 향한다. 유기체가 수축할 때, 투쟁 혹은 도피 전략으로 방출됐어야 할 에너지는 증폭된 채 신경계에 갇히게 된다. 그러면 좌절된 투쟁 반응은 격한 분노로 터져 나오고, 좌절된 도피 반응은 무력감으로 전환된다. 그리고 분노나 무력감에 사로잡힌 사람은 다시 허겁지겁 도피 반응을 보이거나 느닷없이 분노에 찬 반격을 날릴 가능성이 있다. 유기체가 도망가거나 스스로 방어하여 위협을 해소함으로써 에너지를 방출할 수 있으면 트라우마는 일어나지 않는다.

또 다른 시나리오는 분노, 공포, 무력감이 신경계를 압도하는 수준으로 쌓일 때까지 몸의 수축이 계속되는 것이다. 이렇게 되면 부동 반응이 유기체를 장악하여 얼어붙거나 쓰러질 수 있다. 이때 방출되지 않고 얼어붙은 강렬한 에너지는 강도 높은 분노, 공포, 무력감으로 이어질 수 있다.

신피질의 잘못

인간은 왜 동물처럼 이런저런 반응들로 자연스럽게 들어가고 나오지 못할까? 한 가지 이유는 고도로 진화한 대뇌 신피질, 즉 이성적 뇌 때문이다. 이성적 뇌는 매우 복잡하고 강력한 기관으로서, 파충류 뇌에서 유기체를 회복시키려는 미세한 본능적 충동과 반응이 발생할 때 공포와 과잉 통제를 통해 방해할 수 있다. 특히 신피질은 에너지를 방출하여 트라우마를 치료하도록 안내하는 온건한 본능적 반응을 쉽게 억제할 수 있다. 방출 과정이 성공적으로 끝나려면 파충류 뇌의 충동에 의해 시작되고 진행되어야 한다. 다행히도 대뇌 신피질은 위험에 대한 본능적 방어 전략인 투쟁, 도피, 부동 반응을 차단할 만큼 강력하지는 않다. 이런 관점에서 보면 인간은 여전히 동물적 본성과 밀접하게 연결되어 있다고 할 수 있다. 그러나 고도로 진화한 신피질이 없어서 어떻게든 에너지를 방출하여 자연스럽게 정상적 기능으로 돌아오는 동물과 달리, 인간은 본능적 방어 반응이 시작되어도 완결되지 못하는 경우가 많다. 앞에서 말한 것처럼 신피질이 그 반응을 차단하지는 못해도 억제할 수는 있기 때문이다. 그 결과로 트라우마가 발생하는 것이다.

공포와 부동 반응의 올가미

대개 동물들의 부동 반응은 일정 시간 동안 지속되고 끝난다. 하지만 인간은 부동 반응에서 쉽게 빠져나오지 못하는 경우가 많다. 신경계에 갇힌 과도한 에너지가 극도의 공포 때문에 방출되지 못하기 때문이다. 그 결과 공포와 부동 반응의 악순환이 이어져 부동 반응이 자연스럽게 완결되지 못하고, 완결되지 못한 반응으로 인해 트라우마 증상이 나타난다. 분노와 공포가 부동 반응의 시작이라면, 완결되지 못한 반응은 실질적인 위협이 사라졌음에도 부동 반응이 지속되는 데 엄청난 기여를 한다.

예를 들어, 비둘기 한 마리가 먹이를 쪼아 먹고 있다고 해 보자. 뒤에서 조용히 다가가 슬쩍 들어 올리면 비둘기는 그 상태로 얼어붙는다. 그 새를 거꾸로 뒤집어 땅에 내려놓으면 몇 분 동안 발을 공중에 띄운 채 얼어붙어 있다가 얼마 뒤 부동 상태에서 깨어나 아무 일도 없었다는 듯 몸을 바로 세우고 총총 뛰거나 날아간다. 그러나 위협적으로 비둘기를 놀라게 하면서 다가가 정신없이 쫓기게 만들고 강제로 잡아 땅에 뒤집어 놓으면, 겁에 질린 새는 똑같이 부동 반응을 보이지만 첫 번째 상황보다 훨씬 더 오래 움직이지 못한다. 뿐만 아니라 그 상태에서 빠져나오더라도 몹시 흥분하여 비정상적인 행동을 보인다. 퍼덕거리며 보이는 것마다 쪼아대거나 광란의 날갯짓을 하며 이리저리 날아다닐 수도 있다.

공포는 부동 반응을 강화하고 연장시킨다. 뿐만 아니라 부동 반응에서 빠져나오는 과정을 두려운 경험으로 여겨지게 한다.

수십 년 후 복수가 시작되는 이유

신경이 곤두서고 공포에 사로잡힌 채 부동 상태로 들어가면 빠져나올 때도 똑같은 방식으로 빠져나오게 된다. "들어간 대로 나온다." 이것은 미 육군 이동식 야전병원의 위생병들이 부상병에 대해 말할 때 사용하는 표현이다. 극심한 공포에 사로잡혀 수술실로 들어간 병사는 공황 상태로 마취에서 깰 수 있다. 생물학적 관점에서 보면 그는 끔찍한 공포 속에서 붙잡힌 후 살려고 버둥거리는 동물처럼 반응한다. 격렬한 분노를 느끼며 공격하려고 하거나 미친 듯이 탈출하려고 한다. 이런 충동은 생물학적으로 적절한 반응이다. 어떤 동물이 포식자에게 잡힌 후 부동 반응에서 빠져나올 때 그 자리에 포식자가 있다면, 먹잇감의 생사는 포식자를 사납게 공격할 수 있느냐에 달려 있기 때문이다.

이와 마찬가지로 성폭력을 당한 여성의 경우 몇 개월 혹은 몇 년 후 충격에서 빠져나오기 시작할 때, 가해자를 죽이고 싶은 충동을 느끼는 경우가 많다. 간혹 이런 충동을 행동으로 옮기는 여성들도 있는데 그중 몇몇은 충격에서 빠져나오느라 걸린 시간이 '사전 계획'으로 간주되어 계획적 살인으로 형을 선고받는 경우도 있었다. 트라우마에 대한 몸의 생리적 반응을 사람들이 잘 알지 못해서 이런 부당한 결과가 발생하는 것이다. 성폭력 사건을 당한 여성은 극도의 공포와 불안을 느끼며 부동 상태에 들어가기 때문에 빠져나올 때도 시간이 오래 걸리고 여전히 불안과 공포를 느낀다. 그리고 그중 상당수는 빠져나오는 과정에서 자기 보호 본능을 깨닫고 분노와 더불어 맹렬한 반격 충동을 경험하기도 한다. 그러므로 이와 같은 보복 행위가 모두 사전에 계획된 복수라고 볼 수는 없다. 그 이면에는 생물학적 원인이 있을 수 있다. 안타까운 것은 외상 후 충격을 적절히 치료했더라면 그런 일들을 막을 수 있었을 거라는 사실이다.

반면 외상 후 불안은 내면에서 부동 상태가 지속되는 것이다. 강한 공격적 충동은 트라우마 당사자마저 두렵게 만들기 때문에 공격성을 외부로 표출하는 대신 자기에게 향하게 하는 경우가 많다. 이렇게 내면에서 폭발한 분노는 불안장애나 우울증, 다양한 외상 후 스트레스 증상으로 나타난다. 이런 사람들은 부동 상태에서 벗어나기 시작할 때 갑자기 에너지가 확 풀려 나는 느낌과 잠재돼 있던 공격성에 두려움을 느낀다. 그리하여 공포, 분노, 부동 상태가 반복되는 악순환에 빠진다. 이들은 온 힘을 다해 도망치거나 분노에 찬 반격을 날릴 준비가 되어 있지만, 자신과 주변을 향한 폭력이 두렵기 때문에 그 감정을 계속 억제한다.

부동 반응과 트라우마의 상관관계

먹잇감이 되는 동물들에게 부동 반응은 훌륭한 생존 전략 중 하나다. 포식자에게 이미 죽은 사냥감으로 보이게 하는 속임수는 대개 효과가 있다. 하지만 동물이 죽은 듯 움직이지 않을 때 속는 것은 포식자만이 아니다. 부동 상태로 굳어 버린 동물 자신도 생리학적으로 죽음에 가까운 상태가 된다. 즉, 부동 반응이 지나치면 정말로 죽을 수도 있다. 최종적으로 생사를 관장하는 파충류 뇌는 유기체가 죽었다는 메시지를 반복해서 받으면 그대로 따를 수도 있기 때문이다. 물론 동물들은 그런 메시지를 계속해서 받지는 않기 때문에 실제로 죽는 일은 거의 없다. 동물은 일정 시간 동안 부동 반응을 보인 뒤 몸을 털어 에너지를 방출하고 그 상태에서 벗어난다. 이것으로 사건은 끝난다.

그러나 인간은 고도로 발달한 뇌 때문에 부동 반응에서 벗어나는 과정이 더 복잡하다. 인간이 부동 반응을 제대로 경험하지 못하는 이유는 자신이나 타인에 대한 공포, 분노, 공격성을 마주하거나, 부동 반응에서 방출되지 못한 에너지에 압도되는 것이 두렵기 때문이다. 이뿐만이 아니다. 무엇보다 죽음에 대한 공포가 부동 반응을 완료하지 못하게 한다. 대뇌 신피질에서는 부동 상태의 느낌이 죽음과 비슷하다고 인식한다.

인간은 죽음을 필사적으로 피하려고 한다. 동물은 그렇게까지 죽음을 금단의 영역으로 여기지 않는다. 동물에게 삶과 죽음은 한 체계의 일부이며 순전히 생물학적 문제다. 반면 인간은 죽음이 무엇을 의미하는지 알기 때문에 그것을 두려워한다. 우리는 심지어 꿈에서도 죽음을 피하려고 한다. 추락하는 꿈을 꾸다가 땅에 부딪히거나 물속에 가라앉기 직전에 깬다든가, 자신을 해치려는 존재에게서 도망치다가 치명타를 입기 직전에 깨지 않는가? 이처럼 인간은 무의식 상태에서조차 죽음을 피하려고 하기 때문에 부동 반응이 자연스럽게 완료될 때까지 그 펠트센스를 견디며 머무르지 못한다. 그래서 트라우마 증상이 오래 지속되며 더 복잡해진다.

우리가 만약 죽음과 비슷한 부동 반응의 느낌을 허용하고 그 경험에서 두려움을 분리할 줄 안다면 부동 반응을 처음부터 끝까지 겪어낼 수 있을 것이다. 하지만 이것은 '이를 악물고 버텨' 낸다고 되는 일이 아니다. 유기체는 위험을 판단할 때 외부 경험만큼 내부 경험도 중요한 기준으로 삼기 때문이다. 부동 반응이 완료되지 않아 극심한 공포, 분노, 죽음과 같은 감각으로 발전하면 인간은 그 자극에 대해 트라우마 사건 당시처럼 감정적으로 반응할 수 있다.

부동 상태에서 벗어나는 가장 좋은 방법은 펠트센스를 이용하여 부동 반응을 비교적 안전하고 완만하게 경험하는 것이다. 펠트센스를 알아차리는 과정이 한없이 길게 느껴지겠지만 실제로 부동 반응에서 벗어나는 시간은 상대적으로 짧다는 점을 반드시 기억해야 한다.

트라우마의 누적 효과

외상 후 증상은 하루아침에 생기는 것이 아니다. 부동 반응은 몇 달에 걸쳐 증상이 되고 만성적으로 변한다. 이럴 때 어떻게 해야 할지 안다면 충격적인 사건에 대한 생리적 반응이 완료되지 못한 채 증상으로 굳어지기 전에 해결할 시간이 충분하겠지만, 대개는 어떻게 해야 할지 모르고 심지어 무언가를 해야 한다는 사실조차 모른다. 많은 사람들이 감당하기 힘든 사건을 겪고 나서 해소되지 않은 거대하고 불쾌한 트라우마 덩어리를 짊어진 채 숨어 버린다.

생리적 차원에서 보면 첫 번째 부동 반응과 두 번째 부동 반응은 동일한 과정이다. 그러나 중요한 차이점이 하나 있다. 부동 반응이 일어날 때마다 그 상황에 대처하기 위해 동원되는 에너지의 양이 누적되어 점점 커진다는 점이다. 이것이 누적 효과^cumulative effect다. 새로 공급된 에너지는 더 많은 증상을 형성한다. 그래서 부동 반응은 만성화될 뿐만 아니라 점점 더 강렬해진다. 얼어붙은 에너지가 쌓이는 만큼 그 에너지를 어떻게든 담기 위해 증상도 심해지는 것이다.

증상이라는 안전밸브

수술이나 사고로 신피질의 많은 영역이 손상되어도 인간은 일상생활을 유지할 수 있다. 하지만 파충류 뇌나 그와 관련된 뇌 영역은 아주 작은 흠집만 생겨도 인간이나 동물의 행동 패턴이 완전히 달라진다. 극심한 불균형은 수면, 활동, 공격성, 식사, 짝짓기 등에서 변화된 행동 패턴으로 나타난다. 다수의 실험에 따르면 파충류 뇌가 손상된 동물들은 전혀 움직이지 못하거나 반대로 지나치게 부산스러워진다. 죽음에 이를 정도로 적게 먹거나 많이 먹기도 하고 도무지 물을 마시지 않기도 한다. 다른 욕구를 채우지 못할 정도로 짝짓기에 심하게 집착하는가 하면 성적인 관심이 사라져서 짝짓기와 번식을 하지 않는 경우도 있다. 이는 생존을 위협할 만한 극심한 부적응적 행동이다. 정도의 차이는 있겠지만 이런 부적응적 행동은 뇌의 원시적 영역에 전기 자극을 주거나, 외상 후 스트레스로 인해 나타날 수 있다.

트라우마와 관련된 병리 현상은 신경계가 활성화된 에너지를 조절하기 위해 생리적, 행동적, 감정적, 정신적 활동을 부적응적으로 작동시키는 방식이라고 볼 수 있다. 어떻게 보면 트라우마 증상은 유기체의 안전밸브라고 할 수 있다. 신경계가 과부하를 일으켜 완전히 폭발하지 않도록 적당한 수준에서 압력을 낮춰 주는 것이다. 예를 들어, 부동 반응은 생존 가능성을 높이고 고통을 줄여 줄 뿐만 아니라 신경계의 회로 차단기에서 핵심 역할을 한다. 이 기능이 없다면 인간은 피할 수 없는 심각한 상황에서 과도하게 각성된 채 에너지 과부하를 견디지 못하고 죽음에 이를 것이다. 사실 신경계에 이런 안전밸브가 없을 때 어떤 일이 벌어질지 생각해 본다면 부동 반응으로 인한 증상들을 이해하거나 심지어 감사하게 여길 수도 있다. 병리학적 측면에서 유기체는 펠트센스를 동원하여 모든 생각과 느낌, 행동을 경험하려 한다. 그래야 생존을 위해 활성화되었다가 방출되지 못한 에너지를 통제할 수 있기 때문이다. 파충류 뇌에서 조절하는 식사, 수면, 성생활, 일상적 활동 같은 기능들은 병리 증상이 뿌리내릴 수 있는 넓고 비옥한 토양을 제공한다. 거식증, 불면증, 문란한 성생활, 조증으로 인한 과잉 행동은 유기체

의 자연스러운 기능이 부적응적으로 변할 때 뒤따르는 증상 가
운데 하나다.

트라우마의 재조정 : 소매틱 경험 요법

에너지는 순수한 기쁨이다.
—윌리엄 블레이크

트라우마의 폭발적인 에너지는 공포와 부동 상태의 결합으로 발생한다. 트라우마를 헤쳐 나가는 과정의 핵심은 부동 반응에서 두려움을 분리하여 부동 반응이 원래대로 일정 시간 동안만 작동하게 하는 데 있다.

공포에 사로잡혔던 동물은 부동 상태에서 벗어날 때 금방이라도 맹렬하게 반격하거나 어디로든 정신없이 도망칠 태세를 취한다. 몸이 얼어붙기 직전까지 필사적으로 싸우거나 도망치는 데 쓰였던 모든 에너지가 부동 상태에서 벗어나자마자 다시 폭발적으로 나타나기 때문이다. 인간도 부동 상태에서 벗어나기 시작할 때 급작스런 감정의 격랑에 휩싸이는 경우가 많다. 이 감정들은 즉시 행동으로 옮겨지지 않기 때문에 어마어마한 공포와 분노로 뒤엉키는데, 자신과 타인에 대한 이런 분노와 두려움은 부동 반응을 다시 활성화시켜 공포에 얼어붙은 상태를 무기한 연장시키기도 한다. 이것이 바로 트라우마의 악순환이다.

낸시의 호랑이 깨우기

상상 속 호랑이에게서 탈출했던 낸시의 사례로 돌아가 보자. 내가 긴장을 풀도록 돕자 낸시는 오랜 시간 붙들려 있던 부동 반응에서 빠져나오기 시작했다. 거의 평생 억눌려 있던 분노와 공포의 감정이 몸이 마비되고 숨이 막힌 듯한 발작 증세로 극적으로 터져 나왔다. 그때 우리는 호랑이가 달려드는 내면의 심상을 만들었고 낸시 스스로 적극적인 탈출 반응을 완결함으로써 얼어붙은 에너지를 풀어낼 수 있었다. 그녀는 호랑이에게서 도망치면서 몸동작을 하고 고함을 치는 등 생물학적으로 적절한 반응을 활성화했다. 그렇게 각성이 고조된 상태에서 무기력함이 아닌 능동적인 대응을 선택하자 낸시의 몸은 더 이상

[그림 1] 낸시의 생리적 변화

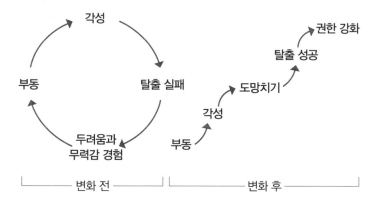

얼어붙을 이유가 없음을 즉각적으로 깨달았고 극도의 각성을 해소할 수 있었다. 본질적으로 트라우마의 핵심은 생리적인 반응이다. 따라서 치유는 바로 이 단계에서부터 시작된다.

에너지의 충동을 다루는 법

부동 반응을 일으키는 에너지와 공포, 분노, 무력감 같은 트라우마 감정들은 궁극적으로 생물학적 에너지다. 이 에너지를 어떻게 다루고 통합하느냐에 따라 압도당한 채 계속 얼어붙어 있을지, 극복하고 해방될지가 결정된다. 우리에게는 많은 가능성이 있다. 적절한 지원과 안내를 받는다면 우리는 두려움을 정복할 수 있다. 또한 고도로 발달한 사고와 인지 능력을 최대로 활용하여 의식적으로 트라우마 반응에서 빠져나올 수도 있다. 다만 이 과정은 급격하게 진행되어서는 안 되고 천천히 단계적으로 진행되어야 한다. 특히 공포심이나 분노, 무력감이 폭발적으로 표출될 때는 한 번에 아주 조금씩 나아가는 것이 최선의 방법이다.

한번 시작된 부동 반응을 완료하려는 충동은 아무리 오랜 시간이 지나도 사라지지 않는다. 이 충동을 이용하는 법을 배우면 트라우마 증상을 치료하는 데 가장 든든한 지원군을 얻는 셈이다. 설사 이 과정을 완벽하게 해내지 못하더라도 충동은 계속 남아서 새로운 기회를 제공해 줄 것이다.

낸시의 놀라운 회복은 공황발작이 최고조에 달했을 때 호랑이에게서 성공적으로 도망친 절묘한 타이밍 덕분이었다. 당시 낸시에게는 불안과 무력감의 소용돌이에 다시 빠지느냐 탈출하여 치유되느냐 하는 기회가 단 한 번밖에 남지 않은 것 같았다. 낸시와의 상담 이후 나는 몇 년 동안 트라우마 치료의 퍼즐 조각들을 맞추기 시작했다. 내가 발견한 치료의 핵심은 트라우마 증상에 묶인 강력한 에너지를 점진적이고 부드럽게 다루는 것이었다.

펠트센스로 트라우마를 치유하는 방법 : 마리우스 이야기

다음 내용은 한 젊은 남성이 펠트센스를 바탕으로 트라우마를 치유해 나간 과정이다. 마리우스는 야위고 지적이며 수줍고 나이보다 어려 보이는 20대 중반의 청년으로, 그린란드의 외딴 마을에서 나고 자란 에스키모인이었다. 나는 그에게 치료 과정을 책에 실어도 될지 물으면서 이름과 신상을 밝히지 않겠다고 덧붙였다. 그러자 그는 눈을 동그랗게 뜨면서 이렇게 말했다.

"아니에요. 오히려 저는 영광이죠. 대신 이름을 성까지 모두 적어 주시겠어요? 마을에 있는 가족과 친구들이 선생님 책을 읽고 그게 제 이야기인 걸 알 수 있게요."

그래서 이 내용은 마리우스 이누수토크 크리스텐센^{Marius Inuusuutoq Kristensen}의 이야기임을 미리 밝힌다.

불안과 공황 증세가 있던 마리우스는 덴마크 코펜하겐에서 열린 그룹 치료 훈련에 참가하게 되었다. 이 증상은 특히 그가 존경하거나 인정받고 싶은 사람이 있을 때 더 심해졌다고 한다. 불안이 몸으로 나타날 때는 다리에 힘이 빠지고 오른쪽 다리에 찌르는 듯한 통증이 느껴지며 구토가 치미는 경우가 많았다. 이 이야기를 하는 동안 그의 머리와 얼굴이 달아올랐고 땀이 났다. 마리우스는 이 느낌들에 대해 말하면서 여덟 살 때 겪은 일을 들려주었다.

어린 마리우스는 혼자 산길을 산책하다 돌아오는 길에 들개 세 마리에게 오른쪽 다리를 심하게 물렸다. 기억나는 것은 개에게 물린 느낌, 정신이 들었을 때 이웃에게 안겨 있었던 것, 아버지가 문을 열고 나와 화를 내는 장면이었다. 그는 아버지의 거부 반응에 슬픔과 분노를 느꼈고 상처를 받았다. 그는 특히 새 바지가 너덜너덜하게 찢어져 피투성이가 된 것을 기억했다. 심지어 그 장면을 이야기할 때 눈에 띄게 속상해 보였다. 나는 그 바지에 대해 더 자세히 말해 달라고 부탁했다.

그 바지는 그날 아침 그의 어머니가 준 깜짝 선물이었다. 아들을 위해 북극곰 털로 직접 만든 바지였다. 그런데 바지 이야기가 나오자 그의 이야기가 너무도 분명하게 기쁘고 자랑스러운 분위기로 바뀌었다. 마리우스는 흥분을 감추지 못하며 가슴을 감싸 안는 동작을 했다. 마치 새 바지의 부드러운 털과 온기를 느끼는 듯했다.

"그건 마을 남자들, 그러니까 사냥꾼들이 입던 바지와 똑같은 바지였어요."

그는 더 신이 나서 마치 바지를 보고 있는 것처럼 자세하게 묘사했다. 그리고 손으로 바지의 감촉을 느끼는 상상을 했다. 이때 내가 물었다.

"마리우스, 바지 안에 있는 두 다리가 느껴지나요?"

"네, 느껴져요. 다리가 아주 튼튼한 느낌이에요. 사냥에 나선 마을 남자들처럼요."

다양한 장면과 신체 감각들이 지나가던 마리우스의 내면에 광활하게 펼쳐진 커다란 바위들이 나타났다. 나는 그에게 바지의 감촉을 느끼면서 바위를 바라보라고 했다.

"내 다리들이 뛰어오르고 싶어 해요. 다리가 평소처럼 긴장되지 않고 가벼운 느낌이에요. 용수철처럼 가볍고 튼튼해요."

마리우스는 바위 옆에 놓인 긴 막대기가 보인다고 말하면서 그것을 집어 들었다.

"그게 뭐죠?"

"창이에요. 난 커다란 북극곰을 따라가고 있어요. 사냥꾼들과 같이 있지만 내가 북극곰을 잡을 거예요."

마리우스가 북극곰의 흔적을 따라 이 바위에서 저 바위로 뛰어다니는 상상을 하는 동안 그의 허벅지, 골반, 몸통 근육에서 아주 미세한 움직임이 보였다.

"이제 곰이 보여요. 멈춰서 창을 겨누고 있어요."

"그래요. 그걸 몸 전체로 느껴 봐요. 바위 위에 선 발, 강인한 다리, 뒤로 젖힌 등과 팔, 그 힘을 전부 느껴 봐요."

내가 '꿈의 시간'이라고 부르는, 상상 속에서 동작을 취하는 이 방식은 마리우스가 들개에게 공격당했을 때 좌절됐던 공격 본능을 자극하고 일깨우는 역할을 한다. 이는 궁극적으로 공격받은 당시 발생한 부동 반응을 무력화시키는 자원이 된다.

"창이 날아가는 게 보여요."

마리우스가 말했다. 이번에도 그의 몸에서 작은 움직임이 일어났다. 그의 팔다리가 가볍게 떨리고 있었다. 나는 그 감각을 느껴 보라고 격려했다. 마리우스는 밀려드는 흥분과 기쁨을 표현했다.

"내가 해냈어요. 내 창으로 곰을 맞혔다고요!"

"다른 사냥꾼들은 뭘 하고 있나요?"

다시 한번 공격 본능을 불러일으키기를 바라며 내가 물었다.

"곰의 배를 갈라서 내장을 꺼내고 털가죽을 벗겨 내고 있어요. 그걸로 바지와 외투를 만들려고요. 그다음엔 고기를 마을로 가져갈 거예요."

"마리우스, 다리에 손을 얹고 바지를 느껴 봐요."

나는 그가 다리 감각을 느끼며 공격 본능을 깨우도록 계속 도왔다. 마리우스의 눈에 눈물이 맺혔다. 내가 물었다.

"할 수 있겠어요?"

"모르겠어요…… 무서워요."

"다리를 느껴 봐요. 바지도요."

잠시 뒤 그가 에스키모 언어로 크게 소리쳤다.

"난 곰의 배를 가르고 있어! 철철 쏟아지는 피 사이로 내장을 꺼내고 가죽을 벗겨 내고 반질반질하고 빛이 나는 아름다운 털을 얻었지. 정말 두껍고 부드러워. 아주 따뜻할 거야."

마리우스의 몸은 다시 흥분과 힘, 정복감으로 부들부들 떨렸다. 꽤 강렬한 각성 상태에 이르렀다는 게 눈에 보일 정도였다. 들개에게 습격당했을 때와 비슷한 수준으로 흥분이 치솟고 있었다.

"어떤 느낌인가요, 마리우스?"

"약간 무서워요. 이렇게 강렬한 힘을 느껴 본 적이 있는지 모르겠어요. 하지만 괜찮은 것 같아요. 정말 엄청나게 힘이 솟고 에너지가 가득 찬 느낌이에요. 이 느낌을 믿어도 될 것 같은데…… 모르겠어요. 어쨌든 강한 느낌이에요."

"다리와 발을 느껴 보고, 손으로 바지의 감촉을 느껴 봐요."

"네, 이제 좀 차분해졌어요. 휘몰아치는 격렬한 느낌은 아니고 강하다는 느낌에 가까워요."

"그래요, 좋아요. 이제 걸어서 마을로 돌아가 봅시다."

나는 공격 본능이라는 새로운 자원으로 무장한 마리우스를 트라우마가 일어난 순간으로 데려가기 시작했다. 몇 분이 지났을 때, 마리우스의 몸이 앞으로 굽은 채 그대로 굳었다. 심장 박동이 빨라지고 얼굴이 뻘겋게 달아올랐다.

"개가 보여요. 나한테 오고 있어요."

나는 급히 말했다. "마리우스, 당신의 다리를 봐요. 다리를 느껴 봐요. 그리고 바지를 만져 봐요. 무슨 일이 일어나고 있나요?"

"개들을 피해 돌아서고 있어요. 전봇대, 전봇대가 있어요. 전봇대 쪽으로 가고 있어요. 내가 이걸 기억하고 있을 줄이야……."

마리우스는 얼굴이 창백해지더니 이어서 말했다.

"힘이 빠져요."

"마리우스, 바지를 느껴 봐요. 손으로 바지를 만져 봐요."

그의 얼굴빛이 돌아왔다.

"달리고 있어요. 다리가 느껴져요, 바위처럼 튼튼해요."

이때 그가 얼굴이 다시 창백해진 채 외쳤다.

"악! 내 다리! 다리가 불에 타는 것처럼 아파요. 움직일 수가 없어요. 도저히 움직여지지가 않아요. 안 움직여……. 이제 감각이 없어요. 아무것도 느낄 수가 없어요."

"뒤로 돌아서요, 마리우스. 개들 쪽으로 돌아서요. 개들을 봐요."

결정적인 순간이었다. 나는 마리우스에게 길쭉하고 질긴 종이타월 한 통을 건네주었다. 지금 부동 반응에 갇혀 버리면 다시 트라우마를 입을 수 있었다. 그는 종이타월을 집어 들더니 엄청난 힘으로 목을 조르듯 비틀어서 거의 두 동강이 나도록 찢어 버렸다. 나를 비롯한 그룹 참가자들은 휘둥그레진 눈으로 그를 보았다.

"자, 이제 다른 개를 봐요. 눈을 똑바로 쳐다보세요."

이번에는 마리우스가 분노와 승리의 괴성을 질렀다. 나는 그가 몇 분 동안 그 강렬함을 품은 채 몸의 감각들을 감당하며 느껴 보게 했다. 그런 다음 상황을 다시 바라보게 했다.

"무엇이 보이나요?"

"개들이요. 모두 피투성이가 돼서 죽었어요."

그가 상상 속에서 북극곰을 죽이고 내장을 꺼낸 경험은 개들을 물리치기 위한 훈련이었던 셈이다. 마리우스는 천천히 머리를 돌려 오른쪽을 바라보았다.

"무엇이 보이나요?"

"전봇대요. 볼트가 박혀 있어요."

"좋아요, 바지와 다리를 느껴 보세요."

나는 도피 반응을 완료하기 위해 달려가라고 말할 참이었다. 그런데 말을 꺼내기도 전에 그가 소리쳤다.

"난 달리고 있어요. 두 다리가 용수철처럼 솟아오르고 아주 튼튼한 느낌이에요."

이제 그의 몸 전체가 떨리고 있었다. 박자에 맞춰 꿈틀거리는 듯한 움직임이 옷 위로도 보일 정도였다.

"전봇대 위로 올라가요. 올라가고 있어요. 저 아래에 개들이 보여요. 개들은 다 죽었고 이제 난 안전해요."

그가 가만히 흐느끼기 시작했고 우리는 몇 분 동안 기다려 주었다.

"이제 뭘 경험하고 있나요?"

"커다란 팔에 안겨 있는 느낌이에요. 아저씨가 날 안고 내 손을 감싸주고 있어요. 날 안아서 데려가고 있어요. 안전하다는 느낌이 들어요."

그는 조용히 흐느끼며 마을의 울타리와 집들이 보인다고 말했다.

"아저씨가 우리 집 문을 두드려요. 문이 열리고 아버지가 나왔어요. 아버지는 엄청 화가 나서 수건을 가지러 뛰어가요. 내 다리에서 피가 철철 흐르고 있어요. 바지는 다 찢어졌어요. 아버지는 엄청 속상해해요. 저에게 화가 난 게 아니고 너무 걱정돼서요. 아파요, 비눗물이 따가워요."

이제 마리우스는 파도처럼 숨을 들이쉬고 내쉬며 크게 흐느꼈다.

"아파요. 그렇지만 아파서 우는 게 아니라 아버지가 나한테 화난 게 아니라서 우는 거예요. 이제 아버지가 속상하고 겁이 났었다는 걸 알겠어요. 온몸이 화끈거리고 쑤시지만 차분하고 따뜻한 느낌이 들어요. 아버지가 날 사랑하는 게 느껴져요."

마리우스가 계속 가볍게 떠는 동안 그의 몸에서 축축하고 따뜻한 땀이 배어났다. 나는 이렇게 물었다.

"아버지가 당신을 사랑한다는 것이 지금 몸에서 어떻게 느껴지나요?"

잠시 침묵이 흘렀다.

"따뜻해요. 아주 따뜻하고 평화로워요. 이제 울지 않아도 돼요. 전 괜찮아요. 아버지는 내가 다쳐서 겁이 났던 거였어요. 날 사랑하지 않아서 그런 게 아니에요."

몸이라는 극장 안에서 트라우마의 결말은 달라질 수 있다

마리우스가 처음 이 사건에 대해 말할 때 그가 기억하고 있던 장면은 피로 젖은 바지, 찢어진 살점, 아버지의 거부뿐이었다. 그러나 이 기억에는 치료의 핵심이 된 긍정적인 씨앗이 숨어 있었다. 바로 그의 모피 바지다. 그 바지는 트라우마 사건을 성공적으로 재조정 renegotiation 할 수 있는 실마리가 되었다.

찢어지고 피에 젖은 바지는 마리우스를 두렵게 했지만, 엄마에게 받은 새하얀 모피 바지의 이미지는 행복감을 고조시켰다. 그는 남성다움의 상징인 모피 바지를 선물받고 기쁨을 느꼈다. 사냥을 위한 여정은 성인 남성의 세계로 진입하는 일종의 입문이자 통과 의례였다. 트라우마로 남은 그 여정을 재경험하는 동안 그의 바지는 그에게 자신감을 불어넣고 내부 자원을 자극하는 매개체가 되었다. 치료 초반에 마리우스는 '기쁨으로 뛰어오르고' 싶다고 말했는데, 최종적으로 부동 반응에서 벗어날 때 그는 그 느낌을 동작(용수철처럼 솟아오르는 다리)으로 표출함으로써 내부 자원을 활성화시킬 수 있었다.

이처럼 성공적인 트라우마의 재조정은 고조되는 각성과 함께 개인의 긍정적인 내부 자원이 증가할 때 일어난다. 과거 경험의 주변부에서 얼어붙어 있는 충격의 핵심부로 이동하는 동안, 미해결로 남아 있던 얼어붙은 에너지는 점차 유연하고 해결 가능한 반응으로 중화된다. 나는 마리우스가 '충격의 핵심'으로 이동할 수 있도록 기억의 주변부에 있던 모피 바지의 긍정적인 이미지를 떠올리도록 했는데, 이 기쁜 경험이 트라우마의 근원인 패배감과 거부 경험에 연결되었고 동시에 그에게 공격 본능과 자신감이라는 새로운 내부 자원을 일깨워 주었다.

마리우스가 새로운 자신감으로 무장하고 사냥을 나갔던 바위산 이미지를 떠올리자 그의 자원들도 뭉치기 시작했다. 이 바위에서 저 바위로 뛰어다니며 긴 막대기를 발견하고 집어 드는 동안 마리우스의 내면에서는 새로운 자원들이 개발되었고, 이를 바탕으로 그는 예견된 시련을 향해 나아갈 수 있었다.

내가 그의 신체적 반응을 관찰하는 동안 그는 사냥꾼처럼 공격자의 입장이 되어 상상 속의 북극곰을 쫓아갔다. 마리우스는 강해진 다리의 느낌과 마을 남자들과의 연결을 통해 내부 자원을 더 단단하게 채워 갔다. 그 강력한 힘을 느낌으로써 그는 위협적인 사냥감을 발견하고 죽이는 데 성공했고, 마침내 짜릿함을 느끼며 곰의 내장을 꺼내기에 이르렀다. 여기에서 우리가 이해해야 할 중요한 점은 그것이 상상의 경험이라 할지라도 펠트센스 때문에 마리우스에게는 정신적, 생리적, 영적으로 실제와 똑같은 효과가 발생했다는 점이다.

진짜 변화는 이후에 일어난 일들을 통해 이루어졌다. 힘을 얻고 승리감에 젖은 마리우스는 다시 마을로 향했다. 그의 의식은 놀라울 정도로 확장되어, 사건 이후 처음으로 마을의 길과 개들을 구체적으로 묘사했다. 그전에는 기억 상실의 형태로 억눌려 있어서 떠오르지 않던 장면들이었다. 마리우스는 공격하는 개들을 피해 전봇대로 갈 수 있다는 것을 알아차렸다. 다리의 강력한 힘을 경험한 후부터 그는 더 이상 부동 반응의 포로가 아니었다. 이제 그에게는 선택권이 있었다. 곰 사냥으로 얻은 황홀하고 짜릿한 에너지가 달릴 수 있는 힘으로 전환됐기 때문이다. 하지만 아직 치유라고 할 수는 없다. 달릴 수는 있지만 위험으로부터 완전히 도망친 것은 아니니까. 나는 그가 다시 부동 상태로 돌아가지 않도록 몸을 돌려 개들과 똑바로 마주하게 했다. 이번에는 그가 반격을 가했다. 처음에는 분노를 느꼈고 그다음에는 곰을 죽이고 내장을 꺼낼 때 경험했던 승리감을 느꼈다. 계획은 성공했다. 마리우스는 승리했고 더 이상 패배한 희생자가 아니었다.

그러나 재조정은 아직 완료되지 않았다. 다음 단계로 마리우스는 전봇대 쪽으로 방향을 잡고 달릴 준비를 했다. 아주 오래전에 시작했지만 이 순간까지 완료할 수 없었던 행동이었다. 그는 새로 얻은 자원을 바탕으로 있는 힘껏 달려서 탈출 반응을 완결했다.

시간 순서로 보면 이해할 수 없는 진행일 수 있다. 이미 개를 죽였는데 개들을 피해 도망친다는 것이 앞뒤가 맞지 않기 때문이다. 하지만 본능적 차원에서 보면 이 순서는 완벽하게 논리적이다. 여덟 살 때부터 마리우스의 신경계에 갇혀 있던 도망치지 못한 충격과 미완결된 부동 반응은 공격자의 죽음이 아니라 탈출을 완료해야 해소되기 때문이다. 1년 후, 나는 마리우스가 더 이상 예전의 불안 증세로 고통받고 있지 않다는 소식을 들었다. 재조정의 결과로 영구적인 변화가 일어난 것이다.

당신만의 영웅 신화를 써라, 천천히

여기서 몇 가지 살펴볼 점이 있다. 상상 속의 호랑이에게서 단번에 탈출한 낸시와 달리, 마리우스의 어린 시절 트라우마는 단계적이고 신화적인 과정을 거쳐 재조정되었다. 그가 전통 문화 속에서 자란 에스키모인이라서 신화적인 분위기가 생겨난 걸까? 그렇지 않다. 천 명이 넘는 사람들을 치료하며 내가 깨달은 것은 트라우마 재조정의 과정은 누구에게나 신화적이고 시적이며 영웅적인 여정이라는 사실이다. 그 이유는 우리가 인간이라는 동물이기 때문이다. 도시 밖으로 한 발짝도 나가 보지 않은 사람이라 해도 마찬가지다. 트라우마를 치유하는 여정은 사회와 문화적 한계를 넘어 인류 전체가 공유하는 보편성의 영역으로 나아가게 해 준다.

소매틱 경험 요법은 트라우마를 재조정하기 위해 단계적으로 완만하게 나아가는 접근법이다. 이 치료법은 펠트센스를 통해 트라우마 증상에 묶여 있는 강력한 힘에 접촉하고 조금씩 바꿔 나간다. 마치 양파 껍질을 한 겹씩 벗겨내듯 트라우마를 입은 내면의 핵심을 조심스럽게 드러내는 것이다.

따라서 트라우마 치료에는 시간이 걸린다는 점을 받아들이는 것이 중요하다. 회복의 길은 완만하고 일상적인 구간도 있겠지만 극적이고 가슴 아픈 순간들도 있을 수 있다. 마리우스의 치료에는 신화적이고 극적인 요소가 가득했지만 트라우마를 해결한 열쇠는 유능하고 지혜로운 인간으로서 자신의 유산을 끈질기게 되찾고 활용한 데 있었다.

마리우스의 치유 여정은 분명 우리 모두에게 영감을 주는 사례다. 우리는 그의 치유가 부동 상태에 묶여 있던 강력한 에너지를 생리적으로 방출하는 데서 출발했다는 사실을 유념해야 한다. 마리우스와 나는 억눌린 에너지에 천천히 단계적으로 접근하여 그것을 활용하는 방법을 찾을 수 있었다.

트라우마를 극복하는 과정은 창조적이고 기발한 순간, 심오한 배움의 순간, 지루하고 힘든 노력의 시간들이 모두 포함된다. 그것은 부동 상태에서 안전하고 부드럽게 빠져나오는 방법을 스스로 발견하는 과정이기도 하다. 때로는 마리우스처럼 트라우마의 근원을 찾아가는 스토리텔링이 명확하고 압축적으로 전개되기도 한다. 하지만 대개는 점진적으로 느리게 진행되고

치유하는 몸

해석의 여지도 다양하다.

트라우마 재조정을 위한 핵심 요소들

마리우스의 이야기를 따라가다 보면 트라우마 치료에 필수적인 요소들을 확인할 수 있다. 치료를 시작하기 전 그는 찢어지고 피 묻은 바지와 아버지의 거부 반응에 사로잡혀 있었다. 하나의 고정된 이미지가 사건 전체를 상징하게 된 것이다. 이렇게 사건의 서사가 생략되고 몇 개의 자극적인 이미지로 압축되는 것이 트라우마의 특징이다.

치료 과정에서 마리우스는 찢어지고 피 묻은 바지와 연결된 감정들을 분석하거나 억누르지 않고 있는 그대로 느끼기 위해 노력했다. 그러자 그의 모피 바지는 상처, 패배감, 거부당한 느낌과 반대되는 감정을 불러일으키는 기폭제가 되었다. 어머니에게 선물받은 모피 바지에는 벅찬 감동과 기쁨의 감정이 담겨 있었다.

이후 마리우스는 펠트센스에 집중하며 고통과 상처 속에 묻혀 있던 내부 자원을 발견했고 끝마치지 못한 어린 시절의 '여정'을 다시 시작했다. 기쁜 마음으로 모피 바지를 다시 받은 그는 자부심과 자신감으로 두려움을 밀어내며 자기 안의 '호랑이를 깨우는' 중요한 계단을 올랐다. 그리고 바지의 감촉과 그 안에 존재하는 다리를 느끼며 안정감과 내부 자원을 쌓기 시작했다. 트라우마에 갇히면 단단히 땅을 딛고 서 있는 느낌을 잃어버린다. 그들은 언제 무너질지 모르는 다리 위에 멈춰 선 사람처럼 겁에 질린 채 살아간다. 그래서 기반을 되찾는 것은 트라우마 치료에서 중요한 단계다. 다행히 마리우스는 자신을 마을의 사냥꾼들과 동일시함으로써 다리의 힘을 회복하고 자신이 살아가는 현실에 단단하게 '그라운딩grounding(단단한 땅 위에 발을 딛음으로써 자신이 존재하고 있음을 느끼는 것, 현실감과 안정감을 얻을 수 있다-옮긴이)'할 수 있었다.

마리우스는 재조정 과정에서 힘차게 산길을 걷고 바위 위를 뛰어다니는 자신을 보면서 강인함과 탄력성을 느끼기 시작했다. 여기에서 탄력성이란 용수철처럼 튀어오르는 다리 감각과 트라우마를 발판 삼아 도약하는 회복탄력성을 모두 의미한다.

그다음으로 마리우스는 상상 속의 곰을 사냥하기 위해 쫓아가면서 어린 시절의 충격으로 잃어버렸던 공격 본능을 다시 깨웠다. 공격성의 회복은 트라우마 치유의 또 다른 열쇠다. 공격성을 회복함으로써 마리우스는 트라우마를 해소하는 마지막 계단에 오를 힘을 얻었다. 그는 새롭게 발견한 공격성을 통해 곰을 창으로 찌르면서 불안이라는 복잡한 감정을 기쁨과 승리감으로 바꿨다. 그는 더 이상 패배한 어린아이가 아니었다. 마리우스는 무력감과 얼어붙은 반응을 능동적이고 공격적인 반응으로 바꾸면서 트라우마를 재조정해 나갔다.

마리우스의 재조정 과정에서는 공격적인 반격과 함께 능동적 도피 반응도 일어났다. 그는 전봇대에 올라가 개들이 있던 땅을 내려다봄으로써 정향 반응을 마무리하고 재조정을 완전히 끝냈다. 이런 능동적 도피는 곰 사냥에서 획득한 승리감과 흥분에 뒤섞여 있던 최후의 두려움마저 완전히 떨칠 수 있게 했다. 이처럼 재조정은 트라우마의 영향으로 약해진 내부 자원들을 복구하도록 도와준다. 트라우마 재조정을 위한 종합적 전략은 다음과 같다.

첫 번째 단계는 펠트센스를 개발하는 것이다. 한번 펠트센스를 개발하고 나면 떨림이나 흥분 같은 본능적인 에너지에 두려움을 느끼지 않고 자신을 내맡길 수 있다. 트라우마를 안고 있는 사람들은 모든 감정과 감각이 두려움과 연결되어 있어서 가슴을 두근거리게 하는 낯선 느낌을 무조건 피하려고 한다. 하지만 흥분은 에너지가 충만한 활기찬 상태로, 우리에게 트라우마와 마주할 수 있는 힘을 준다. 펠트센스는 이런 긍정적인 감정 에너지가 두려움과 분리되어 자유롭게 흐를 수 있도록 몸과 마음의 기반을 다지는 역할을 한다.

두 번째는 탄력성springiness이다. 용수철처럼 튀어 올랐다가 복원되는 힘은 몸에 대한 믿음이 있어야 발휘될 수 있다. 뿌리 깊은 나무가 바람에 강한 것처럼 인간도 자신의 두 발로 삶에 깊이 '그라운딩(접지)'할 수 있어야 부동, 공격, 방어, 탈출의 주기를 리드미컬하게 넘나들며 변화무쌍한 환경에 유연하게 대응할 수 있다.

세 번째 단계인 공격성aggressiveness은 본능과 신체적 힘을 이용할 때 더 활기차고 강력해지는 생물학적 능력이다. 부동 상태에서는 이런 적극적인 에너지에 접근할 수가 없다. 따라서 건강한 공격성을 되찾는 것은 트라우마에서 회복될 때 반드시 필요한 부분이다.

그 외에 권한 강화empowerment는 자신의 권위를 받아들이는 것으로, 에너지의 방향을 선택하고 실행하는 능력에서 출발한다. 통달mastery은 위협에 성공적으로 대처하는 기술을 능숙하게 익힌 상태를 말하고, 정향orientation은 상황과 주변 환경의 인과관계 속에서 자신의 위치를 파악하고 인지하는 과정이다. 이런 방법들을 통해 트라우마의 잔재들이 재조정된다.

모든 상처는 생명체 안에 존재하고 생명체는 끊임없이 새로운 존재로 거듭난다. 따라서 모든 상처 안에는 치유와 재생의

씨앗이 들어 있다. 외부 물체에 피부가 손상되면 진화의 지혜
에 의해 장엄하고 정확한 생화학적 반응들이 일사분란하게 일
어난다. 우리의 몸은 끝없이 자체 조정되며 새로워지도록 설계
되었다. 이 원리는 마음과 정신, 영혼의 치유에도 똑같이 적용
된다.

PART 2

몸이 말하는 트라우마

트라우마의 4가지 핵심 반응

우리의 감정과 신체는 물이 물속으로 흘러드는 것과 같다.
신체 감각의 에너지 안에서 헤엄치는 법을 배워라.

—타르탕 툴구 린포체

각성의 주기

인간은 위협을 감지하거나 인지했을 때 각성된다. 각성은 생존 반응을 활성화시키는 활동이다. 예를 들어, 가파른 절벽 끝에 서 있다고 상상해 보자. 절벽 아래에는 삐죽삐죽 날이 서 있는 바위들이 있다. 이렇게 위태로운 상황에 놓이면 사람들은 어떤 식으로든 각성을 경험한다. 가슴이 철렁하며 심장 박동이 빨라지거나 얼굴이 확 달아오르는 등 신체 에너지가 거칠게 요동치는 것을 경험하기도 하고, 목구멍이 조여오거나 항문 괄약근이 조여드는 느낌을 받을 수도 있다. 또는 위험이 코앞까지 닥친 상황에 들뜨거나 도전의식을 느낄 수도 있다.

그 방식이 무엇이든 대부분의 사람들은 각성에 따르는 '자연스럽게 고조된 상태'를 즐긴다. 많은 사람들이 번지점프나 스카이다이빙, 패러글라이딩 같은 '죽음과 가까운' 경험들을 추구하는 이유도 극도의 각성 상태에서 오는 황홀감 때문이다. 나는 전쟁에서 돌아온 수많은 참전 군인들과 상담을 진행했는데, 그들은 하나같이 '전쟁의 열기' 속에 있던 시절 이후로는 온전히 살아 있다고 느낀 적이 없다며 한탄했다. 인간은 도전을 갈망한다. 그리고 그 도전을 극복해 낼 에너지를 불어넣어 주는 각성을 필요로 한다. 깊은 만족감은 이러한 각성의 주기가 완전히 끝났을 때 얻을 수 있는 값진 열매다.

각성의 주기는 다음과 같이 진행된다. 도전적 상황이나 위협을 만나면 각성된다. 각성은 도전과 위협에 대응하기 위해 에너지를 활성화할 때 최고조에 이른다. 그 후 각성은 눈에 띄게 약해져 깊은 이완과 만족감을 준다.

트라우마를 겪은 사람들은 이런 각성 주기에 대해 깊은 불신이 있는데, 그럴 만한 이유가 있다. 트라우마 피해자들에게는 각성이 공포로 얼어붙는 경험과 직결되어 있기 때문이다. 그래서 이들은 각성 주기를 완료하지 않으려고 피하거나 사전에 차단한 채 두려움의 주기에 갇힌다. 트라우마 당사자에게 필요한 것은 '상승한 것은 반드시 하강한다'라는 간단한 자연법칙을 다시 익히는 것이다. 각성 주기를 신뢰하고 그 흐름을 따를 때 트라우마 치유는 시작된다.

다음은 각성될 때 흔히 나타나는 징후들이다.

- 신체적 징후 : 심장 박동수 증가, 호흡 곤란(빠르거나 얕은 호흡, 헐떡임 등), 식은땀, 찌릿찌릿한 근육 긴장
- 정신적 징후 : 생각과 걱정이 많아지고 마음이 조급해짐.

만약 우리가 펠트센스를 통해 이런 신체적, 정신적 징후를 알아차리고 자연스럽게 그 흐름을 따라갈 수 있다면 각성은 정점에 올랐다가 점점 가라앉아 결국 해소될 것이다. 이 과정에서 몸의 떨림, 일정한 리듬의 진동, 온기가 퍼지는 기분, 깊은 호흡, 심장 박동수 감소, 땀, 근육의 이완과 함께 안도감, 편안함, 안전한 느낌 등을 경험할 수 있다.

트라우마 식별하기

트라우마는 어떤 사건이 유기체에게 준 강한 충격이 해소되지 않을 때 일어난다. 이것을 해결하려면 펠트센스를 이용해 해소되지 않은 충격을 다루어야 한다. 이를 위해 사건을 재경험하게 하는 치료법은 언뜻 유익해 보일지 몰라도 그렇지 않은 경우가 더 많다. 트라우마 증상은 그 원인인 사건을 모방하거나 재연하는 형태로 나타나기도 하지만, 결국 증상을 치료하기 위해서는 사건 자체가 아니라 트라우마 반응이 일어난 과정에 접근할 수 있어야 하기 때문이다.

이번 연습은 유기체의 반응이 트라우마를 일으킨 사건보다 더 중요한 이유를 이해하는 데 도움이 될 것이다. 이 연습에서는 트라우마 자체를 다루는 대신 그 시작점이 되는 생리적 반응을 다룰 것이다. 또한 트라우마가 어떤 느낌인지 명확히 밝히고, 트라우마를 식별하는 방법도 알려줄 것이다.

연습 ❺

연습 도중 압도당하는 느낌이 들거나 매우 불편하다면 즉각 중단하기 바란다. 어떤 사람에게는 이 연습이 과도한 영향을 줄 수도 있다. 그런 경우에는 자격이 있는 전문가의 도움을 받기 바란다.

이 연습에는 종이와 연필, 초침이 있는 시계가 필요하다 (디지털 시계라도 상관없다). 시계를 잘 보이는 곳에 두고 연필을 든 다음 편안한 자세로 펠트센스에 접촉한다.

먼저 팔과 다리의 느낌을 알아차린 뒤 당신을 받쳐 주는 바닥이나 의자에 몸이 닿는 감각을 느껴 보라. 옷이 피부에 닿는 느낌, 무릎 위에 놓인 책의 무게 등 현재 느껴지는 또 다른 감각들도 느껴 보라. 이 연습을 하기 위해서는 이러한 알아차림이 중요하다.

신체 감각들이 어떤 느낌인지 감지했다면 편안한 상태로 연습을 계속한다. 한 번에 한 걸음씩 나아가라. 앉은 자리에서 연습을 끝까지 진행한다면 최고의 결과를 얻을 수 있다. 본격적으로 연습을 시작하기 전에 각 상황별 내용을 끝까지 한 번 읽어 보라. 자, 이제 직접 경험하면서 펠트센스를 통해 생각과 느낌을 알아차려 보자.

▶상황1
편안히 앉아서 당신이 비행기를 타고 9천 미터 상공을 날아가고 있다고 상상해 보라. 기체가 약간 흔들리지만 크게 걱정할 정도는 아니다. 최대한 이 상황을 의식하며 펠트센스를 알아차려 보라. 갑자기 쾅 하는 엄청난 폭발음이 난 후 정적이 흐른다. 엔진이 멈췄다. 당신의 몸은 어떻게 반응하는가?

- 호흡 :

- 심장 박동 :

- 신체 각 부위의 온도 :

- 몸의 진동, 의도하지 않은 경련, 움직임의 강도 :

- 전체적인 자세 :

- 눈 :

- 목 :

- 시각과 청각 :

- 근육 :

- 복부 :

- 다리 :

항목마다 당신의 반응을 간단히 적고 현재 시각을 분과

초 단위로 기록한다.

몸이 연습 전의 편안한 상태로 돌아오도록 심호흡하며 긴장을 푼다. 그 편안함의 펠트센스에 집중하면서 다음 단계로 넘어갈 준비가 되었는지 느껴 보라. 그리고 지금 시각을 분과 초 단위로 기록한다.

▶상황 2

친구네 집 앞 계단에 앉아 친구를 기다린다고 상상해 보라. 날씨는 따뜻하고 하늘은 맑다. 서두를 일이 없으므로 당신은 편안하게 기대 앉아 그 시간을 즐긴다. 이때 지나가던 남자가 갑자기 총을 휘두르고 소리를 지르며 이쪽으로 달려온다. 당신의 몸은 어떻게 반응하는가?

〈상황 1〉과 같은 방식으로 몸의 반응과 시각을 기록한다.

▶상황 3

자동차로 고속도로를 달리고 있다고 상상해 보라. 교통상황은 나쁘지 않지만 목적지까지 아직 20분 정도 남았다. 음악이나 좀 들으면서 가야겠다는 생각이 든다. 라디오에 손을 뻗는 순간 대형 트럭이 중앙분리대를 넘어 당신 쪽으로 돌진한다. 당신의 몸은 어떻게 반응하는가?

앞서 했던 것처럼 몸의 반응과 시각을 기록한다.

▶상황 4
〈상황 1~3〉까지 기록한 것들을 비교해 본다. 각각의 상황에 대한 당신의 반응은 얼마나 비슷한가? 그리고 다른 점은 무엇인가? 반응을 알아차린 후 수월하게 긴장을 풀 수 있었나? 하나의 연습이 끝날 때마다 긴장을 푸는 데 걸린 시간을 기록한다.

대부분의 사람들은 세 가지 가상 상황에서 비슷한 반응을 보인다. 상상이든 실제든 트라우마가 될 만한 사건은 특정한 생리적 반응을 일으킨다. 이런 반응은 동물계에서 나타나는 일반적인 현상이다. 만일 각성 상태를 조절하기가 힘들다면 눈을 뜨고 기분이 좋아질 만한 주변 요소에 집중하라.

인간을 포함한 동물들이 위험한 사건에 성공적으로 대처할 자원이 부족할 때 나타나는 각성과 생리적 변화는 본질적으로 동일하다. 트라우마 초기 단계에서는 누구나 비슷한 경험을 하므로 그것을 이용하여 트라우마 증상을 알아차리는 법을 배울 수 있다. 다시 한번 말하지만, 이런 알아차림은 펠트센스 안에서만 가능하다. 이 반응들이 어떻게 우리의 몸에 신호를 보내는지 알아보자.

트라우마의 4가지 핵심 반응

정도의 차이는 있지만 트라우마에 시달리는 사람에게 반드시 나타나는 네 가지 기본 반응이 있다.

- 과각성 hyperarousal
- 수축 constriction
- 해리 dissociation
- 무력감 helplessness과 결부된 부동 상태

이 네 가지 증상들은 트라우마 사건이 일어났을 때 가장 먼저 나타나는 반응이며, 트라우마의 핵심을 형성하는 요소들이다. 사는 동안 누구나 한 번쯤은 정상적인 반응으로써 이런 증상들을 경험하지만, 오랜 기간에 걸쳐 네 가지 반응이 동시에 발생한다면 이는 해결되지 않은 트라우마의 잔재가 있음을 보여 주는 확실한 증거다. 트라우마 사건에 대응하기 위해 활성화된 방어적 에너지가 며칠, 몇 주, 몇 달이 지나도 방출되거나 통합되지 않으면 이 네 가지 반응에서 온갖 다른 증상들이 파생되어 나온다. 하지만 이 네 가지 반응을 알아차리는 법을 배운다면 트라우마를 극복하는 과정에 더 빨리 진입할 수 있을 것이다.

과각성

대부분의 사람들은 갈등이나 스트레스를 겪을 때 심장 박동과 호흡이 빨라지고 동요하며 수면장애, 긴장, 근육 경련, 두서없는 생각들, 불안발작과 같은 증상들을 경험한다. 이 증상들이 반드시 트라우마를 의미하지는 않지만 그 원인이 과각성인 것은 맞다. 과각성은 트라우마의 네 가지 핵심 반응 중에서도 그 중심에 있는 씨앗이라고 할 수 있다.

앞의 연습들을 떠올려 보면 모든 단계에서 가벼운 과각성이 나타났다는 사실을 깨달을 수 있을 것이다. 이처럼 내부에서 높아진 각성은 일단 우리 몸이 위협에 대응할 에너지 자원을 모으고 있다는 의미다. 생존이 위협당하는 심각한 상황이면 그 어느 때보다도 많은 에너지가 동원된다. 안타깝지만 각성된 에너지를 방출해야 한다는 사실을 알더라도 실행하기는 쉽지 않다. 많은 본능적 과정과 마찬가지로 과각성은 의식적으로 통제할 수 없기 때문이다. 다음 연습을 통해 이를 확인할 수 있다.

연습 ❻

앞서 연습한 세 가지 상황에서 당신이 경험한 신체 반응은 의식적으로 만들어 낸 것인가? 아니면 무의식적 반응인가? 즉, 당신이 그렇게 반응하도록 조절했는가, 아니면 저절로 반응이 일어났는가? 이제 위협적인 상황을 상상하지 않고 의도적으로 그런 반응이 일어나게 해 보라. 신체 기관과 근육을 움직여 세 가지 연습 상황에서 경험한 것과 같은 신체 반응들을 만들어 낼 수 있는지 살펴보라.

• 눈의 반응 :

• 몸의 자세 :

• 근육의 반응 :

• 각성 수준 :

이제 지금의 반응과 이전의 연습에서 경험한 감각들을

비교해 보라. 지난번 연습 때의 경험과 어떤 것이 유사하고 어떤 것이 다른가?

위 연습에서 대부분의 사람들은 자세, 근육 수축, 과각성에 동반되는 움직임 등을 어느 정도 흉내 낼 수 있다. 그러나 실제 상황과 똑같은 조직성과 동시성을 만들어 내지는 못한다. 각성은 신체 반응이 하나씩 일어날 때보다 한꺼번에 일어날 때 훨씬 더 강하게 치솟는다. 또한 신체 반응이 하나씩 일어난다고 해도 의식적으로 신경계에게 '각성해'라고 말하는 것보다 훨씬 더 영향력이 있다. 즉, 의도적으로 과각성 수준까지 각성할 수 있는 사람은 거의 없다고 봐야 한다. 과각성은 상상이든 현실이든 위협에 따라오는 신경계의 자동 반응이기 때문이다.

트라우마 반응의 핵심을 이루는 나머지 세 반응, 수축, 해리, 무력감은 단기적으로 보면 과각성된 유기체를 보호하기 위해 작동되는 것들이다. 이 반응들은 외부의 위협뿐만 아니라 각성된 에너지가 방출되지 않아 발생하는 내부의 위협에서도 우리를 보호한다.

사실 트라우마 증상은 방출되지 못한 에너지에 대한 일시적 해결사로서 나타나는 것이다. 그 증상들은 몇몇 특정한 주제를

중심으로 발현되는데 그 핵심 주제가 바로 수축, 해리, 무력감
이다.

수축

이 장의 첫 번째 연습을 하면서 기록한 것을 살펴보라. 수축,
긴장, 조임 같은 형태로 나타났던 신체 반응은 몇 가지인가?

'수축'은 신체 조직 전반에 걸쳐 일어나는 현상이며, 위협적
인 상황에서 가장 먼저 경험하는 반응들의 가장 지배적인 특징
이다. 수축은 본질적으로 몸의 모든 부위와 기능에 영향을 미
친다.

우리가 생명을 위협하는 상황에 대응할 때 과각성이 일어난
후 가장 먼저 신체와 지각 능력이 수축한다. 수축은 우리의 호
흡과 근육 긴장도, 자세까지 바꿀 수 있는데, 위협 상황에서 피
부, 손발, 내장의 혈관들이 수축해 방어에 유용한 근육으로 더
많은 피가 공급되도록 만든다.

이와 함께 위협적 상황에 온 신경을 집중하도록 주변 환경에
대한 지각 범위도 수축된다. 일종의 과잉 경계 상태라고 볼 수
있다. 예를 들어, 산길을 걷다가 똬리를 튼 방울뱀을 본다면 좐

졸 흐르는 시냇물 소리나 새들이 지저귀는 소리는 더 이상 들리지 않을 것이다. 들꽃의 섬세한 아름다움이나 바위에 낀 이끼의 복잡한 무늬도 보이지 않을 것이다. 점심에 뭘 먹을지, 햇빛을 너무 많이 쬔 건 아닌지 따위도 더 이상 생각나지 않을 것이다. 그 순간 우리의 모든 관심은 온전히 뱀에게 집중된다.

아마 당신은 위협이 닥쳤을 때 엄청난 힘과 용기를 발휘한 사람들의 이야기를 들어 봤을 것이다. 아들을 덮치려는 자동차를 번쩍 들어 올린 엄마가 실제로 존재할 수 있는 이유는 신경계에서 동원한 엄청난 에너지가 수축을 통해 집중적으로 쓰였기 때문이다. 신경계는 우리의 자원이 최적의 방식으로 위협에 집중하도록 작동한다. 그러나 과각성과 수축이 일어났을 때 충격에 압도되어 얼어 버렸다면, 해소되지 못한 그 엄청난 에너지는 계속 과각성 상태를 만들고 또 그중 일부는 만성적인 과민 상태, 불안발작, 공황발작, 플래시백, 공포스러운 장면이 불쑥 떠오르는 증상들로 발전했을 것이다.

만약 수축이 유기체의 에너지를 방어에 온전히 집중시키는 데 실패하면 신경계는 과각성을 다스리기 위해 부동 반응이나 해리 같은 다른 기제를 발동한다. 수축, 해리, 부동 반응은 그야말로 유기체가 스스로 방어할 수 없는 상황에 대처하기 위해 신경계가 사용하는 온갖 반응들의 총체라고 할 수 있다.

해리

"죽음은 두렵지 않다. 단지 그 일이 일어났을 때 그곳에 있고 싶지 않을 뿐이다." 우디 앨런의 이 재치 있는 농담은 해리 현상의 역할을 잘 보여 준다. 해리는 각성이 점점 높아질 때 발생하는 충격에서 우리를 보호한다. 즉, 이것은 생명을 위협하는 사건이 지속될 때 죽음의 고통에서 우리를 보호해 주는 기능이다. 탐험가 데이비드 리빙스턴의 일기에는 아프리카의 평원에서 사자와 마주친 경험이 생생히 기록되어 있다.

"큰 고함 소리가 들렸다. 깜짝 놀라 돌아보는 순간 사자가 나에게 달려들었다. 나는 약간 높은 곳에 있었는데 사자가 뛰어오르면서 내 어깨를 붙잡는 바람에 함께 땅으로 굴러떨어졌다. 사자는 내 귓가에서 무시무시하게 으르렁대면서 사냥개가 쥐를 물고 흔들듯 나를 잡아 흔들었다. 쥐가 고양이에게 잡혀 흔들릴 때처럼 나는 그 충격으로 정신이 혼미해졌다. 어떤 일이 일어나고 있는지는 의식할 수 있었지만 꿈속처럼 몽롱하니 고통이나 공포가 느껴지지 않았다. 마치 국소 마취된 상태로 모든 수술 과정을 지켜보면서 통증을 느끼지 못하는 것과 같았다. 이 상태는 어떤 정신적 과정의 결과도 아니었다. 사자에게 잡혀 흔들린 충격이 두려움마저 느끼지 못할 만큼 강력해서 그

맹수를 바라보면서도 전혀 공포를 느낄 수 없었다. 아마도 육식동물에게 죽임을 당하는 모든 동물이 이런 경험을 할 것이다. 정말 그렇다면 이는 죽음의 고통을 줄여 주려는 자비로운 창조주의 은혜이리라."

해리는 약하게 일어날 때는 멍한 상태에 가깝고, 극단적으로 심해지면 일명 다중인격 증후군으로 발전할 수 있다. 해리는 펠트센스가 고장 난 상태가 지속되는 것이기 때문에 거의 언제나 시간 감각과 인지적 왜곡이 뒤따른다.

해리는 심각한 정신질환으로 간주되는 경우가 많지만 사실은 많은 사람들이 가벼운 해리 증상에 해당하는 경험을 한다. 상점에서 자동차를 운전해 집에 도착했는데 출발한 기억만 있고 집까지 어떻게 왔는지 갑자기 기억나지 않는다던가, 열쇠를 어디에 두었는지 기억하지 못하는 경우가 이에 해당된다. 이럴 때 우리는 한순간 펠트센스가 사라진 것을 알아차리고 "잠깐 멍했나 봐", "정신이 나갔었어"라고 농담 삼아 말한다. 이 말은 일리가 있다. 다른 말로 하면 해리는 '정신이 몸에서 떠났다'는 것이니까 말이다. 이처럼 해리는 일상에서 여러 형태로 나타나는데, 특히 생명이 위험한 상황에서 경험하기 쉽다. 좁은 산길을 운전하고 가는데 급커브 구간이 나왔다고 상상해 보자. 트럭 한 대가 갑자기 중앙선을 넘어 돌진하고 당신은 정면충돌을 피하기 위해 힘껏 방향을 꺾는다. 차가 좁은 갓길 쪽으로 미끄러져 가는 동안 당신의 눈앞에는 온갖 장면들이 느린 동작으로 펼쳐진다. 그때 당신은 자신의 죽음을 직면하는 대신 두려움 없이 고요하게 다른 누군가의 죽음을 지켜보는 듯한 느낌을 경험할 수 있다. 성폭행 피해자나 적군의 총구 앞에 선 군인, 대형 참사나 다른 충격적인 사건의 희생자들도 몸과의 연결이 근본적으로 끊어지는 경험을 하곤 한다. 추행당한 어린아이는 천장 한쪽 구석에서 다른 아이가 당하는 것을 지켜보듯 안타까워하거나 아무 감정을 느끼지 못하는 경험을 하기도 한다.

해리는 가장 전형적이면서도 포착하기 어려우며 신비한 트라우마 증상이다. 해리가 발생하는 메커니즘은 그것의 역할이나 양상에 비해 쉽게 설명하기 어렵다. 다만 한 가지 분명한 것은 해리는 트라우마를 겪는 과정에서 맹수, 강간범, 돌진하는 자동차, 수술용 칼 등 감당할 수 없는 상황을 견뎌낼 수 있도록 방어하는 수단이라는 것이다. 그러나 과각성된 에너지가 방출되지 못할 때 모든 반응이 그렇듯 해리 증상 역시 만성이 되거나 더 복잡한 증상들로 진행될 수 있다.

어린 시절 반복적으로 트라우마를 겪은 사람들은 해리 상태로 존재하기를 택하는 경우가 많다. 이들은 의식도 못한 채 습관적으로 해리 상태에 들어간다. 그런 경험이 없는 사람이라

해도 트라우마를 일으키는 불편한 장면이나 감각을 경험하거나 각성될 때 해리가 일어날 수 있다.

해리는 방출되지 못한 과각성 에너지를 전체 경험으로부터 분리시키는 역할을 한다. 이러한 회피적 자기 보호는 펠트센스를 인식하는 것을 방해함으로써 트라우마를 겪는 사람들이 증상을 효과적으로 해소할 수 없게 만들기도 한다. 해리 증상이 나타났을 때 중요한 것은 해리에 대한 인식을 높이는 데 있다.

연습 ❼

이번 연습에서는 해리가 어떤 느낌인지 파악해 보려고 한다. 의자에 편안히 앉아서 호수 가운데 떠 있는 뗏목 위에 누워 있다고 상상해 보라. 둥둥 떠 있는 느낌을 경험한 다음 몸 밖으로 빠져나가는 자신을 상상해 보라. 천천히 떠오르는 풍선처럼 높이 올라가면서 저 아래에 있는 당신 자신을 바라본다.

- 이 경험이 어떻게 느껴지는가?
- 몸의 감각을 느껴 보려 할 때 어떤 일이 일어나는가?
- 몸과 공중에 떠 있는 느낌 사이를 여러 번 왔다 갔다 하

면서 해리가 어떤 느낌인지 포착해 보라.

이 연습은 사람에 따라 간단할 수도 있고 매우 어려울 수도 있다. 앞서 언급했듯 트라우마 증상은 수축이나 해리를 중심으로 발달할 수 있다. 당연한 일이지만 해리 증상이 주로 나타나는 사람은 수축이 자주 나타나는 사람에 비해 이 연습이 쉽다고 느낀다. 만약 몸에서 빠져나와 떠오르는 연습이 어렵게 느껴진다면 다음 연습을 해 보자.

연습 ⓾

의자에 편안히 앉아 몸을 기댄 다음 휴가를 보내고 싶은 장소를 생각해 본다. 오랫동안 느긋하게 쉴 수 있는 일정에 비용도 모두 지불된 아주 근사한 휴가다. 최고의 여행지를 선택했다면 휴가지에서 생길 즐겁고 행복한 일들을 상상해 보라. 당신은 정말로 그 시간과 장소를 즐기고 있다. 이제 현실로 돌아오기 전에 다음 질문에 답해 보라.

• 지금 어디에 있는가?

- 아마도 당신은 행복한 휴가지라고 답할 가능성이 크다. 거실 의자에 앉아 있다고 느끼지 않았다면 당신은 해리를 경험하는 데 성공한 것이다.

이 연습을 반복하면 해리가 일어날 때 쉽게 알아차릴 수 있다. 이 연습의 핵심은 해리가 일어나지 않게 막으려는 것이 아니라는 점을 기억해야 한다. 이 연습은 해리가 일어날 때 알아차리기 위한 것이다. 해리된 상태에서도 주변에서 일어나는 일들을 충분히 알아차릴 수 있다. 이런 이중적 의식dual consciousness 은 치료와 재결합re-association 과정을 시작하는 데 매우 중요하다. 이중적 의식에 대해 배우는 데 저항이 느껴진다면 아마도 해리가 당신의 트라우마 증상을 형성하는 데 중요한 역할을 하고 있다는 신호일 수 있다. 그 저항감을 존중하면서 천천히 진행하기 바란다. 이중적 의식이 가능하다는 점을 자주 상기하면서 그것을 경험하려고 시도해 보라.

이와 같이 해리는 다양한 방식으로 일어나지만 모두 하나의 공통점으로 묶일 수 있다. 바로 몸이나 몸의 일부, 또는 경험의 일부가 그 주체인 개인과 근본적으로 분리되어 있다는 점이다. 해리는 다음과 같은 분리 증상으로 나타날 수 있다.

- 의식과 신체의 분리
- 머리, 팔다리 등 신체 한 부위와 나머지 부위의 분리
- 자아와 감정, 생각, 감각 간의 분리
- 자아와 사건의 일부 기억 혹은 전체 기억 간의 분리

해리가 일어나는 방식은 더 복잡한 증상들이 발달하는 방식에 영향을 미친다. 또한 트라우마에 대한 반응으로서 해리가 나타나는 것은 유전적 요인과 성격 구조의 영향을 모두 받는다고 알려져 있다.

멍한 상태와 건망증은 해리가 더 뚜렷한 증상으로 나타난 경우다. 하지만 해리에서 비롯되었다고 알아차리기가 힘든 증상들도 있는데, 그 예는 다음과 같다.

첫째, '부정denial'이다. 아마도 부정은 해리의 증상 가운데 에너지 수준이 가장 낮은 형태일 것이다. 부정은 특정한 사건(혹은 일련의 사건들)에 대한 기억이나 느낌과 단절된 상태다. 사람들은 어떤 사건이 일어났다는 사실을 부정하거나 그 사건이 중요하지 않다는 듯 행동할 때가 있다. 예를 들면 폭행, 부상, 사랑하는 사람의 죽음을 겪고도 아무 일도 없었다는 듯이 행동하는 경우가 있는데, 이것은 상황을 제대로 인식하고 받아들일 때 느끼는 감정이 너무 고통스럽기 때문이다. 공포, 분노, 슬픔,

수치심 같은 감정들이 다시 받아들여지면 묶여 있던 에너지가 방출되면서 더 이상 부정은 일어나지 않는다. 하지만 묶여 있던 에너지와 고통스러운 감정들이 너무 강력하면 부정이 고착화되어 어떤 사건이 결코 일어난 적 없다고 믿는 수정 불가능한 '확고한 신념'으로 굳어질 수 있다.

둘째, 원인 모를 '신체적 질병'도 해리의 한 증상으로 나타날 수 있다. 이 증상은 신체 일부가 나머지 부분들과 단절되는 부분적 해리나 구획화compartmentalized(공존하기 어려운 감정들을 분리 상태로 유지하는 심리적 방어 기제-옮긴이)의 결과로 발생한다. 예를 들어, 고통스러운 기억을 지우려는 뇌의 노력은 머리와 나머지 신체 부위를 분리시켜 두통을 일으킬 수 있다. 골반과 나머지 신체 부위의 분리는 월경 전 증후군으로 악화될 수 있다. 또한 부분적 해리가 수축으로 악화되면 과민성 대장 증후군 같은 소화기 증상, 반복되는 허리 통증, 만성 통증이 나타날 수 있다.

무력감

무력감은 부동 반응과 밀접한 관련이 있다. 과각성이 신경계의 가속장치라면 압도적 무력감은 제동장치인 셈이다. 리처드 애덤스의 소설 『워터십 다운』을 읽어 본 사람이라면 토끼들이 어둠 속에서 다가오는 자동차 전조등을 보고 얼어붙은 장면을 기억할 것이다. 소설 속에서 토끼들은 이런 부동 반응을 '탄 tharn'이라고 부른다.

가속장치와 제동장치가 각각 다른 상황에서 작동하도록 설계된 자동차와 달리 트라우마 반응에서는 두 가지가 함께 작동한다. 신경계는 동원된 에너지가 모두 방출되었을 때만 위협적인 상황이 끝났다고 인식하기 때문에, 트라우마 사건이 발생하면 방출이 일어날 때까지 에너지를 무한히 활성화한다. 이와 동시에 신경계는 브레이크도 밟는다. 유기체가 감당하기에 너무 많은 에너지가 존재한다고 인식되면 신경계는 강력하게 제동을 걸어 유기체 전체가 그 지점에서 딱 멈추게 한다. 그로 인해 유기체는 완전한 부동 상태에 빠지고 결국 신경계 내에 엄청난 에너지가 갇혀 버린다.

이때 발생하는 무력감은 누구나 때때로 느끼곤 하는 일반적인 무력감과 완전히 다르다. 완전히 얼어붙어 움직일 수 없을 정도다. 농담이 아니라 실제로 몸이 움직이지 않는다. 너무 심하게 마비되어 소리치거나 움직이거나 느끼지도 못하는 경우도 있다. 이런 극도의 무력감은 트라우마의 네 가지 핵심 반응 중에서도 압도적인 생명의 위협을 겪지 않는 한 경험할 가능성이 가장 적은 증상이다. 하지만 예기치 못한 충격적인 사건에 압도당하는 초기 단계에서는 이렇게 깊은 무력감을 경험할 수 있다.

이번 장의 앞부분에서 연습했던 세 가지 시나리오에 대한 당신의 반응을 살펴보라. 매우 가벼운 무력감이 나타난 것을 확인할 수 있을지도 모른다. 만약 어떤 사건이 실제로 일어나고 재앙과도 같은 비참한 상황이 닥쳐오면 무력감의 영향력은 급격히 커진다. 나중에 위험한 상황이 끝나면 극심한 무력감과 부동 반응의 영향은 차츰 가라앉겠지만 완전히 사라지지는 않을 것이다. 그래서 트라우마를 겪을 때 얼어붙은 느낌이 계속 남아 메아리치듯 반복되는 것이다.

과각성이나 수축과 마찬가지로 무력감 역시 몸에서 일어나는 생리적 과정이 겉으로 드러나는 것이다. 위험에 반응한 신경계가 각성 상태에 들어갔지만 우리 스스로 방어하거나 도망칠 수 없을 때, 신경계가 다음 전략으로 내놓는 것이 부동 반응이다. 이 원초적인 반응은 살아 있는 거의 모든 생물체의 방어 전략 목록에 포함되어 있다. 우리는 앞으로도 계속 이 흥미로운 부동 반응에 대해 다시 이야기할 것이다. 이 반응이 트라우마의 변형과 악화에 가장 중요한 역할을 하기 때문이다.

트라우마를 인지하는 가장 확실한 기준

과각성, 수축, 해리, 무력감은 모두 위협에 대한 정상적인 반응이다. 이 반응들은 반드시 트라우마 증상으로 발전하는 것이 아니라 습관적이고 만성적으로 변할 때만 증상으로 발전한다. 사라지지 않고 계속되는 이 네 가지 핵심 반응들은 후속 증상이 발생하는 기반과 연료가 되고 몇 개월 안에 정신적, 심리적 특성까지 지배하여 결국 삶의 모든 부분에 영향을 미치게 된다.

한 마디로 트라우마는 그 대가가 정말 엄청나게 크다. 트라우마 증상이 만성화되면 과각성, 수축, 해리, 무력감이 한꺼번에 나타나면서 견딜 수 없을 정도의 심한 불안에 빠지게 되고 눈 뜨고 있는 모든 순간은 물론이고 잠들어 있는 동안에도 그 손아귀에서 빠져나갈 수 없는 상태가 될 수 있다.

트라우마 반응의 핵심으로 꼽히는 이 증상들은 트라우마가 일어났는지 확인할 수 있는 가장 확실한 방법이다. 여러 증상들이 떼지어 나타나고 복잡해져도 어떤 조합으로든 항상 존재하기 때문이다. 따라서 이 네 가지 반응이 만성적으로 발전하기 전에 알아차릴 수만 있다면 트라우마로 인한 증상과 그렇지 않은 증상을 구분하여 치료할 수 있을 것이다.

너무나 일상적인 트라우마의 증상들

알 수 없는 존재가 발자국마다 단서를 흘리며
자기에 대한 정보를 알려 준다.
그 존재와 마주하기도 전에 이미 그것이 눈앞에 보이는 듯하다.
—톰 브라운, 「트래커」

우리가 위험에 처하면 신경계는 이에 대처하기 위해 에너지를 가득 충전한다. 그리고 능동적으로 위협을 극복해 에너지를 방출했거나 위협적인 사건이 완전히 사라졌다고 판단되면 다시 정상 기능으로 돌아온다. 이때 우리의 감각은 만족스러움, 영웅이 된 듯한 느낌, 끝까지 해냈다는 느낌을 받는다. 그러나 위험한 상황이 제대로 처리되지 않으면 그 에너지는 몸속에 남아 끝나지 않는 딜레마를 만든다.

생리적 차원에서 몸과 마음은 하나의 통합된 시스템으로서 서로 협력하며 작동한다. 그래서 외부 위협이 감지됨과 동시에 신경계의 각성이 높아지면서 자신이 위험에 처했다는 것을 알게 된다. 그런데 실제로 위협 상황에 맞닥뜨리는 것뿐만 아니라 신경계의 각성만 높아져도 위험 신호가 전달될 수 있다. 위협적인 사람이 다가오는 것을 볼 때도 위험 신호를 받지만, 심박수 증가, 위장 근육 수축, 주변에 대한 인식 능력 저하, 근육 긴장도 변화 등의 신체적 반응을 통해서도 위험 신호를 받는다는 말이다. 그리고 이런 다양한 이유로 높아진 각성 상태의 에너지가 방출되지 않으면 유기체는 위험 상태가 계속된다고 결론을 내리고, 철저한 준비 태세와 각성 수준을 유지 및 강화하기 위해 자꾸만 신경계를 자극한다.

그렇게 해서 우리의 심신을 갉아먹는 트라우마의 증상들이 발생한다. 신경계는 위험에 대처하기 위해 온갖 생리적, 생화학적 기제들을 발동하는데 그것을 효과적으로 발휘할 기회나 수단이 없으면 과도하게 높은 각성 상태를 버텨내지 못한다. 하지만 신경계 혼자서는 에너지를 방출할 수 없기 때문에 스스로를 계속해서 활성화시키는 과부하 주기가 만들어진다.

따라서 유기체가 균형을 회복하기 위해서는 고조된 각성이 끊임없이 위험 신호를 보내는 과부하 주기에서 벗어날 방법을 찾아야 한다.

가장 먼저 나타나는 보편적 증상들

신경계는 저절로 반복되는 각성 과부하 상태를 상쇄하기 위해 활성화된 에너지를 '증상'으로 결속하고 조직화하는 일련의 적응 과정을 시작한다. 이러한 적응 과정은 신경계에 과도한 에너지가 축적되는 것을 방지하는 일종의 안전장치다.

트라우마의 첫 증상은 대개 사건 직후에 나타나며 나머지 증상들은 시간이 지나면서 서서히 발전한다. 앞서 언급했듯이 트라우마 증상들은 위협에 대한 초기 반응과 만성화된 반응에서 발생한 엄청난 에너지를 조직화하고 관리하여 유기체를 돕고자 하는 에너지 현상이다.

사람마다 경험이 다르므로 지금까지 알려진 트라우마 증상을 하나도 빠짐없이 열거한다는 것은 불가능하다. 하지만 대부분의 트라우마 경험자가 공통적으로 겪는 증상들은 분명 존재하므로 이것들을 트라우마의 지표로 삼을 수 있다. 셀 수 없이 다양한 증상이 나타날 수 있지만 신경계가 특히 선호하는 몇몇 증상들이 있다.

일반적으로 어떤 트라우마 증상은 다른 증상보다 더 빨리 나타난다. 앞장에서 설명한 트라우마의 네 가지 핵심 반응인 '과각성, 수축, (부정을 포함한) 해리, 무력감'이 바로 그런 증상들이다. 이 증상들과 거의 동시에 나타나거나 바로 이어서 나타나는 초기 증상들은 다음과 같다.

- 과잉 경계(항상 경계 중인 상태)
- 불쑥 떠오르는 괴로운 장면이나 플래시백
- 빛과 소리에 극도로 예민한 상태
- 과잉 행동(과다한 활동성)
- 과장된 감정과 놀람 반응
- 악몽과 밤공포증(주로 어린아이에게서 나타나며 밤에 갑자기 소리를 지르거나 공포에 찬 표정으로 말하고 몇 분 후 조용히 잠이 드는 증상, 깨어나면 보통 기억을 하지 못한다-옮긴이)
- 갑작스러운 감정 변화(분노발작을 일으키거나 격노하다가 갑자기 수치심을 느끼는 등의 변화)
- 스트레스 대처 능력 저하(자주, 쉽게 스트레스를 받음)
- 수면장애

위 증상들 중 일부는 그다음 발전 단계나 마지막 단계에서도 계속 나타날 수 있다. 이 목록은 진단을 목적으로 하는 것이 아니라 트라우마 증상이 어떻게 나타나는지 대략적으로 파악하기 위한 것이다.

다음 단계는 증상들이 발전하는 단계로 일반적으로 나타나는 증상은 다음과 같다.

- 공황발작, 불안, 공포증
- 정신적 공백 또는 멍함, 혼미함
- 과장된 놀람 반응
- 빛과 소리에 극도로 예민한 상태
- 과잉 행동(과다한 활동성)
- 과장된 감정적 반응
- 악몽과 밤공포증
- 회피 행동(특정한 상황을 피함)
- 위험한 상황에 끌림
- 잦은 울음
- 갑작스러운 감정 변화(분노발작을 일으키거나 격노하다가 갑자기 수치심을 느끼는 등의 변화)
- 과하거나 약해진 성생활
- 기억 상실과 건망증
- 사랑 불능, 양육 불능, 타인과 유대 관계를 맺지 못함
- 죽음, 정신 이상, 수명 단축에 대한 두려움
- 스트레스 대처 능력 저하(자주, 쉽게 스트레스를 받음)

• 수면장애

　마지막 단계의 증상들은 나타나기까지 일반적으로 시간이 좀 더 걸린다. 대개의 경우 앞선 증상의 일부로 선행되어 나타난다. 어쩌면 당신은 세 개의 목록에 모두 포함된 증상이 있다는 사실을 눈치챘을 수도 있다. 유기체가 어떤 증상을 언제 선택하여 일으킬지 정해진 규칙은 없다. 이 목록에 없는 증상도 있을 수 있다는 사실을 유념해야 한다. 일반적으로 가장 마지막에 나타나는 증상들은 다음과 같다.

• 과도한 수줍음
• 거의 눈에 띄지 않거나 약해진 감정적 반응
• 무언가에 전념하기 어려움
• 만성 피로 혹은 매우 낮은 신체적 에너지
• 면역체계 질환과 내분비계 질환(갑상선 기능 이상 등)
• 정신 신체화 질병(특히 두통, 목과 등 통증, 천식, 소화기 이상, 과민성 대장 증후군, 심한 월경 전 증후군 등)
• 우울증, 불행이 닥쳐올 것 같은 느낌
• 분리감, 소외감, 고립감, 산송장 같은 느낌
• 삶에 대한 흥미가 약해짐

- 죽음, 정신 이상, 수명 단축에 대한 두려움
- 잦은 울음
- 갑작스러운 감정 변화(분노발작을 일으키거나 격노하다가 갑자기 수치심을 느끼는 등의 변화)
- 과하거나 약해진 성생활
- 기억 상실과 건망증
- 무력감과 무기력한 행동
- 사랑 불능, 양육 불능, 타인과 유대 관계를 맺지 못함
- 수면장애
- 스트레스 대처 능력과 계획 능력 저하

이 증상들이 오직 트라우마 때문에 나타나는 건 아니다. 또 이런 증상이 하나 이상 있다고 해서 모두 트라우마 장애를 입은 것도 아니다. 예컨대 독감에 걸려도 트라우마 증상과 같은 복통과 불편감을 느낄 수 있다. 다만 독감 증상은 대개 며칠이면 사라지지만 트라우마 증상은 그렇지 않다.

트라우마 증상은 지속적으로 유지되기도 하고 불안정하게 나타났다 사라지기도 하며, 수십 년 동안 잠복한 채 나타나지 않기도 한다. 그리고 개별적으로 나타나기보다는 무리지어 복합적으로 나타난다. 이러한 '트라우마 증후군'은 시간이 지날수

록 점점 복잡해지면서 원래의 트라우마 경험과 점점 연관성이 없어진다.

특정 증상이 특정 유형의 트라우마를 암시할 수는 있지만, 어떤 증상도 그 증상을 유발한 트라우마를 전적으로 나타내지는 않는다. 트라우마의 성격과 심각성, 트라우마가 발생한 상황, 개인이 가진 내부 자원과 그 발달 정도에 따라 트라우마의 증상은 다르게 나타날 수 있다.

트라우마 증상이 반복되는 이유

여러 번 언급했듯 각성이 해소되지 않은 상태에서 위협 요소를 인식하면 높은 각성 상태가 무한 반복되는 주기가 만들어진다. 트라우마 증상의 가장 교묘한 특징 중 하나는 각각의 증상이 뫼비우스의 띠처럼 원래의 주기에 연결된다는 점이다. 이러한 특징 때문에 대부분의 트라우마 치료법이 효과를 보기 어려운 것이다. 어떤 사람들은 저절로 반복되는 주기에 맞춰 증상도 고정적으로 나타나고, 어떤 사람들은 신경계가 과도한 에너지를 더 잘 통제할 수 있도록 하나 이상의 추가적인 증상을 발전시키기도 한다.

회피 행동

트라우마 증상은 위협에 대한 자각으로 발생한 각성에 대응해 유기체가 자신을 방어하는 수단이다. 하지만 이 방어 체계는 많은 스트레스를 견딜 만큼 정교하지 않다. 스트레스는 유기체의 방어 체계를 무너뜨리고 각성 에너지와 위험 메시지에게 길을 열어 준다. 불행히도 단순히 스트레스 상황을 피하는 것만으로는 방어 체계의 붕괴를 막을 수 없다. 각성을 회피하면 신경계는 스스로 각성을 만들어 낸다. 특히 트라우마의 후유증을 겪고 있다면 신경계가 충분히 정상적으로 기능할 때처럼 순탄하게 일상적인 좌절감의 충격에서 회복되지 못한다.

트라우마를 겪는 사람들의 신경계는 평범한 상황에서도 에너지 흐름이 방해받을 수 있다. 그래서 그들은 '회피 행동 avoidance behaviors'을 개발하여 기저에 깔린 각성을 제자리에 묶어 두려고 한다. 트라우마가 일어날 가능성이 없는 상황으로 생활 방식을 제한하는 것이다. 이를테면 사고를 경험한 사람은 다시 비슷한 사고가 일어나는 것이 두려워 운전을 피하려고 할 수 있다. 운동경기를 관람하다가 흥분하여 공황발작이 일어났다면 갑자기 그 종목에 흥미가 떨어질 수도 있고, 성관계 중에 플래시백이 일어났다면 성적인 관심 자체가 줄어들 수 있다. 다시 말해 평소의 에너지 수준에 변화를 일으키는 모든 사건이 불편한 감정과 감각의 방아쇠를 당길 가능성이 있다. 따라서 그런 상황을 피하려고만 하면 우리 삶은 점점 쪼그라들고 위축될 것이다.

'부정적 감정'에 대한 두려움

평소의 에너지 균형이 깨지는 일이 생기면 우리는 그 사건을 다시 경험하기 시작한다. 이 과정에서 신경계가 만든 에너지의 특성을 잘못 이해해서 상황이 더 복잡해지는 경우가 많다.

우리를 위험에서 보호하기 위해 신경계가 만든 에너지의 본질은 긍정적이고 활력이 넘치는 생명 에너지다. 그러나 이 에너지가 우리를 보호하는 데 실패하면 에너지의 상당 부분이 공포, 분노, 증오, 수치심을 발생시키는 원천으로 사용된다. 이러한 부정적인 감정들은 생명 에너지와 끈끈하게 연결되어 다양한 트라우마 후유증과도 밀접하게 연관된다.

트라우마로 고통받을 때는 생명 에너지와 부정적 감정의 연관성이 너무나 밀접해서 구별할 수 없을 정도다. 이때 가장 필요한 조치는 이 에너지를 내보내는 것이다. 하지만 에너지가 방출될 때 부정적인 감정이 함께 얽혀서 두렵고 견디기 힘들다는 느낌이 들 수 있다. 이 두려움 때문에 우리는 에너지를 억누르거나 방출하더라도 완결하지 못한 채 끝내게 된다.

약물 치료와 남용

트라우마에 시달리는 사람이 증상을 억제하거나 안정시키는 데 이용할 수 있는 또 다른 방법은 약물 치료다. 대개 의사의 권고로 약물 치료를 시도하지만 혼자 약물을 복용해 보는 경우도 있는데 이것은 약물 남용에 해당한다. 어떤 수단을 이용하든 그 목적은 안정적인 환경을 만드는 것이다. 그러려면 증상들이 새로운 자극이나 스트레스로 다시 활성화되지 않도록 막아 주는 일종의 그릇이 필요하다. 이것은 마치 댐과 같은 역할을 하기 때문에 끔찍한 공포와 원초적으로 날뛰는 분노가 새어나가지 못하도록 잘 만들어져야 한다.

트라우마에 시달리는 사람들은 대부분 자신이 멈출 수 없는 러닝머신 위에서 달리는 것 같다고 느낀다. 그래서 흥분과 이완을 초래하는 상황을 피하고 싶어 한다. 흥분이든 이완이든, 증상이 안정적으로 유지되는 평형 상태를 깨뜨릴 위험이 있기 때문이다.

공포와 각성의 주기에서 빠져나오는 방법

끝없이 반복되는 위협과 각성의 주기에서 빠져나오는 방법은 여러 가지다. '소매틱 경험 요법'도 그중 하나다. 트라우마를 일으킨 사건이 아니라 증상을 통해 트라우마를 정의하는 법을 알게 되면 트라우마가 일어날 때 더 쉽게 알아차릴 수 있다. 그러면 우리는 타고난 치유력이 발휘되는 것을 막는 대신 자연스러운 반응과 함께 다음 단계로 나아갈 수 있다.

건강과 활력을 되찾는 여정은 결코 하루아침에 완성되지 않는다. 아무리 작은 걸음이라도 하나하나가 모두 중요하고 주목할 만하다. 성장과 발전으로 향하는 수많은 다른 과정들과 달리 이 여정에는 끝이 있다. 그것을 성취해내고 나면 우리는 더 풍요롭고 충만해질 것이다.

건강하고 활력 있을 때도 삶은 충분히 힘들다. 더구나 트라우마로 산산조각이 나 있다면 삶은 견딜 수 없는 것이 되기도 한다. 앞으로 더 살펴보겠지만 온전한 자기를 되찾는 작은 걸음들은 모두 우리가 본래의 모습을 되찾을 때 펼쳐질 치유 과정을 돕는 자원이 될 것이다.

트라우마 후유증이 만성화됐다고 해도 잃어버린 우리 몸에 대한 통제권을 되찾을 방법은 있다. 신경계를 의도적으로 자극하여 각성시킨 다음 그 에너지를 부드럽게 방출하는 것이다. 과각성을 비롯한 트라우마의 네 가지 핵심 반응은 신경계가 위협에 대응하여 무의식적으로 동원한 에너지의 직접적인 결과라는 점을 기억해야 한다. 이러한 과정은 신경계에서 발생하고 우리는 몸으로 그것을 경험한다. 바로 그 몸 안에서, 우리는 펠트센스를 통해 신경계에 접근하고 그것이 제 역할을 다하도록 유도할 것이다.

트라우마를 겪는 사람의 현실

어떤 심판관도 불안만큼 끔찍한 고문을 준비하지 않는다.
불안은 결코 그가 벗어나도록 놔두지 않는다.
무언가를 즐길 때도, 일할 때도, 놀 때도, 밤에도 낮에도.
—쇠렌 키에르케고르

이 책의 전제는 트라우마가 단지 완료될 수 없었던 자연스러운 생리적 과정의 일부라는 것이다. 트라우마는 개인의 성격에서 비롯된 것이 아니다. 적어도 처음에는 그렇다.

앞에서 우리는 트라우마의 네 가지 핵심 반응인 과각성, 수축, 해리, 무력감이 생명을 위협하는 사건에 압도된 후 나타나는 생리적 변화들의 직접적인 원인이라는 사실에 대해 논의했다. 이번 장에서는 이러한 증상들이 나타날 때 우리가 어떤 경험을 하게 되는지 살펴보려 한다.

존재하지 않는 위협을 찾다

과잉 경계hypervigilance만큼 트라우마 경험을 이해하기에 적합한 증상은 없을 것이다. 과잉 경계는 위협에 대한 초기 반응인 과각성이 정향 반응을 강박적인 형태로 활성화하고 증폭시킬 때 발생한다. 이렇게 왜곡된 정향 반응은 너무나 강렬해서 외부에서 감지된 위협이 없고 내부에서 각성이 일어났을 뿐인데도 그 위협의 원인을 찾아야 한다는 강박관념에 사로잡힌다. 그리하여 우리로 하여금 계속해서 공포와 마비를 경험하게 하고 피해자로서 존재하게 한다.

유기체가 에너지 방출을 위협으로 간주하여 각성을 유지하면 우리는 진퇴양난에 빠진다. 위협의 근원을 찾아야 한다는 강박에 시달리지만 그 강박적 충동은 내부 요인으로 발생한 것이기 때문에 원인을 찾을 수가 없는 것이다. 설령 외부의 위협을 확인하더라도 여전히 내부가 각성되어 있어서 강박적이고 과도한 경계 태세는 계속된다. 그러나 신경계는 각성될 때 정향 반응이 일어나도록 설정되어 있기 때문에 우리는 끈질기게 위협의 근원을 찾고 그 정체를 색출하려 한다.

과잉 경계는 위협을 막는 데 쓰이지 못한 과잉 에너지를 관리하는 방식 중 하나다. 방출되지 못한 일부 에너지가 머리, 목,

눈의 근육으로 보내져 위험을 탐지하려는 강박적인 행동을 계속한다. 만약 내적 각성이 가라앉지 않은 상태라면 이성적인 뇌가 이성적이지 않은 판단을 내릴 수 있다. 외부에서 위협이 될 만한 요소를 찾아 정의하기 시작하는 것이다. 이런 부적응적 과정을 통해 많은 에너지가 특정 행동으로 보내지면 그 행동은 점점 더 강박적으로 반복된다.

과잉 경계 상태에서는 내부의 변화를 포함한 모든 변화가 위협으로 간주된다. 그로 인해 피해망상으로 보이는 근거 없는 편집증을 일으킬 수도 있다. 단순한 성적 흥분이나 음료에 든 카페인의 효과를 잘못 해석해서 말이다.

부동 반응이 단단히 자리를 잡을수록 과도하게 경계하고 방어하는 경향도 더 강해진다. 이런 사람들은 기본적으로 항상 경계를 늦추지 않기 때문에 실제로 눈을 크게 뜨고 눈치를 살피거나 두려워하는 모습을 자주 보인다. 그리고 위험하지 않은 곳에서 위험을 발견하는 일이 점점 많아지고 호기심, 즐거움, 기쁨을 경험하는 능력이 약화된다. 이런 모든 일들이 일어나는 이유는 순전히 깊은 내면에서 안전하다고 느끼지 못하기 때문이다. 결국 이들은 항상 벼랑 끝에 선 기분으로 언제든 방어적으로 반응할 태세를 취한다. 하지만 그것을 이치에 맞게 실행하지는 못한다. 정작 코앞에 닥친 위험은 보지 못한 채 존재하지도 않는 위협을 강박적으로 찾아다닌다. 게다가 신경계가 너무 활성화되어 있어서 수면과 같은 생체리듬이 깨질 수 있고, 긴장을 풀어도 될 만큼 안전하다고 느끼는 순간에도 긴장을 풀거나 휴식을 취하지 못한다.

세이어 부인의 사례

M.F.K. 피셔의 단편 「체감온도The Wind Chill Factor」에 나오는 세이어 부인은 과잉 경계 상태가 어떤 것인지 생생하게 보여 준다. 의사인 세이어 부인은 겨울 폭풍이 몰아치는 가운데 바닷가에 있는 친구의 오두막집에서 혼자 지내고 있었다. 며칠째 폭풍이 이어졌지만 그녀는 폭풍의 위험에 대해서는 신경 쓰지 않고 편안하고 따뜻하게 지냈다. 그러다 나흘째 날 새벽 그녀는 긴 머리채를 거칠게 잡히기라도 한 듯 정신이 확 들면서 잠에서 깬다. 심장은 목구멍으로 튀어나올 정도로 쿵쾅거렸고 몸은 뜨겁고 손은 차갑고 축축했다. 세이어 부인은 완전히 공황 상태에 빠졌다. 무엇 때문일까? 그녀는 이것이 물리적 위협에 대한 두려움과는 상관없다고 생각했다. 혼자여서, 혹은 폭풍우가 치는 언덕 위에 있어서 두려운 것이 아니었다. 신체적으로

공격당하거나 강간당할까 봐 두려운 것도 아니었다. 그저 공황에 빠진 것이었다. 세이어 부인은 도망치고 싶은 엄청난 충동과 싸우며 자신에게 말했다. "여기 집 안에 있어야 살아. 울부짖으며 모래 언덕으로 달려 나갔다가는 폭풍우 속에서 곧 죽게될 거야."

세이어 부인의 경우처럼 공포는 실체 없이 갑자기 시작될 수있다. 또한 앞서 말한 것처럼 내부에서 시작된 강박적 충동은그 원인을 찾을 수 없다. 그럼에도 불구하고 공포를 감지한 사람들은 두려움의 근원을 찾으려고 노력한다. 사실 자신의 경험에서 모르는 요소를 확인하려고 하는 이런 정향 반응은 모든동물의 본능이다.

도스토예프스키의 소설 「지하 생활자의 수기Notes from the Underground」에는 이런 표현이 있다. '누구도 자신에게 일어나는 일을스스로 설명할 수 없이 살 수 없으며, 언젠가 자신에게 더 이상어떤 것도 설명할 수 없게 된다면 미쳤다고 말할 것이고, 이것이 그들이 하는 마지막 설명이 될 것이다.' 현대 심리학자 필립짐바르도Philip Zimbardo도 자신의 글에서 이런 경향을 이야기했다. "대부분의 정신 질환은 인지적 장애를 의미하는 것이 아니라 불연속적이거나 설명할 수 없는 내적 상태를 해석하려는 시도에 해당한다." 대부분의 사람들은 설명할 수 없는 경험들을 반드시 설명해야 하는 것으로 여긴다. 도스토예프스키와 짐바르도가 지적하듯 인간은 설명할 수 없는 경험을 좀처럼 받아들이지 못한다. 특히 그 모르는 부분이 위험 요소라면 더 중요해진다.

일단 본능적 정향 반응이 일어나면 우리는 어떻게든 경험을 설명해야 한다는 압박을 느낀다. 세이어 부인도 자신이 두려움을 느끼는 일들을 나열하면서 느닷없는 각성의 원인과 그 상황에서 벗어날 방법을 탐색한다. 그런 노력에도 불구하고 적절한 설명을 찾지 못할 경우 논리적으로라도 자신의 경험을 정의하려고 한다. 눈앞의 현실을 있는 그대로 인식하거나 몸에서 일어나는 변화를 느끼려고 하지 않고, 서둘러 결론을 내리고 사건에 이름을 붙여 먼 기억 속으로 던져 버린다. 그렇게 함으로써 그 경험으로부터 더 멀어져 분리된다. 그러나 이런 분리된 상태는 트라우마의 씨앗이 뿌리 내리기 쉬운 비옥한 토양이다. 각성의 원인을 찾아내지 못한 동물은 도망치지 못하고 얼어붙어 버리기 때문이다. 특히 트라우마를 겪는 사람들은 자신을 위협하는 것의 정체를 확인할 수 없을 때 의도치 않게 자신을 함정에 빠뜨린다. 두려움에 압도당해 탈출하면 죽는다고 확신함으로써 스스로 부동 상태의 올가미에 걸려드는 것이다.

소설에서 세이어 부인은 납득할 수 있는 설명을 찾는 신피질의 뇌와 행동을 촉구하는 파충류 뇌를 모두 잠재우기로 한다. 그리고 정신없이 몰아쉬고 있는 호흡에 집중하며 순간적으로 치솟았던 과잉 에너지를 내보냈다.

"그녀는 한때 심신 안정을 위해 배웠던 15분마다 우유를 세 모금씩 마시는 데 집중했다. 마침내 그녀는 자연 앞에서 자신이 작은 존재임을 받아들였다. 정화되고 나른한 기분이 느껴졌다. 바람은 잦아들었고 어느 순간 잠이 든 그녀는 구원받은 여성의 꿈을 꿨다."

새로운 정보를 학습하지 못하는 무능력

과잉 경계의 독특한 특성 중 하나는 정상적 정향 반응이 나타나지 않는다는 것이다. 바로 이 점이 트라우마를 겪는 사람들에게 심각한 영향을 미친다. 우선 적극적 방어가 필요한 상황뿐만 아니라 모든 상황에서 효율적으로 기능하는 우리의 정보 처리 능력을 손상시킬 수 있다. 정향 반응의 기능 중 하나는 새로운 정보를 인지했을 때 그것이 무엇인지 밝히는 것이다. 이 기능이 손상되면 정보의 양과 상관없이 새로운 정보가 혼란과 과부하를 일으킨다. 정보가 완전히 이해되어 흡수되는 게 아니라 무질서하게 쌓이기만 해 결국 사용할 수 없게 되는 것이다. 중요한 정보들이 의미 있는 인과관계로 정렬되지 않아 망각 속으로 사라지기도 한다. 우리의 의식은 이해가 되지 않는 정보를 기억하는 대신 '잊어버리기' 때문이다. 이러한 혼란 속에서는 연관 없는 모든 문제가 상황을 악화시키고, 정상적인 상황조차 별안간 좌절, 분노, 불안이 도사리고 있는 악몽으로 변할 수 있다.

예를 들어 보자. 내가 책상에서 초조하게 어떤 문서를 이해하려고 애쓰고 있는데 갑자기 불이 꺼졌다고 하자. 과잉 경계 상태라면 이 뜻밖의 사건에 침착하게 대처하지 못한다. '누가 우리 집으로 쳐들어오나 보다'라는 터무니없는 생각이 들면서 나는 순간적으로 튀어 오르듯 일어난다. 그 바람에 가지런히 정리되어 있던 중요한 문서들이 바닥에 우수수 떨어진다. 나는 갑자기 걷잡을 수 없는 분노가 치밀어 책상을 쾅쾅 내리치며 에너지를 허비한다. 동시에 불필요한 생각들이 빗발치듯 떠오른다. 개는 어딨지? 집에 있나? 나갔나? 뒷문이 잠겨 있나? 참, 전기요금은 누가 내기로 했지? 전기요금 고지서가 어디 있더라? 성냥을 찾아 불을 붙이자 희미한 불빛에 엉망이 된 책상이 보인다. 흐트러진 문서에 시선이 꽂혀 멍하니 있다가 손에 쥔 성냥불에 손가락을 데인다. 깜짝 놀란 나는 성냥을 떨어뜨리고 바닥에 흩어져 있던 문서에 불이 붙는다. 나는 너무 놀라 그 자리에 굳어 버린다. 갑자기 두려움이 확 밀려온다. 불이 났는데도 손을 쓸 수가 없다. 곧 움직일 수는 있게 됐지만 마비된 듯한 기운이 남아 있어 운동 능력이 저하된 듯하다. 뚝딱거리는 서투른 몸짓으로 필사적으로 불을 끄려고 허우적거린다. 운동 능력이 손상된 것 같다고 생각하자 정신은 더욱 혼미해져, 불을 끄기 위해 사용한 것이 막 집필을 끝낸 하나뿐인 내 원고라는 사실을 뒤늦게 깨닫는다. 남은 불은 저절로 사그라든다. 나는 엉망이 된 책상을 보면서 다시 상황을 파악해 보려고 한다. 이 서류들은 다 뭐지? 내가 이걸 여기 뒀었나? 전기요금 고지서는 어디 있지? 나는 눈앞에 펼쳐진 것들의 의미를 제대로 파악하지 못한다. 친구나 동료들에게 효율적으로 주변을 정리하는 방법에 대해 종종 조언을 받지만 이번에도 해오던 대로 하고 넘어간다.

나는 뭘 더 할 수 있을까? 위와 같은 상태라면 아무것도 배울 수가 없다. 새로운 행동을 습득할 수도 없고 내 삶을 집어삼킬 해로운 패턴에서 벗어날 수도 없다. 결국 새로운 행동을 배우고 계획을 세우고 정보를 종합하는 능력이 정지되는 과잉 경계 상태에서는 인생을 위협하는 혼란을 줄일 수 있는 선택지조차 가질 수가 없다.

만성적 무력감

만성적 무력감^{chronic helplessness}은 부동 반응, 정향 반응, 방어 반응이 너무 고착화되고 약해져서 비정상적인 경로로 진행될 때 발생한다. 과잉 경계와 새로운 행동을 습득하지 못하는 무능력과 더불어 트라우마를 겪는 사람들에게 공통적으로 나타나는 또 하나의 특징이다. 무력감이 완전히 삶의 일부가 되면 무력하지 않은 상태로 행동하는 것이 오히려 더 어렵다. 정도의 차이는 있겠지만 트라우마를 겪는 사람이라면 누구나 만성적 무력감을 경험한다. 그래서 어떤 상황, 특히 새로운 상황에 온전히 참여하기가 어렵다. 무력감이 거의 자신의 정체성이 되다시피 한 사람들은 거기서 벗어나거나 앞으로 나아가기가 사실상 불가능하다. 자신의 생각과 자신이 만든 자아상의 희생자가 된다. 이들은 어떤 사건이나 자극에 각성될 때 건강한 사람처럼 정향 반응이나 방어 반응을 보이지 않는다. 대신 각성에서 바로 무력감과 부동 반응으로 넘어간다. 이들은 피해자가 되고 피해자가 되기를 기다린다.

위협에 직면했을 때 정향 반응이나 방어 반응 같은 정상적인 반응을 건너뛰면 벗어날 수 있는 상황에서도 제대로 빠져나올 수가 없다. 심지어 탈출 가능성 자체를 알아차리지 못할 수도 있다. 각성과 부동이 뗄 수 없을 정도로 강력하게 연결되어 있어서 각성에서 바로 부동으로 넘어가 버린다. 즉, 각성될 때마다 자동으로 무력하고 움직일 수 없다고 느끼며 실제로 그렇게된다. 아드레날린이 분비되어 신체적으로는 달릴 수 있지만 무력감이 너무 강해서 탈출구를 발견하고도 도망칠 수가 없다.

이런 일은 집착적인 관계에서 흔히 일어난다. 탈출하고 싶다고 생각하면서도 두려움과 부동 상태가 원초적 생존 본능을 압도하여 의지와는 상관없이 그 상태에 머무르게 되는 것이다. 결국 이들은 정상적 정향 반응과 방어 반응을 통해 성취감과 즐거움을 경험하는 대신 불안, 깊은 무력감, 수치심, 무감각, 우울, 자기 자신과 분리된 듯한 이인증離人症을 경험한다.

모든 자극이 공포인 외상성 결합

외상성 결합traumatic coupling이란 하나의 자극이 특정한 반응과 강하게 연결되어 정상적인 정향 반응을 무시해 버리는 것이다. 자극이 특정 반응을 유발하여 사실상 그 반응 말고는 다른 결과를 경험할 수 없다. 예를 들어 트라우마가 없는 사람이 요힘빈yohimbine이라는 약물을 복용하면 단순히 심장 박동수와 혈압

이 증가하는 경험을 한다. 하지만 외상 후 스트레스 장애를 겪는 참전 군인에게는 다른 반응을 유발한다. 그들은 단순한 신체적 변화가 아니라 끔찍한 전장의 공포를 다시 경험한다. 참전 군인에게 각성과 부동 반응에 수반되는 감정, 공포, 전율, 분노, 무력감은 떼려야 뗄 수 없는 '외상성 결합'인 것이다.

외상성 결합의 흔한 예는 트라우마를 겪는 사람들이 성적 흥분을 느낄 때 공황 상태에 빠지는 것이다. 이들은 성적으로 각성될 때 강한 쾌감이 아니라 공황, 부동, 무력감을 느낀다. 사실 이것이 외상성 결합 때문에 일어나는 반응임에도 불구하고 어떤 사람들은 자신이 성적으로 학대를 당했다고 믿기도 한다.

한도 초과의 두려움, 외상성 불안

외상성 불안traumatic anxiety은 각성이 가라앉지 않고, 지속적으로 위험을 감지하고, 그 원인을 끊임없이 찾지만 발견하지 못하고, 해리와 무력감까지 경험하는 상태를 말한다.

부동 반응이 완료되지 못하면 유기체는 '목숨이 위태롭다!' 라는 생리적 메시지를 전달받는다. 이러한 죽음의 위협은 분노, 공포, 공황, 무력감 같은 감정들로 인해 더욱 심해지고 이 모든 요소들이 결합하여 '외상성 불안'이라는 현상을 만들어 낸다.

'두려움fear'이라는 단어는 위험을 뜻하는 고대 영어에서 왔다. 그리고 '불안한anxious'이라는 단어는 '꽉 누르다', '조이다'라는 뜻의 그리스어를 어원으로 하는 단어에서 파생되었다.

외상성 불안은 보통 불안이라고 할 때 의미하는 것보다 훨씬 심각한 상태를 가리킨다. 아주 높은 각성, 증상들, 부동 상태에 깊이 들어가거나 거기서 벗어나는 데 대한 두려움, 뭔가 잘못되었다는 느낌의 반복 등이 합쳐져서 극심한 불안이 계속 유지된다. 트라우마에 심각하게 시달리는 사람은 어떤 경험을 해도 이런 불안이 배경처럼 깔려 있다.

물속에서 헤엄치는 물고기보다 우리가 더 물을 의식하듯, 트라우마를 겪는 사람의 불안은 그들 자신보다 주변 사람들이 더 분명하게 알아차릴 수도 있다. 외상성 불안은 초조함, 조바심, 걱정으로 나타나고 때로 극도로 예민한 것처럼 보이기도 한다. 외상성 불안을 겪는 이들은 공황과 공포를 자주 경험하며 사소한 일에도 매우 과장된 반응을 보인다. 이렇게 병적인 행동들은 고정된 성격적 특성이 아니라, 일시적이지만 지속적으로 과부하 상태에 있는 신경계의 증상이다.

원인 불명의 정신 신체화 증상들

트라우마 증상은 감정 및 정신적 상태뿐만 아니라 신체 건강에도 영향을 미친다. 신체 질환의 원인을 찾을 수 없다면 스트레스와 트라우마가 원인일 가능성이 높다.

트라우마는 시각 장애, 청각 장애, 언어 장애, 사지 마비를 일으킬 수 있다. 목과 허리의 만성적 통증, 만성 피로 증후군, 기관지염, 천식, 소화기 장애, 심한 월경 전 증후군, 편두통 등 소위 정신 신체화 증상도 마찬가지다. 트라우마로 인해 방출되지 못한 각성 에너지가 갇혀 있는 곳이라면 어떤 신체 시스템이든 표적이 될 수 있다. 이 갇힌 에너지는 가용할 수 있는 신체의 모든 기관을 이용할 것이다.

부정

많은 트라우마 당사자들이 더 건강하고 정상적인 삶으로 돌아가려는 시도조차 하지 않고 증상을 그냥 받아들인 채 살아간다. 해리의 증상 가운데 하나인 부정과 기억 상실은 이런 체념 상태를 더욱 굳어지게 하는 주범이다. 트라우마로 고통받으면서도 아무 일도 일어나지 않았다고 부정하는 사람들을 보면 비판하거나 비난하고 싶은 마음이 들 수도 있다. 하지만 부정 그

226 PART 2

자체가 증상이라는 사실을 기억해야 한다. 부정과 기억 상실은 의도적으로 선택한 결과가 아니다. 성격적 결함이나 인격 장애도 아니고 정직하지 않아서도 아니다. 신체와 신경계에 깊이 뿌리내린 비정상적 반응 패턴일 뿐이다. 트라우마 사건이 발생했을 때 부정은 생존과 신체 기능 유지에 도움이 된다. 그러나 만성화될 경우 현실에 적응하는 것을 방해하는 병적 증상이 된다.

부정이나 기억 상실의 영향에서 벗어나기 위해서는 대단한 용기가 필요하다. 부정과 기억 상실에서 빠져나올 때 엄청난 에너지가 방출될 수 있는데 이것을 최소화하려고 하거나 과소평가해서는 안 된다. 트라우마를 겪는 사람에게는 이 순간이 매우 중요하다.

글래디스의 사례

글래디스의 이야기는 터무니없게 들릴 수도 있지만 실제로 일어난 일이고 부정의 전형적인 양상을 잘 보여 주는 사례다. 부정이나 기억 상실에서 벗어나는 과정은 가족, 친구, 치료사의 도움으로 빨라질 수 있지만, 깨달음을 얻는 적절한 시점은 순전히 당사자의 몸과 마음 상태에 달려 있다.

글래디스가 나를 찾아온 것은 갑상선 질환으로 치료받던 내과의사에게 추천을 받아서였다. 그 의사는 글래디스의 급성 복통이 재발하는 신체적인 원인을 찾을 수 없었다. 나는 그녀를 처음 만났을 때 두려움으로 희번덕거리는 눈과 강렬한 인상에 충격을 받았다. 그녀의 눈은 마치 튀어나올 것 같았다. 이는 갑상선 기능 항진증의 대표적인 징후이기도 하지만 공포와 만성적인 과잉 경계를 암시하는 특징이었다. 나는 그녀에게 두려움을 느꼈거나 트라우마를 경험한 적이 있느냐고 물었다. 그녀는 그런 적이 없다고 대답했다.

나는 사람들이 때때로 트라우마를 부정한다는 사실을 알고 있었으므로 말을 바꿔서 다시 질문했다.

"최근 5년 내에 특히 끔찍하게 공포스러웠거나 안 좋은 일이 있었나요?"

이번에도 글래디스는 아니라고 대답했다. 나는 그녀를 좀 편하게 해 주려고, "최근 발표된 연구에 따르면 지난 5년 동안 끔찍한 일을 겪은 사람의 비율이 상당히 높아졌더군요"라고 말했다. 그러자 그녀가 고개를 끄덕이며 이렇게 대답했다.

"정말요? 음, 저도 몇 년 전에 납치된 적은 있어요. 그런데 그렇게 무섭지는 않았어요."

"조금도요?"

"네, 별로요."

"무슨 일이 있었나요?"

"친구들이랑 콜로라도에 스키를 타러 갔어요. 저녁을 먹으러 나가기로 해서 호텔 정문에 서 있었는데, 어떤 남자가 차를 몰고 와서 문을 열어 주길래 예약된 기사인 줄 알고 탔어요. 그런데 식당으로 가지 않더라고요."

"그때 겁이 났나요?"

"아뇨. 그냥 주말에 스키 타러 간 거니까요."

"그 남자가 어디로 데려갔나요?"

"절 자기 집으로 데려갔어요."

"남자가 식당으로 가지 않고 집으로 데려갔을 때 무섭지 않았나요?"

"아뇨, 저를 왜 거기로 데려갔는지 모르겠더라고요."

"그렇군요. 그다음엔 어떤 일이 일어났죠?"

"그 사람이 저를 침대에 묶었어요."

"무서웠나요?"

"아뇨, 별일 없었어요. 그냥 저를 좀 위협했을 뿐이죠. 어쩌면 좀 무서웠는지도 모르겠네요. 벽에 온갖 종류의 칼이며 총 같은 것들이 걸려 있었거든요."

"그런데도 겁이 나지 않았다고요?"

"네, 아무 일도 없었거든요."

그날 치료가 끝나고 글래디스는 차분한 모습으로 돌아갔다.

납치 당시나 그 어떤 순간에도 겁을 먹지 않았다는 자신의 주장을 증명하려는 듯 불편해 보일 정도로 고개와 허리를 꼿꼿하게 세우고 걸어갔다.

글래디스의 이야기는 극단적이지만 전형적인 부정 증상을 보여 주는 사례다. 트라우마를 겪는 사람들은 유기체를 보호하려는 트라우마의 핵심 반응들이 그들을 놓아주기로 결정할 때까지 부정의 손아귀에서 벗어나지 못한다. 스스로 안전하다고 느끼거나 또 다른 사건이 기억을 불러일으키거나, 생물학적 차원에서 '이 정도면 충분해'라고 판단할 때에야 부정에서 벗어날 계기가 생긴다. 친구나 가족, 치료사가 도울 수 있는 부분이 있긴 하지만, 그런 경우에도 당사자가 받아들일 수 있는 적절한 타이밍을 포착해야 성공할 수 있다.

트라우마 생존자들의 악순환

아버지에게 성적 학대를 당하는 어린 소녀는 도망친다고 해도 끔찍한 공포와 수치심으로부터 벗어날 수 없기 때문에 침대 위에서 얼어붙게 된다. 이렇게 능동적인 도피 반응이 좌절되면 정상적인 자극에 반응하는 능력이 변해 버린다. 이 아이는 더 이상 호기심과 기대감으로 반응하지 않는다. 아이의 행동은 위축되고 두려움으로 얼어붙는다. '정상적인' 아이라면 경계심을 느끼면서도 기대감을 가지고 듣는 발자국 소리가 근친 성폭력 경험이 있는 아이들에게는 공포심을 불러일으킨다.

근친 성폭력이 지속되면 아동은 습관적으로 얼어붙어 버린다. 위협당하는 아이들이 나타내는 이런 부동 반응은 트라우마로 발생하는 역기능적 증상 중 하나다. 이 아이들은 평생 심리적·생리적 피해자로서 살게 된다. 처한 상황과 상관없이 그들이 부동 상태에서 빠져 나와 적극적으로 도망치게 될 가능성은 희박하다. 그들은 무력감과 수치심에 완전히 동화된 나머지 가해나 압박을 받았을 때 자신을 지킬 역량을 키우지 못한다.

아이들만 그런 것이 아니다. 감당할 수 없는 상황에 반복적으로 압도당할 때 모든 인간은 불안과 무력감에 동화되어 버린다. 그리하여 양상이 전혀 다른 위협 상황에서도 항상 무력감을 바탕으로 행동한다. 이들은 자신이 무력하다고 '판단'하고 피해자가 되었음을 온갖 방식으로 자기 자신과 타인에게 끊임없이 증명하려고 한다. 그리고 충분히 대처할 수 있는 상황에서도 굴복해 버린다. 간혹 역공포 반응counter-phobic reaction으로 알려진 행동을 하는 경우도 있다. 고의로 위험을 초래하여 자신이 가진 두려움이나 약점을 부정하려는 시도를 하는 것이다.

어느 쪽이든 이들은 피해자로서 행동하며 이 행동들로 인해 또 다른 피해를 당하게 된다.

상습적인 전문 범죄자들은 사람들의 몸짓을 보고 범행 대상을 고른다고 한다. 이들은 경험을 통해 특정 사람들은 다른 사람들처럼 자신을 잘 방어하지 못한다는 것을 안다. 이들은 잠재적 먹잇감의 뻣뻣하고 서투른 움직임과 방향을 잡지 못하는 어수선한 행동들을 신호로 삼아 표적을 물색한다.

트라우마 증상이 더 복잡해지는 단계에 이르면 피해자의 모든 경험이 증상이라는 올가미 안에서 일어난다. 이 증상들은 생리학적 기반을 가지고 있지만 더 이상 악화될 수 없을 정도로 심해지면 정신적인 측면에도 영향을 미칠 뿐만 아니라 실제로 정신을 조종하기에 이른다. 가장 무서운 점은 이런 악영향의 상당 부분이 무의식으로 남는다는 점이다.

우리가 완전히 의식하지 못하더라도 트라우마는 분명 우리에게 전적으로 영향을 미친다. 트라우마는 교묘하고 은밀하게 행동의 동기와 충동에 영향을 미친다. 이를테면 맞고 자란 아이는 나중에 성인이 되어서 누군가를 두들겨 패고 싶다는 강한 충동을 느끼게 된다. 그의 공격 욕구 이면에는 바로 트라우마 증상에 담긴 에너지가 있다. 이 에너지가 방출될 때까지 엄청난 의지가 발휘되어야만 이런 무의식적인 충동을 정복할 수 있다.

과거에 일어난 트라우마 사건을 반복하는 현상을 재연re-enactment이라고 한다. 이것은 트라우마 증상이 악화될 대로 악화된 마지막 단계에서 나타나는 대표적 증상이다. 재연은 신비하고 강력하며 개인과 사회뿐만 아니라 세계 공동체에도 파괴적인 영향을 미칠 수 있다.

PART 3

트라우마를 치유하는 법

우연인 듯 필연적으로
재연되는 트라우마

천국과 지옥, 그 중간에 치유가 있다.
구별하고 분별하는 마음이 없다면 지극한 도는 어렵지 않다.
그러나 조금이라도 분별하는 마음이 생긴다면
천국과 지옥은 그 사이가 무한히 벌어지리라.
—중국 수나라 승찬대사, 『신심명』

트라우마 재연과 폭력의 트리거

유기체가 트라우마를 끝내고 치유하려는 충동은 그 증상만큼 강하고 끈질기다. 특히 재연을 통해 트라우마를 해소하려는 충동은 아주 심각하고 강박적일 수 있다. 그래서 우리는 처음 트라우마가 일어났을 때와 비슷한 상황에 자기도 모르게 끌린다. 어린 시절 성적 학대를 받은 아이가 성매매를 하거나 스트립 댄서가 되는 것이 그 예다.

트라우마의 영향은 신체적 증상이나 외부 환경과의 상호작용을 통해 발현될 수 있다. 그리고 재연은 친밀한 관계나 직장에서 일어나는 일들, 반복되는 사고나 불행한 일, 우발적 사건에서 나타날 수 있다. 신체적 증상이나 정신 신체화 장애의 형태로 나타나기도 한다. 트라우마를 경험한 아이들은 대개 놀이를 통해 그것을 되풀이하고, 더 자라면 일상에서 트라우마를 재연한다. 나이와 상관없이 재연이 일어나는 원리는 거의 비슷하다.

생물학적 관점에서 볼 때 재연처럼 강력하고 설득력 있는 행동들은 '생존 전략'의 범주에 속한다. 다시 말해서 그 행동들이 지금껏 생물체에게 선택받아 온 이유는 그것이 생물종을 보존하는 데 도움이 되기 때문이다. 그렇다면 트라우마를 겪는 많은 사람들과 사회에 고통을 주며 종종 위험하기까지 한 재연은 생존 전략으로서 어떤 가치가 있을까?

생존 지식에 관한 한, 우리는 주변 환경을 빠르고 효과적으로 배워야 한다. 학습과 재학습에 대한 욕구 또한 강해야 한다. 야생에서 어린 동물이 포식자를 피해 도망치는 것은 '초심자의 행운'일 때가 많다. 살아남은 새끼들은 언제 위험이 닥칠지 모르기 때문에 부모나 무리로부터 짧은 시간 내에 강도 높은 교육을 받는다.

위기에서 탈출한 동물들은 각성된 생존 에너지를 방출하고 나서 위험했던 상황을 되새기며 다른 탈출 방법들을 연습한다. 그 이유는 바로 학습을 강화하기 위해서다. 나는 TV 디스커버리 채널에서 이런 행동의 예를 보았다. 새끼 치타 세 마리가 바짝 쫓아오는 사자를 피해 도망치다가 재빨리 방향을 바꿔서 나무 위로 높이 올라가 간신히 위기에서 벗어났다. 사자가 떠난 후 새끼 치타들은 나무에서 내려와 놀기 시작했다. 한 마리씩 돌아가면서 사자 역할을 하고 나머지 두 마리는 아까와 다른 방법으로 도망쳤다. 지그재그로 방향을 바꾸면서 달려도 보고 나무 위로 후다닥 올라가 보기도 했다. 이 놀이는 어미가 사냥에서 돌아올 때까지 계속되었다. 어미가 오자 새끼 치타들은 그 주변에서 의기양양하게 뛰어다니며 죽음의 문턱에서 탈출한 사건을 알렸다.

나는 재연의 생물학적 뿌리가 정상적 삶으로 돌아오는 '두 번째 단계'인 방어 전략을 '놀이하듯 연습하는 것'에 있다고 믿는다. 원래 이렇게 즐거워야 할 생존 전략이 어쩌다 비극적이고 병리적이며 폭력적인 재연으로 변질된 것일까? 이것은 트라우마를 겪는 개인뿐만 아니라 사회 전체를 위해서도 반드시 답을 찾아야 할 중요한 질문이다. 인류에게 고통을 주는 폭력의 대부분이 해소되지 않은 트라우마의 직·간접적 결과이며, 자신에 대한 권한을 되찾기 위한 시도가 반복적으로 실패할 때 일어나는 일이기 때문이다.

새끼 치타들은 사자에게서 도망치는 동안 활성화됐던 강렬한 생존 에너지를 대부분 방출했다. 이것이 원래 상태로 돌아오기 위한 1단계 과정이다. 탈출에 성공한 새끼 치타들은 매우 흥분한 모습을 보였다. 그다음 2단계로 접어든 새끼 치타들은 아까의 경험을 놀이하듯 즐겁게 되새기기 시작했고 점점 탈출에 능숙해졌다. 그리고 이 과정에서 아마도 권한을 얻은 느낌과 자부심을 경험했을 것이다. 이 경험을 인간적인 시나리오로 바꿔 보자.

운전하다가 정면에서 돌진해 오는 차 한 대를 발견한다. 당신의 몸은 본능적으로 스스로를 방어하기 위해 움직인다. 지그재그로 방향을 틀며 겨우 위험에서 벗어나자 강렬한 에너지가 방출되는 느낌이 든다. 그리고 상대편 차종이 머큐리 쿠거라는 것을 인지한다. 당신은 무사히 위기를 넘겨서 다행스럽고 기쁜 마음으로 길가에 차를 세운다. 엄청난 에너지를 방출했는데도 여전히 약간 각성된 느낌이다. 펠트센스에 집중하자 턱과 골반의 미세한 떨림이 온몸으로 퍼지는 것이 느껴진다. 에너지가 빠져나가면서 손과 팔이 저리고 따뜻한 느낌이 든다. 한결 진정된 당신은 사건을 돌이켜 보기 시작한다. 방금 전 상황에 대한 다양한 시나리오를 '재생'해 보고, 자신의 방어 전략이 성공하긴 했지만 다른 방식으로도 행동할 수 있었다고 생각한다. 당신은 이런 대안들을 머릿속에 저장한 후 긴장을 풀기 시작한다. 그런 다음 집으로 돌아와 가족들에게 아까 일어난 일을 들려준다. 그 태도에는 자랑스러움이 묻어난다. 그리고 사건을 다시 이야기함으로써 어떤 권한을 부여받은 듯한 느낌을 받는다. 가족들은 무사해서 다행이라며 당신을 격려한다. 당신은 가족의 염려에 깊이 감동하며 당신을 감싼 그들의 팔에서 다정한 온기를 느낀다. 갑자기 피로가 쏟아진다. 저녁식사 전에 잠깐 눈을 붙여야겠다는 생각이 든다. 차분하고 편안한 상태로 당신은 금세 잠이 든다. 잠에서 깨니 활력이 충전된 기분이다. 사건은 이미 끝났고, 당신은 평소와 같은 모습으로 살아갈 준비가 되었다.

그러나 불행히도 걱정과 불안, 스트레스를 안고 사는 인간은 자신을 지키기 위해 동원된 막대한 에너지를 위와 같이 완벽하게 털어 내지 못할 때가 많다. 그래서 2단계에 접어들어 사건을 복습할 때도 각성된 상태가 계속된다. 이렇게 에너지가 고조된 상태에서는 놀이하듯 재미있게 사건을 재생하지 못한다. 오히려 사건을 다시 겪는 것처럼 끔찍한 플래시백을 경험하는 경우가 많다.

사람들은 대개 미방출 생존 에너지를 내면화internalizing하여 통제하려고 한다. 내면화는 에너지를 밖으로 표출하는 행동화 acting out 보다 사회적으로 더 용인되는 재연의 한 형태이기는 하지만, 잔뜩 고조된 각성 상태를 다루는 데 그리 효과적이지 못하다. 미방출 에너지를 자기 내부로 돌리는acting in 내면화된 행동은 스스로에게 폭력을 행사하는 형태로 나타나기 때문이다. 아이러니하게도 이는 여러 이유로 우리 문화에서 선호하는 방식이기도 하다. 개개인이 에너지를 표출하는 대신 내면화하면 사회 구조를 더 쉽게 유지할 수 있기 때문이다. 이 경우 마치 사회가 저절로 잘 통제되는 것처럼 보인다. 그러나 내면화가 선호되는 더 근본적인 이유는 위협적인 사건에 대처하려는 강력한 본능적 충동을 내면화함으로써 그 필요성 자체를 부정하거나 숨기려는 데 있다. 하지만 최근 들어 '분노조절장애' 같은 폭력적인 행동화 현상이 증가하면서 외상 후 스트레스가 더 이상 개인의 문제가 아니라는 사실이 부각되고 있다. 다음 내용은 미방출 에너지가 '행동화'된 시나리오다.

운전하던 중 정면에서 돌진해 오는 차 한 대를 발견한다. 그 순간 당신의 몸은 긴장하여 얼어붙고 피할 수 없는 충돌을 받아들인 듯 힘이 빠진다. 통제력을 잃었다고 생각한 그때, 당신은 순간적 기지로 공황 상태를 떨쳐내고 힘껏 핸들을 꺾는다. 가까스로 위험에서 벗어나면서 그 차가 머큐리 쿠거라는 것을 확인한다. 당신은 길가에 차를 세운다. 심장이 거세게 쿵쾅거리고 숨이 차 헐떡거린다. 마음을 가라앉혀 보려고 하지만 아드레날린이 솟구치면서 각성이 고조되는 강렬한 느낌에 휩싸인다. 당신은 이 에너지가 낯설고 두려운 한편 분노가 치밀어 오르는 것을 느낀다. 분노가 에너지를 다루는 데 더 도움이 된다. 당신은 분노의 화살을 당신을 죽일 뻔한 그 머저리에게 겨눈다. 머릿속이 혼란스럽고 심장은 여전히 미친 듯이 날뛴다. 당신은 차디찬 손으로 아직도 운전대를 꽉 붙들고 있다는 것을 알아차린다. 순간 온 힘을 다해 그 머저리의 목을 조르는 장면을 상상한다. 아직 흥분이 가라앉지 않은 상태에서 아까의 장면들이 번뜩이며 눈앞에 떠오르기 시작한다(2단계가 시작되었지만 여전히 고도로 각성된 상태다). 다시 아까처럼 당황스러운 느낌이 들고 심장이 빠르게 요동친다. 당신은 자제력을 잃고 다시 분노에 사로잡힌다. 분노는 이제 당신과 하나가 되었다. 그것은 마치 당신이 통제력을 갖고 있는 것처럼 보이게 해 준다.

당신의 하루를 망쳐 놓은 그 머저리가 떠오른다. 당신은 그 자식도 이런 일을 겪고 있을까 생각한다. 그럴 리 없다. 그 자식은 머저리니까. 아마 당신이 어떤 일을 겪었는지 알지도 못한 채 신나게 가 버렸을 것이다. 정말 분통 터지는 일이지만 정말로 그랬으리라는 생각이 든다. 그때 문득 어떤 생각이 떠오른다. 당신은 그 차가 노란색 쿠거라는 걸 알고 있다. 그 차가 떠오르자 다시 분노가 치밀며 그 차와 운전자에 대한 증오가 끓어오른다. 그리고 다시는 그런 짓을 저지르지 못하도록 그 머저리에게 버르장머리를 단단히 가르쳐 줘야겠다고 생각한다.

당신은 그 길로 노란색 쿠거를 찾아 돌아다닌다. 한 주차장에서 그 차를 발견한다. 심장이 요동치고 흥분이 치솟는다. 복수는 성공할 것이고, 정의는 실현될 것이다. 당신은 그 차로부터 얼마 떨어지지 않은 곳에 주차한 뒤 트렁크를 열어 쇠지렛대를 꺼낸다. 맹렬한 에너지로 가득 찬 당신은 곧장 그 차로 달려가 쇠지렛대로 앞 유리창을 깨부수기 시작한다. 지렛대를 내리치고 또 내리쳐 차를 사정없이 박살내면서 그 강렬한 에너지를 분출하려고 한다. 잠시 후 웅성거리는 소리가 들리자 당신은 동작을 멈추고 주위를 둘러본다. 사람들이 믿을 수 없다는 표정으로 당신을 보고 있다. 무서워하는 사람도 있고 당신이 미쳤다고 생각하는 사람도 있다. 당신을 죽일 듯 쏘아보는 사람들도 있다. 그들은 아마 쿠거 운전자의 지인일 것이다. 당신은 잠시 그 놈들을 패 버릴까 생각한다. 그 순간 퍼뜩 현실로 돌아온다. 무슨 짓을 했는지 깨닫자 수치심과 공포가 연이어 밀려온다. 당신은 불법행위를 저질렀다. 아마 경찰이 오고 있을 것이다. 도망쳐야 한다. 당신은 달려가서 차에 올라탄 뒤 고무 타는 연기를 남기며 줄행랑을 친다.

집에 도착해서도 수치심이 가시지 않는다. 가족들이 반갑게 맞아주지만 당신은 아까 일어난 일에 대해 말할 수가 없다. 자동차 유리를 깨부술 때 느낀 일시적인 만족감은 사라진 지 오래다. 그 대신 다시 공황 상태가 찾아온다. 집에 가만히 있을 수가 없다. 당신은 차를 몰고 돌아다니며 마음을 가라앉혀 보려고 한다. 어떻게 해도 진정이 되지 않는다. 그 머저리는 그런 일을 당해도 싸다고 혼잣말을 해 보지만 별로 위안이 되지 않는다. 당신은 긴장을 푸는 데 도움이 될 만한 것을 찾아 근처 술집으로 향한다.

이런 반응이 생존에 도움이 되지 않는 것은 분명하다. 이 사람은 심하게 각성되어 있었으므로 그 사건을 현명하게 돌이켜 볼 수 없었다. 생존 에너지를 방출하고 정상 기능을 회복하는 대신 생리적 혼란을 재연하고 행동화했다. 여기서 중요한 점은 이런 반응을 섣불리 비난하지 말아야 한다는 점이다. 먼저 이런 반응이 왜 나타나는지 알아야 한다. 이 남자의 행동은 생명을 위협하는 사건에 맞서 자신을 지키기 위해 활성화된 강렬한 에너지를 방출하려다가 실패한 시도였다. 정신의학자인 제임스 길리건^{James Gilligan}은 자신의 저서 『폭력^{Violence}』[1]에서 이렇게 말한다.

"정의를 구현하고 유지하려는 시도, 혹은 불의를 타파하고 예방하려는 시도야말로 폭력의 유일하고도 보편적인 원인이다."

감정과 이성의 관점에서 길리건 박사의 통찰력은 심오하고 날카롭다. 그렇다면 본능이 작용하는 생리적 차원에서는 이런 인과관계가 어떻게 적용될 수 있을까? 감각의 세계에서는 '생리적 과정의 완료가 곧 정의 실현'이라고 나는 믿는다. 에너지 방출과 생리적 과정의 완료라는 기준이 충족되지 않으면 인간은 에너지를 밖으로 향하게^{acting out} 하거나 안으로 향하게^{acting in} 함으로써 폭력적인 재연을 반복할 수밖에 없다.

우리는 인간 행동의 상당 부분이 위협에 대한 미완료된 반응에 따르는 높은 각성 상태에서 일어난다는 점을 겸허히 인정해야 한다. 대부분의 사람들은 정의를 추구하며 에너지를 밖으로 표출하는 사람에게 끌린다. 완전히 매료되어 버리기도 한다. 연쇄살인범의 삶을 자세히 다루는 책만 해도 셀 수 없이 많고 그

---

1 Grosset-Putnam, 1996, p, 11

중 다수가 판매 상위권에 있다. 영화에서도 정의와 복수는 그 어떤 주제보다 자주 다뤄진다.

'행동으로 옮기는' 사람들에게 강하게 끌리는 경향의 이면에는 생리적 과정을 완료하고 해소하고자 하는 충동이 깔려 있다. 이것이 바로 내가 트라우마의 '재조정'이라고 부르는 과정이다. 반복되는 폭력적 재연은 재조정을 거쳐 치유의 기회로 변모할 수 있다. 치유되어 변화한 사람은 복수나 폭력에 대한 욕구를 느끼지 않는다. 새로워진 기분으로 자신을 받아들일 때 수치심과 비난 역시 사라진다. 아쉽게도 이런 과정을 보여 주는 문학과 영화는 매우 드문데, 〈슬링 블레이드Sling Blade, 1996〉라는 영화가 트라우마의 재조정이 일으킬 수 있는 변화들을 잘 보여 준다.

위에서 살펴본 '자동차 충돌 시나리오'는 일상에서 일어나기 쉬운 사건이다. 길리건은 『폭력』에서 이렇게 적었다.

"가장 강렬한 수치심을 일으킴으로써 가장 극단적인 폭력을 유발하는 일들의 본질을 이해하려면, 그 사건을 그토록 수치스럽게 만드는 것이 사건의 '사소함'임을 알아야 한다."

사람들은 상황에 압도당해 자신을 제대로 지켜내지 못할 때 수치심을 느낀다. 다시 말해 폭력적인 행동을 하는 것은 수치심을 준 것에 대한 정의와 복수를 실현하는 것이다.

앞서 설명했듯이 인간의 뇌는 세 개의 체계로 되어 있다. 본능을 관장하는 파충류 뇌, 감정을 관장하는 포유류 뇌, 이성을 관장하는 신피질이 그것이다. 수치심은 포유류 뇌에서 발생하는 감정이고, 정의는 신피질에서 주관한다. 만약 본능이 억제된다면 어떻게 될까? 내가 주장하고자 하는 바는, 강렬한 생존 에너지를 방출하려는 본능적 충동이 좌절되면 나머지 두 뇌의 기능이 완전히 바뀌어 버린다는 것이다. 앞서 살펴본 '재연'의 예시를 살펴보자. 방출되지 못한 에너지는 그 남자의 감정적·이성적 반응에 어떤 영향을 미쳤는가? 간단히 말하면 감정적 뇌는 이 에너지를 분노로 바꾸었다. 그러자 이성적 뇌가 복수라는 방안을 생각해냈다. 서로 관련 있는 이 두 개의 체계는 주어진 상황에서 할 수 있는 일을 했다. 매우 강력한 생물학적 에너지를 방출하려는 본능적 시도가 제대로 이루어지지 않음으로써 이 두 체계는 에너지를 감당할 수 없게 되었고, 결국 재조정이 아니라 재연이 일어났다. 폭력적인 행동은 잠깐의 위안과 자부심을 주지만 생리적 방출이 일어나지 않으면 완료도 일어나지 않는다. 그 결과 수치심과 폭력의 악순환이 반복된다. 신경계의 각성이 가라앉지 않으므로 각성을 완화할 유일한 방법인 폭력에 더욱 의지하게 되는 것이다.

트라우마를 일으킨 사건이 해결되지 않으면 사람들은 그 일이 계속 일어나고 있는 것처럼 행동한다. 생리적 관점에서는 신경계가 여전히 심하게 각성되어 있기 때문이다. 앞서 언급했던 세 마리의 새끼 치타는 사건이 끝났을 때 그 사실을 알고 있었다. 이와 달리 대단히 '우월한' 지능을 가진 인간은 그러지 못할 때가 많다.

프로이트는 사람들이 어린 시절에서 비롯된 주제를 평생 반복해서 경험하는 것에 주목해, 트라우마를 재현하는 것처럼 보이는 행동, 관계, 감정, 꿈 등을 설명하는 '반복 강박repetition compulsion'이라는 용어를 만들었다. 반복 강박이라는 개념의 핵심은 사람들이 새로운 해결책을 알아내기 위해 기이할 정도로 원래의 트라우마를 연상케 하는 상황에 계속 자신을 노출시킨다는 것이다.

7월 5일 6시 30분마다 일어난 무장 강도 사건

정신의학 연구자로서 외상 후 스트레스 분야에 위대한 공헌을 한 베셀 반 데어 콜크 박사는 한 참전 군인의 이야기를 통해, 트라우마를 해소하려는 충동에서 반복적으로 일어나는 재연이 얼마나 위험할 수 있는지 생생하게 보여 준다.

1980년대 후반 7월 5일, 새벽 6시 30분에 한 남자가 편의점으로 걸어 들어갔다. 그는 총처럼 보이도록 점퍼 주머니 안의 손가락을 세우고서 계산대에 있는 현금을 요구했다. 잔돈으로 5달러 정도를 건네받은 남자는 자기 차로 돌아가서 경찰이 출동할 때까지 그대로 있었다. 경찰이 오자 그는 차에서 내려 아까처럼 주머니에 손을 넣고서 총이 있으니 아무도 가까이 오지 말라고 말했다. 다행히 그는 경찰의 총에 맞지 않고 잡혀갔다.

경찰서에서 그 남자의 범죄 기록을 조회하던 경찰관은 그가 지난 15년 사이 '무장 강도' 사건을 6번이나 일으켰고 그 일시가 모두 7월 5일 새벽 6시 30분이었다는 사실을 발견했다. 그 남자가 베트남 참전 군인이라는 사실을 알게 된 경찰은 이것이 단순한 우연이 아님을 직감하고 그를 가까운 제항군인병원으로 보냈다. 그곳에서 그는 반 데어 콜크 박사를 만나 이야기를 나누었다.

반 데어 콜크는 남자에게 단도직입적으로 물었다. "7월 5일 6시 30분에 무슨 일이 있었습니까?" 남자는 자신의 이야기를 들려주었다. 그는 베트남에 있을 때 매복해 있던 베트콩에게 소대원들과 함께 습격을 당했다. 그 남자와 짐이라는 친구만 빼고 나머지는 모두 죽었다. 그날이 7월 4일이었다. 날이 어두워져 헬리콥터도 그들을 구해 줄 수가 없었다. 두 사람은 베트콩에게 둘러싸여 논바닥에 웅크린 채 끔찍하게 공포스러운 밤을 보냈다. 새벽 3시 30분쯤, 짐은 가슴에 총을 맞고 친구에게 안겨 죽음을 맞이했다. 그때가 7월 5일 새벽 6시 30분이었다.

미국으로 돌아온 후, 남자는 수감되어 있지 않은 한 7월 5일마다 어김없이 친구가 죽은 날을 기념하듯 무장 강도 사건을 벌였다. 반 데어 콜크 박사와의 치료 상담에서 친구를 잃은 슬픔을 억누르지 않고 경험한 그는, 그제야 강도 사건을 저질러야만 했던 강박적 충동이 짐의 죽음과 연관되어 있음을 깨달았다. 자신의 감정과 과거의 사건이 강박적 충동을 일으키는 데 어떤 역할을 했는지 이해하게 된 후, 그는 더 이상 그 비극적인 사건을 재연하지 않을 수 있었다.

베트남에서 겪은 일과 강도 사건에는 어떤 연관성이 있을까? 그 남자는 '강도 사건'이라는 연극을 통해 친구와 소대원들을 죽음으로 내몬 총격전을 재연하고 있었다. 경찰을 도발해 베트콩 역할로 끌어들였고, 누구도 해치고 싶지 않았기 때문에 진짜 총을 사용하지 않았다. 그는 상황을 극단까지 치닫게 한 뒤에야 마음의 안정을 얻을 수 있었고, 전쟁의 공포와 친구의 끔찍한 죽음에 대한 괴로움과 슬픔, 죄책감에서 잠시나마 벗어날 수 있었다.

그의 과거사를 몰랐다면 그는 미친 사람으로 비난받으며 살았을 것이다. 그러나 그의 행동들은 깊은 마음의 상처를 치유하려는 나름의 시도였다. 그는 끔찍한 전쟁의 악몽에서 자유로워질 때까지 몇 번이고 벼랑 끝에 섰던 것이다.

무의식적 반복 : 잭의 사례

최초의 사건과 재연의 연관성이 그다지 명확하지 않은 경우도 있다. 어떤 사람들은 트라우마의 원인이 된 사건을 다른 상황과 연결 지은 다음, 원래의 사건이 아니라 그와 연결된 상황을 반복하여 재연하기도 한다. 예를 들어, 비슷한 사고가 반복되거나 특정한 유형의 부상을 계속 당하는 경우가 그렇다. 반복해서 발목이나 무릎이 삔다든지 목뼈가 손상되는 경우, 그리고 정신 신체화 증상이라고 하는 많은 증상들이 신체적 재연의 흔한 예다.

대개 이 '사고'들은 정말로 우연한 사고처럼 보인다. 그 사건들이 트라우마 증상임을 알아차릴 수 있는 단서는 그런 일이 반복되는 횟수와 빈도에 있다. 어린 시절 성적 학대를 받은 한 젊은 남성은 3년 동안 열댓 번이나 심각한 추돌사고를 겪었는데, 이 '사고' 중에서 명백히 그의 과실로 일어난 사건은 한 건도 없었다. 이처럼 자주 일어나는 재연은 매우 흥미로우면서도 이해하기 어려운 트라우마 증상이다. 재연이 원래의 사건과 놀라울 정도로 일치하는 경우도 있지만, 도저히 합리적으로 설명할 수 없는 것처럼 보이는 측면들도 있다.

잭은 미국 북서부 지역에 살고 있는 50대 중반의 남성이다. 그는 매우 수줍고 진지한 성격이었기 때문에 나를 찾아온 이유를 말하면서 상당히 부끄러워했다. 하지만 그 부끄러움 아래에는 굴욕감과 패배감이 짙게 깔려 있었다. 지난 여름, 그는 배를 부두에 대면서 아내에게 뽐내듯 농담 한마디를 던졌다. "이것봐, 기가 막히지?" 그 순간 잭과 아내, 아이는 뒤로 벌렁 넘어졌다. 기어를 중립에 놓고 엔진을 공회전시키면서 배를 정박하고 있었는데, 밧줄 하나가 속도 조절장치에 걸리면서 배가 앞으로 확 쏠려 세 사람이 내동댕이쳐진 것이었다. 다행히 크게 다친 사람은 없었지만 다른 배를 들이받는 바람에 5천 달러 정도를 배상해 주어야 했다. 너무 창피했던 잭은 배를 대신 정박해 주겠다는 (아마도 잭이 술에 취했다고 생각한) 선착장 주인에게 고래고래 소리를 질렀다. 항해를 즐기는 집안에서 자라 노련한 항해사라는 자부심이 있던 잭은 이 일만 생각하면 숨이 막힐 정도로 완전히 위축됐다. 자신은 그런 실수를 저지를 정도로 서툰 사람이 아니었기 때문이다.

치료 과정에서 잭은 펠트센스를 통해 밧줄을 단단히 잡고 있는 자신을 느꼈다. 그리고 밧줄이 확 당겨지면서 팔이 화끈거리는 통증을 다시 경험했다. 이 느낌은 어린 시절의 기억을 불러일으켰다. 다섯 살 때 부모님과 함께 항해하던 중 줄사다리에서 떨어진 일이었다. 그는 거센 바람에 내동댕이쳐져 숨을 쉴 수 없을 정도로 겁에 질렸었다.

이 경험을 탐색하던 잭은 의기양양하게 사다리를 타고 올라가던 자신의 모습을 떠올렸다. 그의 부모님은 다른 일을 하느라 잭이 사다리를 올라가는 것을 미처 보지 못했고, 잭은 갑자기 불어닥친 거대한 파도에 애송이처럼 굴러떨어졌다. 이 일은 그에게 수치심과 두려움을 주었고 이후에는 굴욕적이게도 이 의사 저 의사에게 치료받으며 그 이야기를 반복해야 했다.

잭이 최근에 겪은 낭패와 다섯 살 때의 사건 사이에는 중요한 연관성이 있었다. 두 사건 모두에서 잭은 자신의 기량을 뽐내다가 뒤로 넘어졌고 신체뿐만 아니라 정신적으로도 완전히 내동댕이쳐졌다. 그의 아버지가 타던 배 이름은 '거센 파도'였는데, 잭이 사고 일주일 전 배에 붙인 이름 역시 '거센 파도'였다.

앞서 언급한 베트남전 참전 군인처럼 잭은 자기 배에 '거센 파도'라는 새 이름을 지어줌으로써 그때의 수치심과 두려움을 불러일으키는 재연의 무대를 마련한 셈이다. 이처럼 재연이 일어나기에 앞서 원래의 사건을 상기시키는 일들이 우연히 일어나는 경우가 많다. 더욱 놀라운 점은, 제삼자의 관점에서는 반복되는 일련의 사건들이 트라우마를 일으킨 원래 사건과 연관이 있다는 것이 명확히 보이지만, 트라우마를 겪은 본인은 이 연관성을 전혀 눈치 채지 못한다는 것이다.

또 하나 특이한 것은 재연이 트라우마가 된 사건의 기념일과 일치하여 일어나는 경우가 많다는 점이다. 원래 사건을 의식적으로 전혀 기억하지 못해도 그럴 수 있다. 사건을 기억하는 사람들에게도 원래의 사건과 재연 사이의 연결은 무의식적일 때가 많다. 앞으로 더 알아보겠지만 이런 '무의식적' 연결이 기괴한 재연이 반복되는 데 핵심적인 역할을 한다.

재연 증상의 뿌리

앞마당에 있는 담쟁이덩굴이나 블랙베리 덤불, 대나무 따위를 없애려고 줄기를 자르면 어떻게 될까? 실제로 시도해 본 사람이라면 그것들이 없어질 리 없다는 사실을 알 것이다. 이처럼 뿌리부터 잘라 내야 하는 것들이 있다. 트라우마도 여기에 해당한다. 재연이 일어날 때 우리는 그 결과로 일어나는 행동을 흔히 행동화라고 하는데, 여기에는 '연출하다', '연기하여 보이다'라는 의미가 있다. '연출'이라는 표현을 쓰는 이유는 그 행동이 진짜가 아니기 때문이다. 행동하는 사람조차 의식하지 못하는 '진짜 원인'은 그 뿌리에 있다.

앞서 언급했듯이 행동화는 분명 유기체에게 어느 정도 일시적 위안을 준다. '행동하는 것'은 지속적인 각성 주기에 의해 생성된 과잉 에너지가 빠져나갈 출구를 제공해 고통을 덜어 주는 아드레날린과 엔도르핀이 방출되기 때문이다. 뿐만 아니라 유기체는 실제 사건에 따르는 압도적인 감정과 감각도 피할 수 있다. 문제는 재연이라는 행동화 방식으로 고조된 에너지를 방출하는 경향이 굳어지면 새롭거나 독창적인 치유 시도를 할 기회가 거의 없어진다는 점이다.

재연에는 항상 특정한 사건과 그것과 관련된 믿음이 무의식적으로 내재되어 있다. 이 사건과 믿음의 힘은 우리 경험을 멋대로 만들어 낼 수 있는 것처럼 보인다. 하지만 우리가 강박적으로 반복하는 재연은 '고의적'인 행동이 아니다. 고의적인 행동에는 의식이 필요한 법인데, 의식은 재연 과정에서 거의 나타나지 않는 요소다. 재연이 일어날 때 인간 유기체는 행동을 일으키는 동기나 충동을 충분히 알아차리지 못하기 때문에 파충류의 뇌와 같은 방식으로 작동한다. 그저 자신이 할 일을 하는 것이다.

재연은 야생의 위협에 반응하여 나타나는 자연스러운 활성화와 비활성화의 주기를 완료하려는 유기체의 시도에 해당한다. 야생에서는 주로 위험한 상황에서 도망치거나, 맞서 싸우거나, 어떤 식으로든 살아남기 위해 능동적으로 행동함으로써 활성화된 에너지를 방출한다. 원래의 사건에서 적극적 탈출 전략이 필요했다면 이후 재연을 통해 똑같이 탈출을 시도하는 것은 놀라운 일이 아니다.

인간은 인간이기 때문에 동물과는 다른 방식으로 트라우마에 취약하다. 해결할 수 없는 것처럼 보이는 이 문제를 푸는 열쇠는 동물과 가장 명확하게 구별되는 인간의 특징, 바로 내면의 경험을 의식적으로 알아차리는 능력에 있다. 트라우마의 패턴에 수반되는 모든 감각과 느낌을 천천히 경험한 뒤 그것이 모두 완결되도록 허용할 수 있어야 한다. 그러면 트라우마 사건을 재연하도록 우리를 몰아붙이는 충동들이 변하기 시작할 것이다. 우리는 펠트센스를 통해 의식적으로 알아차림으로써 부드럽게 에너지를 방출할 수 있다. 이것은 행동을 통해 에너지를 방출하는 동물의 방식만큼 효과적이다. 이것이 바로 재조정이다.

몸이라는 극장

각성이 만성화되는 이유는 내부에서 감당하기 힘든 감각과 감정이 발생했기 때문이다. 따라서 내부에 조치를 취할 때 트라우마는 변화할 수 있다. 세상은 재연이 일어나는 무대일 뿐이다. 내부가 그대로면 트라우마 역시 변하지 않고 그대로 남아 있다. 그렇기 때문에 재연은 의도한 바를 좀처럼 이루지 못한다.

내부 세계를 존중하지 않는 문화에 살고 있다는 것은 우리에게 손해다. 꿈, 느낌, 마음속 이미지, 감각 등의 내부 세계를 중요하게 생각하는 문화도 많지만, 우리 대부분은 내면의 요소들을 주변적인 것으로 생각한다. 우리는 이런 내부의 풍경에 도달해 본 경험이 적거나 아예 없다. 그래서 그런 경험이 필요할 때 준비가 되어 있지 않다.

하지만 인내심을 갖고 관심을 기울인다면 트라우마를 재연하게 하는 패턴을 무너뜨리고, 원래의 느낌과 행동들을 되찾을 수 있다. 일단 트라우마가 어떻게 시작되고 악화하는지 이해했다면 펠트센스를 통해 자신을 이해하는 법을 배워야 한다. 재조정을 시작하는 데 필요한 모든 정보는 이미 우리에게 있다. 우리 몸과 본능은 어느 부분이 막혀 있는지, 너무 빠르게 나아가고 있지는 않은지 알려 줄 것이다. 그리고 우리의 지적 능력은 경험의 강도를 어떻게 조절해야 압도되지 않는지 알려 줄 것이다. 이처럼 뇌의 여러 부분들이 한 몸처럼 작동할 때, 우리는 재조정의 단계마다 경험이 천천히 펼쳐지도록 허용함으로써 아직 받아들이지 못한 트라우마의 측면들을 견딜 수 있을 만큼만 조금씩 처리할 수 있게 된다.

몸이라는 극장 안에서 트라우마는 변화할 수 있다. 트라우마 때문에 발생한 감정과 행동을 지속시키는 분열된 요소들을 통합하여 원래의 상태로 되돌릴 수 있다. 이렇게 원상태를 되찾고 나면 현실에 단단히 뿌리를 내린 안정감과 함께 몸도 마음도 자유로운 통달의 감각에 이르게 될 것이다.

트라우마가 만들어 내는 미스터리

재연에 대해 제대로 논의하려면 트라우마가 설명할 수 없는 방식으로 반복된다는 흥미로운 측면만은 반드시 짚고 넘어가야 할 것이다. 지금부터는 트라우마 사건이 한 집안에서 몇 세대에 걸쳐 재연될 수 있다는 사실을 구체적인 사례를 통해 살펴보려 한다.

나는 최근에 치료 훈련 의뢰를 받아 켈리라는 젊은 여성을 만나게 되었다. 켈리는 수시티에서 일어난 비행기 추락사고 현장에 있었다. 이 사건은 나중에 〈공포 탈출Fearless〉이라는 영화로도 만들어졌다. 덴버에서 시카고로 가던 중 엔진이 폭발하자 비행기는 한쪽으로 기운 채 곤두박질치기 시작했다. 너무 가파르게 떨어지고 있어서 급격한 추락을 피할 수 없을 것 같았다. 놀랍게도 조종사인 앨 헤인즈는 급격한 추락을 막고 비상착륙에 성공했다. 하지만 착륙할 때의 충격으로 기체는 부서지고 말았다. 불붙은 비행기 파편들이 주변 옥수수밭에 흩뿌려졌다. 이 극적인 사고 장면은 당시 아마추어 촬영가들의 영상에 담겼다. 비행기가 충돌한 부분에 갇혀 있던 켈리는 금속과 철사들이 미로처럼 얽힌 곳을 헤치며 빛을 향해 기어나와 탈출했다.

나와 함께 치료 훈련을 진행하면서 켈리는 끔찍한 충돌사고의 공포를 천천히 한 단계씩 재조정했다. 우리가 충돌이 일어난 순간의 경험으로 들어갔을 때 켈리는 마음속에서 아버지와 할아버지의 외침을 들었다. "머뭇거리지 말고 지금 가! 빛이 보이는 쪽으로 가거라. 불덩이가 되기 전에 나가야 해!" 그녀는 그들의 말대로 했다. 켈리의 아버지와 할아버지는 각각 다른 비행기 사고에서 살아남은 경험이 있었고, 둘 다 비행기가 추락하자마자 재빨리 잔해에서 빠져나와 간신히 목숨을 건질 수 있었다.

켈리는 아버지와 할아버지에게 그 일에 대해 들었을 가능성이 높다. 비행기가 추락했을 때 그 이야기들이 탈출에 도움이 되었을 것이다. 그러나 다른 부분들은 어떻게 설명할 수 있을까? 비행기 사고는 매체의 집중적인 관심을 받으며 대서특필되고 수백 명의 사람들의 삶에 영향을 미치지만 일반적으로 가족 중에 세 명은커녕 한 명이라도 비행기 사고를 겪은 사람이 있는 경우는 많지 않다.

나는 환자들과 친구들에게 이와 비슷한 이야기를 여러 번 들었다. 놀라울 정도로 비슷한 사건들이 여러 세대에 걸쳐 반복된 이야기 말이다. 대대로 전해 내려오는 유전적 기질이나 생활방식의 영향으로 비슷한 사건들이 여러 번 일어났을 수도 있다. 하지만 그 어떤 원인도 찾을 수 없는 일들도 많이 일어난다. 특히 켈리의 사례처럼 대규모 참사와 연관된 경험이 세대를 이어 내려오는 경우는 더욱 그렇다.

기이한 재연의 또 다른 사례도 있다. 제시카는 두 살 때 생애 첫 비행기 사고에서 살아남았다. 비행기를 조종했던 그녀의 아버지는 경비행기가 내려앉은 나무 위에서 딸을 안고 내려왔다. 25년 후, 집에서 약 1450km 떨어진 곳을 비행하던 제시카와 그녀의 남자친구는 눈보라 속에서 방향을 잃고 나무에 부딪혔다.

알고 보니 그 나무는 제시카가 두 살 때 비행기가 추락했던 바로 그 언덕에 있는 나무였다. 제시카는 어린 시절에서 비롯된 혼란스럽고 힘들었던 감정과 반응들을 치료를 통해 해소했다. 그렇다면 그녀는 이제 또 다른 사고를 겪을 가능성이 없어진 것일까? 두 번째 사고는 단순한 우연이었을까? 그건 나도 알 수 없다. 그저 기이한 우연이었기를, 다시는 그런 사고가 일어나지 않기를 바랄 뿐이다.

트라우마 재조정의 치유 효과

우리가 영적으로 천국과 지옥에 결속되어 있는 이유는
자유 안에 머물기 위해서다.
—에마누엘 스베덴보리(신학자)

트라우마를 겪는 사람에게 활력 넘치고 자연스러운 삶으로
향하는 여정이란 단순한 증상의 완화가 아니라 변화를 의미한
다. 트라우마를 재조정하는 데 성공하면 우리 존재에 근본적인
변화가 일어난다. 변화는 무언가가 바뀌어 정반대편으로 가는
과정이다. 트라우마를 겪는 상태에서 평온한 상태로 변화하는
과정에서는 신경계, 감정, 펠트센스를 통한 경험들이 근본적으
로 달라진다. 신경계는 부동성과 유동성 사이를 오가고, 감정은
두려움과 용기 사이를 오가며, 펠트센스를 통한 지각은 편협함

과 수용성 사이를 오간다.

변화가 일어나면 신경계는 자기조절 능력을 되찾는다. 감정은 우리를 끌어내리는 대신 받쳐 올려주기 시작한다. 우리는 이런 감정들을 바탕으로 기분 좋은 흥분을 만끽하며 현실을 있는 그대로 완전하게 바라본다. 인식 범위가 확장되어 편견 없이 상황을 받아들이며, 특별히 용서하려고 애쓰지 않아도 비난할 대상이 없다는 사실을 이해한다. 그 과정에서 회복력이 높아지고 능동적인 자아를 경험한 우리는 긴장을 풀고 더 충만하고 즐거운 삶을 살 수 있게 된다. 열정적이고 황홀한 삶의 측면들과 더욱 조화를 이루면서 말이다.

이것은 완전한 탈바꿈이며 가장 기본적인 차원에서 우리 존재에 영향을 미친다. 우리는 더 이상 이 세상을 두려움에 찬 눈으로 보지 않는다. 여전히 세상은 위험한 곳일 수 있지만, 항상 어딘가 위험이 도사리고 있으며 최악의 일이 쉽게 일어나리라는 두려움에 밤낮없이 경계하면서 고통받는 일은 더 이상 없다. 우리는 커져가는 용기와 신뢰를 바탕으로 삶을 똑바로 마주하기 시작한다. 그러면 세상은 나쁜 일이 일어나더라도 충분히 극복할 수 있는 곳이 되고, 모든 경험의 바탕에는 불안 대신 신뢰가 자리 잡는다.

변화는 한때 트라우마가 갉아먹던 삶의 구석구석으로 퍼져

나간다. 모험가이자 작가인 팀 케이힐^{Tim Cahill}은 이렇게 적었다.

"나는 내 영혼을 구하기 위해 목숨을 걸었다."[2]

우리는 트라우마를 겪으며 목숨이 위태로운 지경에 놓였지만 아직 구원이라는 보상을 받지는 못했다.

트라우마의 두 얼굴

커다란 옥수수밭에 시커먼 파괴의 흔적이 길게 드리운 가운데 불붙은 파편들이 여기저기 흩뿌려져 있다. 피터 위어 감독의 영화 〈공포 탈출〉은 이렇게 극적인 장면으로 시작한다. 이 영화에서 배우 제프 브리지스가 연기한 맥스 클라인은 비행기 추락사고에서 겨우 살아남았다. 한 팔로는 힘없이 아기를 안고 다른 팔로는 열 살짜리 아이의 손을 잡고서 거대한 옥수수 줄기 사이로 비틀거리며 걸어나온다. 응급구조대와 소방관들이 분주하게 뛰어다니는 동안 맥스는 택시를 불러 모텔로 가달라고 한다. 그는 몸에 감각이 없다고 느끼면서 찜찜한 기분으로 샤워를 한다. 쏟아지는 물줄기 아래에서 손으로 몸을 더듬어

---

2 Jaguars Ripped My Flesh, Bantam Books, 1987

보면서 아직 죽지 않았다고 안심하려 애쓴다. 그러다 옆구리에서 깊은 상처를 발견하고 깜짝 놀란다. 사고 전부터 비행 공포증이 있던 맥스는 다음 날 아침에 제안받은 기차표를 거절하고 비행기 1등석을 예약해 집으로 돌아간다.

집에 돌아온 후 맥스는 지루한 일상에 흥미를 잃고 가족과 현실세계에서 멀어지는 한편 같은 비행기 사고에서 살아남은 여성과 아찔한 관계에 빠진다. 맥스는 돌이킬 수 없이 변해 버렸다. 자신이 구해 준 사람들에게 영웅으로 칭송받았고 더 이상 죽음을 두려워하지 않았다. 두려움을 모르는 맥스는 분명 사고의 충격에서 벗어난 듯하다. 하지만 그는 진정으로 변화한 것일까?

매우 복잡하게 얽혀 전개되는 이 영화는 트라우마의 두 가지 측면을 보여 준다. 맥스는 죽음 앞에서 영웅적으로 행동함으로써 완전히 변해 버린 삶을 맞이했다. 맥스의 변화는 서로 반대되는 두 가지 방향으로 일어났다. 한편으로는 평범한 세상을 초월하여 찬란한 열정이 가득한 세계로 들어간 것처럼 보이고, 다른 한편으로는 억눌리고 움츠러들어 더 이상 정상적인 일상을 견딜 수 없는 것처럼 보인다. 맥스는 점점 더 거세지는 소용돌이에 휘말려 생명을 위협하는 상황이 반복되는 재연 속으로 빠져든다. 새 연인을 치유하려고 무모한 시도를 하다가 둘 다

죽을 뻔하기도 한다. 결국 맥스는 연인의 연민 어린 사랑 덕분에 '메시아적' 망상을 떨치고, 누군가에게 구조받고자 하는 절실한 마음과 공포를 직면할 수 있었다.

모든 트라우마는 정신, 신체, 영혼에 확장과 수축을 일으키며 진정한 변화의 기회를 제공한다. 트라우마가 메두사처럼 잔인하게 우리를 돌로 만들어 버릴지, 영적 스승으로서 광대한 미지의 길로 인도할지는 트라우마에 어떻게 반응하느냐에 달려있다. 메두사의 머리가 잘린 곳에서 뿜어져 나온 피는 두 개의 병에 나뉘어 담겼다. 하나는 죽일 수 있는 힘이었고 하나는 부활시키는 힘이었다. 우리가 굴복한다면 트라우마는 우리 삶에서 활력을 빼앗고 파괴해 버리는 힘을 발휘할 것이다. 이와 반대로 우리는 트라우마를 강력한 거듭남과 변화의 통로로 이용할 수도 있다.

천국과 지옥, 그 중간점인 치유

영화 〈공포 탈출〉에서 맥스는 천국 같은 황홀함과 지옥 같은 악몽 사이에서 흔들리며 끊임없이 휘몰아치는 에너지의 소용돌이에 휩쓸린다. 천국과 지옥이라는 양극단 사이에서 발생하는 동요는 트라우마의 변화에 반드시 필요한 리듬을 만들어 낸다. 결국 맥스는 절실하게 구조받고자 하는 욕구에 자신을 내맡기고 죽음의 문턱까지 간다. 다행히 그는 죽거나 미치지 않고 트라우마를 변화시킬 수 있었지만 덜 폭력적이고 더 신뢰할 수 있는 변화의 방식도 있다.

그중 하나가 바로 소매틱 경험 요법이다. 이 기법을 통해 우리는 '천국'과 '지옥'의 간극을 조금씩 메우며 양극단을 통합할 수 있다. 생리적 관점에서 보면 천국은 확장이고 지옥은 수축이다. 이 둘을 점진적으로 통합하는 과정에서 트라우마는 천천히 치유된다.

유기체는 트라우마의 악영향을 치유하기 위해 정교한 과정들을 발전시켜 왔다. 이 과정에는 확장과 수축이라는 양극단을 결합하고 통합하며 변화시키는 능력이 포함된다. 이 양극단이 점진적으로 통합된다면 트라우마는 안전하게 치유될 수 있다. 신체의 부상을 치료할 때 의사가 할 일은 상처를 씻어 내고 붕대나 깁스로 감싸 보호하는 등 치유를 뒷받침하는 일이다. 깁스는 부러진 뼈를 붙여 주지는 않지만 우리 몸이 자체의 지성을 발휘하여 치유를 시작하고 끝마칠 수 있도록 물리적으로 지원한다. 이와 마찬가지로 펠트센스는 확장과 수축이라는 정신적 양극단을 통합함으로써 우리가 경이로운 변화를 이룰 수 있도록 도와준다.

트라우마 재조정의 치유 원리

삶은 강물과도 같다. 우리의 경험은 평온함, 불안, 통합을 주기적으로 반복하며 시간과 함께 흘러간다. 우리의 몸은 생명 에너지를 담는 제방으로서 에너지가 그 안에서 자유롭게 흐를 수 있도록 지탱한다. 우리는 이러한 제방의 보호 아래 내면의 움직임과 변화를 안전하게 경험하고 감지할 수 있다.

1914년에 프로이트는 트라우마를 '자극에 대한 보호 장벽이 파괴되어 압도적인 무력감을 느끼는 것'[3]이라고 규정했다. 강물에 비유하자면, 충격으로 발생한 트라우마는 경험을 보호하는 제방을 파괴하는 외부의 힘으로 볼 수 있다. 이때 생긴 파열과 함께 생명 에너지가 폭발적으로 쏟아져 나오면서 트라우마 소용돌이가 만들어진다. 이 소용돌이는 우리의 정상적인 경험 '밖에' 존재한다(그림 2). 트라우마를 겪는 사람들은 대부분 그 소용돌이로 빨려 들어가거나 트라우마가 발생한 장소나 상황

---

3 from Lectures, and Beyond the Pleasure Principle, International Psycho-Analytic Press, 1922

[그림 2]

외부 충격을 막는 제방의 파괴
트라우마 소용돌이 형성

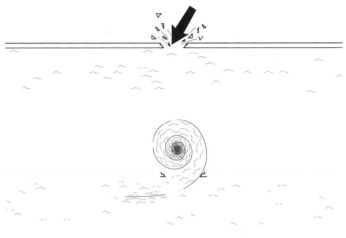

[그림 3]

치유(반대 방향)의 소용돌이 형성

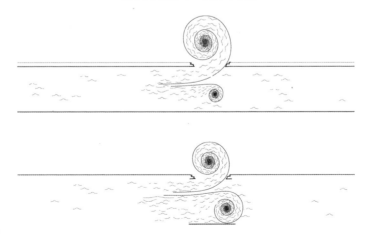

을 피하고 거리두기를 하는 경향을 보인다.

트라우마의 소용돌이로 빨려 들어가면 감정적 범람과 함께 다시 한번 트라우마의 충격을 경험할 가능성이 높아진다. 트라우마 소용돌이를 피하려고 하면 움츠러들고 공포증에 사로잡혀 자신의 내부와 외부에 있는 것들을 온전히 경험할 수 없다. 이 분리된 소용돌이는 우리의 생명 에너지를 빨아들이며 에너지의 주된 흐름을 약화시킨다.

다행히도 유기체는 본능적으로 트라우마 소용돌이의 힘과 균형을 맞추기 위해 그와 반대되는 치유의 소용돌이를 즉시 만들어 낸다. 치유 소용돌이는 형성되자마자 트라우마 소용돌이의 반대 방향으로 돌기 시작한다. 이 새로운 소용돌이는 우리의 정상적인 경험 내부에, 즉 에너지를 보호하는 제방 '안쪽'에 존재한다(그림 3).

이렇게 치유의 소용돌이가 형성되면 우리의 선택은 더 이상 트라우마를 재경험하거나 회피하는 것에만 한정되지 않는다. 이제 제3의 선택지가 등장하는데, 이것이 내가 '재조정'이라고 부르는 과정이다. 재조정이 일어나는 동안 우리는 두 소용돌이의 주변부를 돌면서 조금씩 각각의 중심으로 향하며 균열을 메우기 시작한다. 처음에는 반대되는 두 힘에서 생성되는 불안정한 진동을 타고 난기류에 휩쓸린다. 그다음에는 천천히 리듬에

[그림 4]

재조정: 트라우마 소용돌이와 치유 소용돌이의 통합과 방출

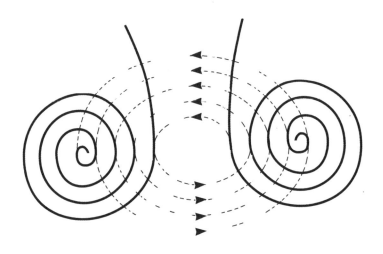

맞춰 앞뒤로, 한쪽에서 다른 쪽으로 8자를 그리듯 움직인다. 치
유의 소용돌이가 시작되면 우리는 트라우마 소용돌이에서 빠
져나가는 재조정 과정에 필요한 도움과 자원들을 모을 수 있
다. 그리고 두 개의 소용돌이 사이를 움직이면서 그 중심에 단
단히 묶여 있는 에너지를 방출한다.

　에너지는 마치 처음부터 묶여 있지 않았던 것처럼 풀려나온
다. 우리가 소용돌이의 중심으로 향할 때 소용돌이는 깨지고
풀어져 다시 주된 흐름으로 통합된다. 이것이 재조정이다(그림
4).

마거릿의 재조정

마거릿은 자연스럽게 펠트센스를 경험할 줄 아는 내담자였다. 그래서 치유 과정이 시작될 때 그것을 스스로 검열하거나 방해하지 않을 수 있었다. 중년의 의사인 그녀는 오랫동안 목 통증과 하복부 경련 같은 증상이 재발하여 갖가지 검사와 치료를 거듭했지만 원인을 찾을 수 없었다.

치료가 시작되자 마거릿은 목의 한쪽에서만 긴장이 느껴진다고 말했다. 나는 그 감각을 잘 관찰해 보라고 권했다. 마거릿이 목의 긴장에 집중하자 머리가 왼쪽으로 미묘하게 돌아가는 움직임(정향 반응)이 나타났고, 몇 분 지나자 다리가 조금씩 떨리기 시작했다(방출). 에너지를 방출하면서 쾌감을 느끼던 그녀는 갑자기 어떤 남자의 얼굴이 떠올라 화들짝 놀랐다.

몇 차례 계속된 불쾌한 감각들과 감정의 파도가 지나간 뒤 또 다른 장면들이 그녀에게 펼쳐지기 시작했다. 그녀가 '기억해낸 것'은 다섯 살 때 어떤 남자가 자기를 나무에 묶은 채 옷을 찢고 때린 다음 막대기를 질 속에 집어넣은 장면이었다. 마거릿은 다시 감정이 북받쳤지만 신체 감각을 느끼는 상태를 유지했다. 그다음에 떠오른 것은 자신이 나뭇잎 더미 위에 누워 있는 장면이었다. 그녀는 신나면서도 차분한 기분이었다. 그런데 그 순간 갑자기 남자의 얼굴이 생생하고 구체적으로 떠올랐다. 붉고 일그러진 얼굴이었다. 이마에서 땀방울이 흘러내리고 있었다. 다시 장면이 바뀌었다. 마거릿은 땅에 떨어져 있는 가을 낙엽 이야기를 했다. 주변이 온통 낙엽투성이라고 했다. 그녀는 바삭바삭한 느낌을 즐기며 낙엽 속에서 뛰어놀고 있었다. 바로 다음 장면에서는 또 나무에 묶여 있었다. 남자의 바지 지퍼가 내려간 사이로 성기가 나와 있었다. 그는 칼로 토끼의 배를 가르고는 누구에게든 말하면 죽여 버리겠다고 소리를 질렀다. 그녀는 '머릿속이 미쳐 버릴 것 같은' 감각을 느꼈다. 그다음 순간 그녀는 할머니에게 안겨 무슨 일이 있었는지 말하고 있었다. 마거릿은 깊은 안도감이 느껴진다고 말하며 눈물을 흘렸다. 그 다음 장면에서 그녀는 다시 낙엽 더미 속에서 뒹굴고 있었다. 팔로 가슴을 끌어안고 이쪽저쪽으로 구르면서 깔깔거렸다. 이날 이후 그녀의 목에서 뻣뻣한 통증이 사라졌고 몇 번 더 치료를 진행하자 하복부 경련 증상도 사라졌다. 가장 중요한 점은 그녀가 새로운 증상이 나타났다고 말한 것이다. 그것은 바로 기쁨이었다.

행복과 고통의 기억 사이를 진자처럼 오가라

마거릿의 기억은 대부분 사실이었다. 의학적 증거가 담긴 경찰 보고서가 존재했다. 그러나 나는 마거릿의 이야기가 완전히 '조작된' 이야기라고 해도 트라우마 증상을 치료하는 데 아무런 문제가 되지 않는다고 자신 있게 말할 수 있다. 이것은 내가 수천 명의 의뢰인들과 펠트센스를 이용한 치료를 진행하면서 깨달은 확실한 사실이다.

마거릿이 트라우마 증상에서 벗어난 것은 과거로 돌아가 어린 시절의 사건을 정확히 '재경험'했기 때문일까? 아니면 성인이 된 그녀의 유기체가 치유 과정을 돕기 위해 서로 다른 시간과 공간에서 일어난 여러 사건의 조각들을 모아 무언가를 창조해냈기 때문일까?

첫 번째 설명이 답이 되려면 그 남자가 마거릿을 풀어 주고 낙엽 속에서 잠깐 놀게 하다가 다시 나무에 묶었어야 한다. 물론 그랬을 가능성도 있다. 하지만 그런 상황에서 어린 마거릿이 그토록 즐겁게 뛰놀 수 있었을까? 그랬을 것 같지는 않다. 그보다는 그녀가 다른 때에 낙엽 속에서 놀았던 기억이 있고, 치유의 소용돌이를 강화하는 데 자원으로 쓰기 위해 그 장면을 가져왔다고 보는 편이 더 타당하다.

남자가 성기를 꺼내 놓은 장면 다음에 토끼 배를 가르며 소리를 지르는 장면이 바로 이어지는 것은 어떻게 설명할 수 있을까? 이것이 사실 그대로를 나타낸다고 할 수 있을까? 그렇다면 토끼는 어디서 났을까? 그 장면들도 실제로 일어난 일들일 수 있지만, 분명 다르게 해석할 여지도 있다.

일단 그 남자가 마거릿에게 토끼처럼 배를 갈라 버리겠다고 말했을 수 있다. 아니면 언젠가 그녀가 토끼 배를 가르는 장면을 실제로 보았거나 책에서 읽고 공포에 사로잡힌 경험이 있었을 수도 있다. 당시 그녀가 느꼈을 감정에 대한 은유로 이 장면이 나타났을 수 있다는 말이다. 토끼 배를 가르는 장면은 어린아이가 그런 상황에서 경험했을 법한 공포를 확실하게 전달한다.

하지만 치료에서 가장 결정적이었던 것은 치료 과정에서 마거릿이 실제로 겪은 일이었다. 그녀는 유기체의 창조적 지시에 따라 어린 시절 공포를 느끼게 한 장면들(트라우마의 소용돌이)에서 확장과 치유를 가능케 하는 장면들(치유의 소용돌이)로 의식을 전환했다. 마거릿이 이 장면들에 따라오는 펠트센스를 느끼는 동안 그녀의 유기체는 두 소용돌이 사이에서 발생하는 리드미컬한 진동을 경험할 수 있었다. 이 진동은 트라우마 반응을 방출하고 치유함으로써 그녀가 자신을 묶고 있던 밧줄을 풀고 현재의 안전한 삶으로 돌아갈 수 있게 도와주었다. 그녀는 펠트센스의 안내에 따라 수십 년 전의 끔찍한 사건 이후 목과 복부를 집요하게 괴롭혔던 공포를 재조정할 수 있었다. 치유 소용돌이와 트라우마 소용돌이 사이의 역동적인 순환과 통합이 이러한 치유를 가능케 했다.

아직 펠트센스를 이용할 줄 모르는 대부분의 사람들은 치유의 소용돌이와 긍정적 감각이 발생할 때 그것을 억누르거나 무시하는 식으로 피해 버린다. 끔찍하게 공포스러운 장면에 사로잡혀 있을 때 치유의 이미지가 떠오르면 당황스러울 수 있다. 그러나 실제로 겪은 '기억'을 되살리는 데만 열중하면, 신경계가 필사적으로 추구하는 의식의 확장을 억누르고 트라우마의 소용돌이로 곤두박질치게 된다. 마거릿이 치유된 비결 역시 그녀가 긍정적 이미지를 회피하거나 실제 기억에만 집착하지 않은 데 있다.

그녀는 낙엽이 떠올랐을 때 그와 연관된 안전하고 긍정적인 느낌 속으로 온전히 들어감으로써 나무에 묶여 공포에 휩싸인 끔찍한 느낌에서 벗어날 수 있었다. 치유의 소용돌이와 관련된 낙엽 이미지는 마리우스의 새하얀 모피 바지가 그랬던 것처럼 그녀가 압도되지 않고 깊은 트라우마를 직면할 수 있게 해 주었다. 그 결과 마거릿은 두려움과 수치심을 주는 과거의 고통에서 벗어날 수 있었다.

유기체의 회복 에너지

트라우마의 변화는 절차에 따라 의식을 치르고 흐뭇하게 앉아서 결과를 기다리기만 하면 되는 것이 아니다. 트라우마가 알아서 사라지는 마법의 알약 같은 건 없다. 변화를 일으키려면 자신에 대한 기본적인 믿음들에 도전하겠다는 의지가 필요하다. 전혀 이해할 수 없는 반응과 감각을 신뢰할 수 있어야 하고, 지각된 것들이 언뜻 이상해 보일 때 균형을 잡아줄 원초적인 자연법칙과 조화를 이루며 그 흐름에 자신을 맡기겠다는 의지가 있어야 한다. 트라우마를 겪는 사람들이 건강한 삶을 되찾기 위해서는 모든 신념과 선입견을 내려놓아야 한다. 하지만 이 과정이 결코 하루아침에 이루어지지 않는다는 것을 반드시 기억하라.

〈그림 5〉는 롤러코스터를 통해 트라우마 사건을 경험하는 개인을 묘사한 것이다. 롤러코스터에 탄 사람들은 거꾸로 뒤집히는 구간에 다다르면 본능적으로 온몸에 힘을 주고 버틴다. 원심력 덕분에 떨어지지 않는다는 사실을 자각하지 못한다. 그래서 다시 출발점으로 돌아오면 살아남았다는 희열을 경험하기도 한다. 트라우마를 재연하는 사람의 경우 이런 안도감과 짜릿함에 중독될 수도 있다. 그렇게 되면 트라우마는 끝나지 않

[그림 5]

트라우마 재연의 패턴

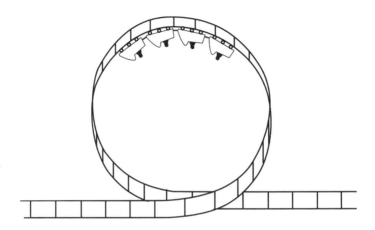

고 영원히 계속된다.

트라우마 재조정은 몸의 에너지 흐름을 신뢰하고 따르는 법을 배움으로써 긴장하거나 공포에 질리지 않고 트라우마의 고통에서 해방될 수 있는 최선의 치유법이다. 소매틱 경험 요법에서 재조정은 유기체의 자연스러운 회복 법칙을 경험하며 배우는 과정을 중심으로 일어난다. 앞에서 언급한 마리우스와 이장에서 소개한 마거릿은 둘 다 트라우마와 치유의 소용돌이를 통과하면서 다양한 감각들을 경험했다. 이들은 자연법칙에 자신을 내맡기고 따름으로써 몸과 마음이 완벽히 호응하는 통달에 다다를 수 있었다. 이 과정에서 이들이 배운 힘은 '원심력'이다. 이 두 사람은 불안정한 진동을 타고 치유의 소용돌이로 들어가 두 소용돌이 사이를 리드미컬하게 움직이면서, 생존 에너지의 원심력이 자신들을 우주 공간으로 튕겨 보내지 않을 것이라는 확신을 갖게 되었다. 그리고 트라우마를 재조정하면서 자신이 살아남을 수 있는 든든한 생존 자원을 가졌다는 사실을 깨달았다. 마리우스와 마거릿의 치유 과정은 특별하지만 예외적인 사례는 아니다. 우리 역시 초기 조건들을 정확히 설정하고 그에 맞춰 나아간다면 자연법칙이 인도하는 치유의 여정을 안내받을 수 있을 것이다.

기억에 대한 오해

트라우마 치유에서 가장 심오하고 개념적으로 어려운 부분은 기억의 역할을 이해하는 것이다. 많은 이들이 트라우마를 치유하려면 과거의 끔찍한 기억을 떠올려야 한다는 잘못된 믿음을 가지고 있다. 끔찍한 기억을 끄집어낼 때 벌어지는 가장 확실한 일은 자신이 손상된 느낌, 분열된 느낌, 고통, 수치심, 불행 등을 느낀다는 것이다. 그러면 우리는 더 나은 기분을 느끼기 위해 불행의 원인을 찾아본다. 원인을 알면 고통이 줄어들리라고 기대하는 것이다.

하지만 어떤 사건을 꽤 정확하게 '기억'할 수 있다고 해도 그것이 우리를 치유해 주지는 않는다. 오히려 이 불필요한 행위로 과거의 경험을 재연하고 트라우마의 소용돌이로 다시 빨려들어갈 수 있다. 나는 기억을 찾는 데 집착하다가 더 심한 고통과 스트레스를 겪고 부동 반응이 더욱 굳어진 경우를 많이 보았다. 그들은 기억을 쫓을수록 늘어나는 고통을 설명해 줄 수 있는 '기억'을 또 찾아야 하기 때문에 점점 더 심한 악순환으로 빠져들게 된다. 그렇다면 트라우마 치료에서 기억은 얼마나 중요한 역할을 하는 것일까?

트라우마와 관련 있는 기억은 두 종류로 나눌 수 있다. 하나는 비디오카메라처럼 연속적으로 사건을 기록하는 형태의 기억이다. 이것을 명시적 기억explicit memory 또는 의식적 기억이라고 하며, 이 기억에는 어젯밤 모임에서 했던 행동들 같은 정보가 저장된다. 다른 하나는 암묵적 기억implicit memory 또는 절차적 기억procedural memory이라는 무의식적 기억으로, 인간의 신체 기관들이 중요한 사건에 대한 경험을 정리하여 저장하는 기억이다. 이를테면 자전거 타는 법처럼 생각하지 않고 무의식적으로 하는 일들과 관련이 있다. 몸이 기억하는 것이다.

트라우마를 겪는 사람들이 매우 구체적으로 느껴지는 '기억'을 내려놓기란 여러 면에서 정말 어려울 수 있다. 특히 트라우마 사건에서 느낀 감정을 다시 겪으면서 해방감을 느끼도록 하는 심리치료를 만능 해결책처럼 이용해 온 사람에게는 더욱 그럴 것이다. 하지만 충격요법은 기억을 강화하여 절대적 진실로 여기게 하고 의도치 않게 트라우마의 소용돌이를 더욱 견고하게 만들 가능성이 높다. 기억에 대한 잘못된 이해는 변화를 방해하는 오해 중 하나다.

앙리 베르그송Henri Bergson은 뇌의 기능이 과거를 보존하는 데 있지 않다는 주장을 펼쳐 시대를 앞서간 사람이다. 우리는 어떤 일을 기억하기 때문에 그 일이 일어난 것을 안다고 생각한다. 하지만 많은 학자들은 이런 생각이 경험의 다양한 요소에서 의미를 만들어 내려는 인간의 욕구에서 나오는 환상이라고 말한다. 이즈리얼 로젠필드Israel Rosenfield는 『기억의 발명The Invention of Memory』이라는 책에서 의식적 경험을 자세히 살펴본 후 몇 가지 놀라운 결론에 이른다. 특히 기억에 대해 우리가 흔히 생각하는 개념이 부적절하고 잘못된 것이라고 말한다. 그는 이렇게 추론한다. "우리는 고정된 이미지가 아니라 현재에 맞게 재창조된 과거, 즉 상상에 의존한다." 면역학 연구로 노벨상을 받은 제럴드 에덜먼Gerald Edelman은 이 현상을 '기억된 현재The

Remembered Present'라는 절묘한 단어로 표현했다. 아크테르 아센 Akhter Ahsen은 『직관적 심리치료의 기본 개념Basic Concepts in Eidetic Psychotherapy』[4]이라는 책에서 창조성과 고정된 기억이 서로 반대된다는 사실을 보여 주었다.

기억은 사건을 순서대로 기록하는 것이라기보다 미스터 포테이토 헤드Mr. Potato Head(애니메이션 토이 스토리에 등장하는 캐릭터로 눈, 코, 입, 손발 등을 붙이고 뗄 수 있는 장난감-옮긴이)를 갖고 노는 것에 가깝다. 마음은 사건 당시의 느낌과 비슷한 각성과 느낌을 일으키는 색, 이미지, 소리, 냄새, 해석을 선택하고 그것을 다양하게 조합하여 의식 표면으로 가져온다. 그리하여 우리가 기억이라 부르는 것을 만들어 낸다. 생존과 관련하여, 기억은 특정한 유형의 지각이며 사건의 정확한 복제가 아니다. 이런 의미에서 기억은 유기체가 하나의 통일된 경험을 만들어 내는 과정이라고 할 수 있다. 이 하나의 통일된 경험은 실제 사건을 충실히 나타내는 것일 수도 있고 여러 사건들에서 관계없는 자료들을 모아 연출한 일종의 '모자이크'일 수도 있다. 흔히 같은 사건을 목격한 사람들이 놀라울 정도로 다르게 사건을 묘사하는 이유도 이 때문이다.

---

4 Brandon House, 1968

뇌는 기억하지 않는다

백 년이 넘도록 과학자들은 뇌가 각기 다른 감각을 담당하는 영역들로 나뉘어 있다는 사실을 증명해 왔다. 뇌에는 시각, 청각, 후각, 미각, 촉각 등의 감각을 담당하는 중추가 있다. 하지만 과거에는 개인이 경험한 사건이 하나의 완성된 기억으로 저장되는 뇌의 특정 영역이 있다는 가설이 지배적이었다. 그렇다면 이 이론을 뒷받침하거나 반대로 그 타당성에 이의를 제기하는 두 가지 연구 결과를 살펴보자.

펜필드의 간질 발작 환자 연구

기억이 뇌 안에 저장된다는 대중적 믿음은 캐나다의 저명한 신경외과 의사 와일더 펜필드^{Wilder Penfield}의 연구에 크게 영향을 받은 것이다. 『마음의 신비^{Mysteries of the Mind}』[5]라는 그의 저서에도 실렸듯이 펜필드는 1930년대에 뇌전증을 앓고 있는 성인 수백 명을 대상으로 뇌에 미세한 전기 자극을 주는 연구를 진행했다. 그가 알고자 했던 것은 생명 활동과 관련되지 않은 뇌의 특정 영역을 수술로 제거하여 뇌전증 발작을 없앨 수 있느냐였

5 Princeton University Press, 1975

다. 펜필드는 이렇게 기록했다. "갑자기 환자가 어린 시절에 했던 생각들이 그의 머릿속에 우르르 떠올랐다. 과거 의식의 흐름(기억)이 돌아온 것이었다. 어떤 때는 당시에 본 것들을 모두 떠올렸다. 전극을 떼면 이런 일이 멈췄다. 이 전기 자극은 기억을 무작위로 떠오르게 했다. 대부분 특별한 의미도 없고 중요하지도 않은 일들이었다."

펜필드와 그의 행보를 따른 학자들은 그가 뇌의 특정 영역에 새겨진 영구적 기억의 존재를 발견했다고 결론을 내렸다. 최근까지 다른 과학자들 역시 이에 동의한다. 하지만 펜필드는 대부분의 '플래시백'이 기억보다 꿈에 가까웠다는 점을 분명히 밝혔다. 그의 환자들은 종종 이렇게 말했다. "계속 꿈을 꾸고 있어요… 계속 뭐가 보여요… 꿈에서요." 게다가 펜필드가 조사한 500여 명의 환자들 중 과거의 기억이 떠오른다고 한 사람은 8퍼센트도 안 되는 40명뿐이었다.

래슐리의 쥐 실험

펜필드가 연구를 진행할 무렵, 실험심리학자 칼 래슐리Karl Lashley도 기억을 저장하는 뇌의 영역을 발견하려고 시도하고 있었다. 래슐리는 다소 소름 끼치는 대규모 실험을 여러 번에 걸쳐 진행했다. 그는 쥐에게 미로를 빠져나가는 법을 가르친 다음 체계적으로 쥐의 뇌를 조금씩 잘라냈다. 쥐들은 대뇌피질이 거의 다 잘린 후에도 미로를 빠져나갈 수 있었다. 래슐리는 쥐들이 거의 아무것도 할 수 없을 정도로 뇌가 남아 있지 않은데도 미로에 대한 기억이 남아 있다는 데 놀랐다. 그는 뇌의 어느 부위에 기억이 저장되는지 알아보는 데 거의 30년을 바쳤지만 결국 발견하지 못했다.

내로라하는 과학계 인재들의 노력과 천문학적 비용이 들었음에도 불구하고 기억이 저장되는 뇌의 부위가 따로 있다는 증거는 거의 발견되지 않았다. 이 뜻밖의 결과로 기억의 본질에 대한 이런저런 추측과 짐작이 등장하게 되었다. 에델먼, 로젠필드, 아센을 비롯한 학자들은 기억을 보는 또 다른 관점을 제시했다.

기억이 사건을 정확히 기록하는 장치가 아니라는 이 견해는 기존의 통념을 완전히 뒤집는다. 이것은 자신에게 일어난 일을 개연성 있는 영화로 만들기 위해 충격적인 기억들을 끊임없이 되새기는 많은 트라우마 피해자들의 고통을 조금이나마 덜어준다.

하지만 너무 진짜 같아!

기억이 사건에 대한 정확한 기록이 아니라면 강렬하게 각성된 상태에서 떠오른 몇몇 장면들은 왜 그렇게 진짜처럼 느껴질까? 최근의 연구에 따르면 어떤 장면의 현실감은 그와 연관된 각성의 정도에 따라 강화된다고 한다.

펜필드가 연구를 수행하던 몬트리올의 외과의사 피에르 글로어Pierre Gloor는 50년 전 펜필드가 연구했던 '기억'이 뇌의 감각 영역과 변연계가 동시에 전기 자극을 받을 때에만 활성화된다는 사실을 발견했다. 변연계는 주로 느낌과 감정을 관장하는 부위다. 글로어와 동료들은 이렇게 결론을 내렸다. "어쩌면 지각과 관련된 정서(감정)와 동기의 중요도가 어떤 지각을 의식적으로 경험하거나 회상하는 데 필요한 전제 조건일지도 모른다. 이는 사건들이 의식적으로 지각되려면 아주 미약하게라도 정서적 중요성을 띠어야 한다는 의미일 수도 있다." 다시 말해서 이들은 기억이라는 경험을 하려면 감정적 느낌이 반드시 필요하다는 결론에 이르렀다.

다른 연구에서 윌리엄 그레이William Gray는 범죄를 저지른 청소년들에게 새로운 행동을 가르치려는 시도를 하고 있었다. 그는 아이들이 현실을 지각할 때 감정적인 요소가 결부되어야만 행동이 변화한다는 사실을 발견했다. 그렇지 않은 경우 아이들은 배운 것을 '잊어버렸다'. 다른 연구자들이 글로어와 그레이의 발견을 발판 삼아 확장된 연구를 진행한 결과 사실상 같은 결론이 나왔다. 경험을 기억하려면 그와 연관된 감정이나 느낌이 반드시 필요하다는 것이다. 하지만 압도당할 정도로 각성이 고조되었을 때는 어떤 일이 일어날까?

생명을 위협하는 사건들은 각성을 일으킨다. 이에 반응하여 신경계는 생존 모드에 들어가고 유기체는 즉각 결정을 내려야 하는 상태가 된다. 이들은 이 일들을 해내기 위해 현재 상황의 요소들을 살펴보고 조사에 착수한다. 현재와 과거를 비교하고 현재의 난관을 헤쳐 나가는 데 도움이 될 반응들을 찾아본다. 기록된 기억은 여기서 아무 쓸모가 없다. 수많은 기억의 목록을 훑어볼 시간이 없기 때문이다. 당장 바로 전체 그림을 볼 수 있어야 한다.

우리의 경험은 각성, 활성화, 감정, 반응의 강도에 따라 정리된다. 그리고 각각의 경험들은 일어난 당시의 각성 수준에 따라 분류된다. 비유하자면 여러 층으로 된 도서관에 인생의 여러 사건들이 담긴 그림책이 차곡차곡 쌓여 있는 셈이다. 아래층에는 낮은 각성과 관련 있는 책들이 있고 높은 층에는 높은 각성과 관련 있는 책들이 있다. 각각의 책들이 활성화의 종류나 수준에 맞는 장면과 반응들을 담고 있다고 생각한다면, 우리는 수준별로 적절히 이용 가능한 자원과 반응들을 선택할 수 있을 것이다. 어떤 사건에 반응해야 할 때 도서관 전체를 뒤져볼 필요 없이 적절한 활성화 수준에 있는 책들을 살펴보면 되는 것이다.

예를 들어보자. 생명을 위협하는 사건에 적절히 반응하기 위해 신경계는 그 사건과 관련 있는 중요한 장면들과 이용 가능한 반응들 중에서 맥락과 각성 수준이 사건과 비슷한 것들을 찾아본다. 그런 다음 그중 하나를 선택해서 행동에 옮긴다. 찾아보고, 선택하고, 행동한다. 위협에서 각성으로 이어지는 일련의 반응에는 능동적 반응이 포함되어야 한다. 그렇지 않으면 이 반응은 부동 반응이 되어 완료되지 못한다.

생명이 위험한 사건에 대한 부적응적인 반응은 결코 그 자체로 끝나지 않는다. 이를테면 신경계가 끊임없이 적절한 반응을 찾기 위해 검색하지만 실패한 경우가 이에 해당한다. 중요한 정보를 찾지 못하면 분노, 공포, 무력감이 심해지고, 각성이 고조되어 신경계는 적절한 장면을 찾는 데 더 몰두하게 된다. 이렇게 찾아낸 장면들은 트라우마 감정들과 연관되어 있기 때문에 에너지 방출 과정을 완료할 만한 적절한 반응을 제공하지 않고 각성만 더 부채질할 수 있다. 더욱 고조된 각성은 조금이라도 의미 있는 장면을 찾기 위해 광적으로 검색을 이어간다. 그 결과 책장에 저장된 장면을 찾고 또 찾는 악순환이 계속되고, 절박한 마음에 마구잡이로 아무 장면이나 '기억'을 선택하기 시작한다. 이렇게 선택된 모든 장면들은 높은 각성 상태나 그에 상응하는 감정들과 관련이 있지만 당장의 생존에는 그리 유용하지 않은 것들이다. 이것이 '트라우마 소용돌이'의 연료다.

어떤 감정이든 하나의 장면과 결합되면 거기서 기억이라는 경험이 만들어진다. 절망에 빠진 사람은 장면의 내용이야 어떻든 지금의 절망과 비슷한 분위기를 풍기는 감정이 연결된 장면을 선택한다. 이렇게 하나의 '기억'이 만들어진다. 이 기억은 실제로 일어난 틀림없는 사실로 받아들여지는 경우가 많다. 그 경험과 결부된 자극적인 감정 때문에, 트라우마를 겪는 사람은 그것이 사실이라고 믿어 버린다. 만약 심리치료 중에 이렇게 격한 감정에 도달한다면, 치료사가 어떤 제안이나 유도 질문을 하더라도 십중팔구 확대되거나 축소된 경험과 뒤섞여 버릴 것이다. 그러면 내담자는 그렇게 감정과 연관된 경험을 절대적 사실로 받아들이고 그것에 고집스럽게 집착하기 시작할 것이다.

기억은 상대적 관점과 절대적 관점, 두 가지 관점에서 이해되어야 한다. 우리가 절대적 사실을 찾으려는 집착을 내려놓을 때, 재조정 과정에서 일어나는 트라우마 소용돌이와 치유의 소용돌이 사이를 리드미컬하게 오가며 온전하고 부드러운 치유를 경험할 수 있다.

마거릿과 마리우스를 비롯한 많은 사람들이 그랬듯이, 정확한 사실일 필요가 없는 정서적 '기억'을 허용한다면 스스로에게 치유의 권한을 부여할 수 있다. 감정과 결부된 경험을 '진짜 사실'이라고 확신하지 않는다면 자신의 활력, 힘, 역량을 훨씬 더 능동적으로 수용할 수 있게 된다. 우리는 과거에 어떤 일을 겪었으리라고 짐작할 때가 더 많다는 것을 기억하라. 과거에 일어났는지 아닌지 애매모호한 일들은 여러 경험의 혼합물 정도로 받아들이면 된다. '기억'을 한 관점이라고 생각하고 정확한 사실을 밝혀야 한다는 강박을 갖지 않는 것이 현명하다.

대부분의 기억은 실제로 일어난 어떤 일을 순서대로 일관성 있게 기록한 것이 아니다. 기억은 경험의 요소들을 짜맞추어 일관성 있고 체계적인 하나의 조직체로 만드는 과정이다. 게다가 우리는 강렬한 감정과 감각들을 가라앉히기 위해 트라우마 경험의 요소들을 여러 조각으로 분리해 기억할 때가 많다. 그 결과 기억하고 있는 트라우마 사건 중에서 몇몇 부분들만 정확할 가능성이 높다. 일반적으로 트라우마 경험에 대한 전반적인 '기억'은 다양한 경험들의 여러 부분들을 짜깁기해 놓은 것에 가깝다. 이 '용광로'에서 뒤섞이는 요소들은 실제로 경험한 일일 수도 있고 책이나 신문, 들은 이야기, 꿈, 영화, 친구나 심리치료사와의 대화 등을 통해 경험한 일들일 수도 있다. 요컨대 어떤 경험에 대한 '기억'을 만들기 위해서는 그와 비슷한 감정이나 정서적 분위기를 띠는 어떤 감각이나 정보라도 불러올 수 있다. 각성 및 감정적 영향력이 비슷하다면 유기체에게 경험의 모든 요소들은 동등하게 취급받는다.

펠트센스는 우리에게 "이게 지금 내 느낌이야"라는 메시지를 전달하려 한다. 하지만 각성 상태는 집착에 가까운 탐색 반응을 일으키기 때문에 높은 각성을 경험하는 사람은 탐색에 걸려든 어떤 정보라도 각성의 '실제 원인'으로 해석하는 경향이 있다. 그 정보가 사실이든 아니든 진짜 기억으로 믿어 버리는 것이다. 트라우마에 따라오는 감정들은 너무 강렬해서 '기억'은 실제보다 더 현실처럼 느껴질 수 있다. 그뿐만 아니라 치료사나 집단 치료의 구성원들, 책, 대중매체로부터 압력을 받는 트라우마 당사자들은 고통의 원인을 빨리 찾아야 하기 때문에 만들어진 기억을 쉽게 믿어 버린다. 이렇게 하여 거짓 기억false memory이 만들어진다.

안타깝게도 많은 심리치료사들이 원인 불명의 트라우마 증상을 치료하기 위해 강렬한 기억 자극 기법을 사용한다. 그러나 이렇게 감정적으로 몰아붙이는 방식은 높은 각성 상태만 활성화할 가능성이 있다. 각성이 높아지면 여러 경험들을 이어붙인 짜깁기 영상이 머릿속에 떠오르고, 우리는 그 강렬함의 정도에 따라 이것들을 '진짜' 기억으로 인지하게 될 수 있다. 그 기억이 객관적으로 정확한지는 중요하지 않다. 중요한 것은 그와 관련된 각성이 더 심해지느냐 해소되느냐 하는 문제다.

신경계에 갇혀 해소되지 못한 각성 에너지는 반드시 방출되어야 한다. 하지만 기억은 이 과정과 아무 상관이 없다. 생존 본능으로 일어난 반응들이 완료되어야 변화가 시작되는 것이다.

우리가 기억을 정보, 이미지, 반응들이 뒤섞인 혼합물로 인식한다면 자유로 향하는 문이 열린다. 사건이 있는 그대로 기록된 절대적 기억이라는 개념은 우리를 제한하고 얽매이게 할 때가 많다. 사실에 기반한 기억이라는 개념에 집착할수록 그 기억과 관련하여 늘 하던 대로만 하게 된다. 해소되지 않은 트라우마는 과거 방식을 반복하게 하므로 우리는 이러지도 저러지도 못하는 딜레마에 빠진다. 이럴 때는 새롭고 창조적인 가능성들이 조합되기 어렵다. 트라우마를 변화시키는 열쇠는 두려움으로 얼어붙은 유기체가 유동적이고 즉흥적인 방향으로 변화하도록 천천히 나아가는 것이다.

정신적 외상을 입으면 유기체의 정보 처리 방식에 차질이 생긴다. 정보를 분류하는 정상적인 능력과 유동성이 거의 사라진다. 대체로 정확한 기억이 나는데도 불구하고 자꾸 기억에 치중하려는 마음이 든다면 그런 선택이 트라우마 반응에서 빠져나오는 능력을 저해한다는 사실을 깨달아야 한다. 트라우마에 변화가 일어나려면 '기억'과 맺고 있는 관계가 달라져야만 한다.

살아남았다는 자부심과 치유의 소용돌이

트라우마에 시달리는 사람들은 희생자가 되었다는 느낌과 무력감의 이유를 설명하기 위해 학대받은 기억을 탐색한다. 그러나 우리는 트라우마에서 살아남은 것을 스스로 자랑스럽게 여길 필요가 있다. 끔찍한 상황을 기억해 내고 그 안에서 살아남았다는 사실을 아는 것은 자존감self-esteem을 형성하는 데 중요한 요소다. 하지만 이것은 문제가 해결된 느낌, 권한이 강화된 느낌, 통달 등 진정한 치유와 변화에 따르는 건강한 느낌들과 비교하면 덜 중요해 보인다.

생존자로서의 자부심은 트라우마를 겪은 사람이 신체적, 감정적, 사회적으로 다시 건강하게 복귀할 준비가 됐음을 보여주는 지표다. 우리는 살아남았다는 것을 의식할 때 기분이 좋아진다. 트라우마를 겪으며 움츠러든 자아가 조금이나마 힘을 얻고 확장된 느낌을 즐길 수 있기 때문이다. 이러한 자부심은 정체성의 근원을 제공하고, 완료의 의미를 담고 있으며, 치유의 여정을 시작하기에 좋은 출발점이 된다.

기억이 과거의 실제 사건들을 정확하고 구체적으로 반영한다는 생각을 버린다고 해서 생존자로서 삶을 확장하고 긍정하는 경험을 포기한다는 의미는 아니다. 나를 찾아온 한 의뢰인은 어린 시절 범죄 조직원들에게 학대당한 일이 있었다. 그 경험을 치료하는 과정에서 그는 이렇게 말했다. "더 이상 기억으로 내 경험을 정당화할 필요가 없어요."

확장되는 느낌과 기쁨은 유기체가 치유의 소용돌이로 들어가고 있다는 증거다. 다시 한번 말하지만, 치유의 소용돌이가 변화 과정을 돕게 하려면 사건을 어떤 식으로 '기억해야 한다'는 선입견을 내려놓을 수 있어야 한다. 펠트센스가 검열받지 않고 자유롭게 메시지를 전달하도록 해 주는 것이다. 실제로 일어난 일을 인정하는 것이 하나도 중요하지 않다는 의미는 아니다. 다만 이러한 진실은 치유와 트라우마의 소용돌이 사이를 유동적으로 오가면서 얼마든지 경험할 수 있다. 그곳에서 우리는 삶에서 일어나는 사건들이 불러일으킨 감정적 영향을 수용하고 악몽에서 깨어나는 느낌을 경험할 것이다. 그리고 경이로움과 반가움을 느끼며 꿈에서 깨어날 것이다.

기억이 아니라 느낌이 중요하다

어떤 사건이 '실제로' 일어났는지 끝끝내 알고 싶다면 내가 할 수 있는 일은 당신이 이미 아는 점들을 말해 주고 건투를 빌어 주는 것뿐이다. 어쩌면 당신은 불가능한 일을 해내려고 하는지도 모른다. 내 생각에는 이 책뿐만 아니라 그 무엇도 당신이 찾는 사실을 발견하도록 도와주지 못한다. 그러나 당신의 주된 목표가 치유에 있다면 이 책에서 많은 도움을 받을 수 있을 것이다.

치유를 원한다면 처음으로 해야 할 일은 '있는 그대로의 사실'이 그리 중요하지 않을 수 있다는 가능성에 마음을 여는 것이다. 펠트센스가 치유에 필요한 것들을 당신에게 알려 주고자 할 때, 사건이 실제로 일어났을지도 모른다는 두려움과 실제로 일어났다는 맹목적 확신, 그 증거를 찾으려는 집요한 탐색은 펠트센스의 목소리를 듣지 못하게 만든다.

우리가 치유 과정에 온 힘을 쏟는다면 우리의 반응 뒤에 숨겨진 진실에 대해 더 많이 알게 될 것이다. 유기체는 트라우마로 분열을 겪으면서도 자신을 쇠약하게 한 사건들과의 연결을 계속 유지한다. 펠트센스는 이러한 사건들을 드러내 보여 줄 수도 있고 그러지 않을 수도 있다. 그것이 중요하지 않다는 점을 늘 명심해야 한다. 우리가 치유를 원한다면 구체적인 사실을 아는지 모르는지는 중요하지 않다.

치유 과정은 내부에서 시작된다. 뼈가 부러졌을 때 깁스를 하기 전에 이미 뼈는 다시 붙기 시작한다. 신체의 치유에 작용하는 물리법칙이 있듯 마음의 치유에도 작용하는 법칙이 있다.

우리는 인간의 지성이 어떻게 유기체의 본능이라는 강력한 힘을 무시할 수 있는지 보아 왔다. 트라우마를 겪는 사람들은 간혹 트라우마를 마치 자신의 숙명처럼 받아들이고 그 증상들에 일종의 애착을 형성하기도 한다. 이런 애착이 일어나는 데는 무수한 심리적·생리적 이유가 있지만, 그보다 더 중요한 것은 증상에 대한 이런 애착을 거두는 만큼 치유될 수 있다는 점이다. 우리가 부여한 힘으로 인해 그 증상들이 우리의 통제를 벗어난 독립적인 실체가 됐기 때문이다. 우리는 신경계에 갇힌 에너지와 함께 그 증상들도 마음에서 떠나보내야 한다.

그저 할 일을 하는 동물처럼

나는 그동안 많은 치유의 기적들을 보아 왔다. 그래서 더 높은 차원의 지혜와 질서가 있다는 사실을 부인하기 어렵다. 더

솔직히 말하자면, 나는 이 우주에 질서를 부여하는 강력한 자연의 법칙이 있으며, 이 법칙에 따라 유기체가 끔찍하고 공포스러운 경험들을 견디고 회복할 수 있다고 믿는다. 이 우주 안에 신도, 지혜도 없다면 어떻게 그럴 수 있겠는가?

트라우마 반응들을 겪어 본 사람들은 이후 자신들의 삶에 동물적 측면과 영적 측면이 모두 존재하게 되었다고 말한다. 이들은 전보다 더 자연스럽고 거리낌 없이 자신의 주장과 기쁨을 표현한다. 그리고 자신이 느낀 동물적 본능을 기꺼이 받아들이며 동시에 스스로 더 인간다워졌다고 여긴다.

트라우마가 변화하여 치유될 때 우리가 받는 선물 중 하나는 삶을 경외하고 숭배하는 어린아이 같은 마음이다. 트라우마에 압도당했다가 회복될 때, 우리는 자연의 흐름을 느끼고 지혜를 배운다. 본능으로 움직이는 유기체는 판단하지 않고 그저 할 일을 한다. 우리가 해야 할 일은 그 길을 막지 않는 것이다.

트라우마 소용돌이와 치유의 소용돌이 사이를 오가며 트라우마를 재조정할 때 우리는 보편적인 극단의 법칙universal law of polarity을 활용한다. 이 법칙은 트라우마를 변형시키는 데 도움을 주는 도구이며, 그 과정에서 우리는 삶의 리드미컬한 맥박을 직접 경험하게 된다. 그리고 자연의 법칙을 활용함으로써 우리의 현실을 조직하는 순환적인 패턴(계절의 변화, 낮과 밤처럼

일정한 주기가 반복되는 법칙)을 알아차리기 시작한다. 이것은 삶
과 죽음의 관계에 대한 더 높은 수준의 이해로 이어질 수 있다.

사회적 트라우마 변화시키기

> 자아는 그 본성이 평화이고, 표현이 생각이며,
> 행동이 무조건적 사랑인 본질적 인간성이다. 자신과 타인의 인간성을
> 존경하고 존중할 때 삶의 모든 영역에서 치유를 경험할 것이다.
> —조앤 보리센코, 「몸 돌보기, 마음 치료하기」

과학기술이 발전하고 인구가 빠르게 증가하면서 시간과 거리의 제약이 거의 없는 세상이 되었다. 이로 인해 인류는 전쟁, 테러, 대량 살상 무기로 절멸할 가능성, 심화되는 빈부 격차, 환경 파괴에 공동으로 대처해야 하는 의무를 갖게 됐다.

대도시에서는 오랫동안 축적된 스트레스, 트라우마, 적대감, 경제적 압박의 영향으로 재산과 생명이 마구잡이로 파괴되고 있다. 부자들은 먹이를 사냥하듯이 서로의 회사를 집어삼킨다. 약물에 중독된 상태로 태어난 세대가 성인이 되어 일으킬 수 있는 끔찍한 폭력을 생각하면 미래는 더욱 암담해 보인다.

세계 인구가 증가하고 우리 사회가 더욱 긴밀하게 연결됨에 따라 서로 협력하며 조화롭게 살아가는 법을 배울 필요성도 높아지고 있다. 서로 협력하며 당면한 문제들을 해결하지 않는다면 인류는 파멸의 길을 걷게 될 것이다. 하지만 우리는 개인과 공동체 차원에서 경제적, 민족적, 지리적 문제들을 논의하여 처리하는 대신 서로를 파괴하는 데만 골몰하고 있다. 이런 태도는 종종 전쟁의 원인이 되기도 한다. 하지만 과연 이것이 전쟁의(파멸의) 근본적인 원인일까? 이 질문에 대한 답은 인류와 지구의 생존을 결정지을 수도 있다.

전쟁은 그 뿌리가 깊다. 정직한 사람이라면 우리 모두가 폭력을 휘두를 수도 있고 사랑을 베풀 수도 있는 존재임을 인정할 것이다. 둘 다 똑같이 인간에게 기본적으로 있는 측면들이다. 하지만 전쟁의 뿌리를 이해하는 데 있어 이보다 더 중요한 요소는 트라우마에 취약한 인간의 특성이다. 트라우마의 영향력이 처음으로 인식된 계기가 전쟁에서 돌아온 군인들이 겪은 끔찍한 증상들이었다는 점을 잊어서는 안 된다. 앞장에서 논의했듯 사람들은 트라우마의 충격을 인지하지 못할 때 자꾸만 그 사건을 재연하고자 하는 강박적 욕구에 시달린다.

인류 공동체 전체가 전쟁과 같은 경험을 한 뒤 집단적으로 재연 충동에 사로잡힌다면 어떻게 될까? 무지성의 집단적 강박이

고개를 처든다면 냉전 후의 신세계 질서New World Order 따위는 무의미한 논쟁이 될 것이다. 무엇보다도 전쟁을 치른 민족들 사이의 지속적인 평화는 과거의 테러, 폭력, 끔찍한 공포로 일어난 트라우마를 대대적으로 치유하지 않고서는 이룩할 수 없다. 트라우마를 재연하고자 하는 충동은 사회를 끝없는 대립으로 몰고 간다.

동물들은 같은 종을 사냥하지 않는다

동물들은 대개 먹이를 먹거나 짝짓기를 하고 있을 때 공격적인 행동을 보인다. 내셔널 지오그래픽과 야생에 관한 많은 TV 프로그램 덕분에 이러한 행동 특성은 우리에게 잘 알려져 있다. 동물들은 일상적으로 다른 종을 사냥하고 그것을 먹는다. 하지만 같은 종 안에서는 이런 일이 좀처럼 일어나지 않는다. 자연이 넘지 말아야 할 선을 그어 놓은 것처럼 말이다. 예외도 물론 있지만 일반적으로 같은 종끼리는 심하게 상처를 입히는 일조차 드물다.

동물의 공격성을 강화하는 강력한 진화의 원칙에도 불구하고 대부분의 야생동물은 동족을 죽이는 것을 금기로 여긴다.

또한 같은 종 안에서는 치명상을 방지하는 의식적 행동들이 진화해 왔다. 어떤 종들은 이런 의식적 행동들을 공격성 억제뿐만 아니라 대결이 끝났다는 신호로 쓰기도 한다. 예를 들면, 수사슴들은 대치할 때 뿔을 이용해서 서로의 머리를 움직이지 못하게 한다. 이 대결의 목적은 상대 사슴을 죽이려는 것이 아니라 지배권을 확보하려는 것이다. 이어지는 몸싸움은 한쪽이 죽을 때까지 하는 결투라기보다 레슬링 경기에 가깝다. 둘 중 하나가 우위를 점하면 상대가 그 영역을 떠남으로써 싸움이 끝난다. 반면 수사슴이 퓨마 등 다른 종에게 공격당한다면 사슴의 뿔은 공격자를 찌르는 창이 될 것이다.

이와 마찬가지로 개와 늑대도 같은 종끼리 싸울 때는 물어서 상처를 입히는 정도지 죽이지는 않는다. 색, 깃털, 춤, 위협적 행동을 과시하여 승패를 가리는 종들도 있다. 맹독류의 동물이라도 그 강점을 이용하여 같은 종을 공격하는 일은 거의 없다. 식인 물고기로 알려진 피라냐는 서로 꼬리를 후려치는 방식으로 싸우고, 방울뱀은 한쪽이 쓰러질 때까지 서로 머리를 들이받는다.

이러한 의식적인 행동들은 같은 종 안에서 충돌이 끝났음을 알리는 신호로도 사용된다. 두 동물이 맞닥뜨리는 상황은 대개 한쪽이 복종의 자세를 취하는 식으로 끝난다. 이를테면 더 약한 쪽이 드러누워 배를 보임으로써 자발적으로 공격에 완전히 취약한 상태로 들어가는 것이다. 일반적으로 같은 종 안에서는 이렇게 의식적 행위로 굳어진 다양한 화해의 몸짓을 서로 인식하고 존중한다. 같은 종의 동물들이 같은 먹이, 거처, 짝을 필요로 한다는 점을 고려하면 이는 놀라운 일이다. 사실 이런 행동에는 분명한 진화적 이점이 있다. 이 행동들은 공동체의 질서와 서열을 세우면서도 집단의 규모를 축소시키지 않는다. 그리하여 그 종의 궁극적 생존율을 높인다.

인간 역시 수렵·채집 시대에는 서로 간의 충돌에 제약이 있었다. 그러나 현대의 '문명화된' 인간들은 더 이상 그렇지 않은 것이 분명하다. 물론 우리도 동물과 마찬가지로 인간으로서 같은 인간을 죽이는 것이 진화적으로 금지되어 있다는 사실을 안다. 그래서 같은 공동체의 구성원을 죽일 경우 정해진 처벌을 받아야 하는 규칙이나 법률이 있다. 하지만 전쟁에서 일어나는 살상에 대해서는 이 원칙이 적용되지 않는다.

인간의 전쟁을 인류학적 관점에서 살펴보면 언제나 그 목적이 적을 죽이거나 불구로 만드는 데 있지는 않았다. 적어도 몇몇 집단에서는 대규모 살상과 잔혹한 만행을 피하려고 했던 증거들이 존재한다. 몇몇 민족의 의식적 행위들은 동물의 공격성 억제 방식을 연상케 하기도 한다.

에스키모 문화권에서는 부족이나 이웃 공동체 간의 공격은 있을 수 없는 일이다. 그들은 갈등이 발생하면 맞잡고 씨름하기, 귀 때리기, 머리 들이받기 등으로 결판을 낸다. 그뿐만 아니라 이들은 노래 대결을 통해 갈등을 해결하는 것으로도 알려져 있다. 각자 상황에 맞게 노래를 만들고 부르면 청중이 승자를 결정한다고 한다. 몇몇 원시 부족들은 충돌이 일어났을 때 부족민 중 한 명이 다치거나 죽으면 그대로 싸움이 끝난다.

이와 같은 의식적 행동들의 목적은 같은 인간끼리 죽이지 않도록 하는 금기를 유지하는 데 있다. 생물학적 차원에서 인간과 동물이 가장 쉽게 구별되는 특징은 이빨, 독, 발톱, 힘이 아니라 바로 지성이다. 이런 지성이 고문, 강간, 살인, 폭력에 사용되기 위해 발달한 특성이겠는가? 현대 사회에서 벌어지는 일들에 대한 뉴스를 들어 본다면 그런 생각이 들지도 모르겠다.

인간은 왜 서로를 죽이기 위해 싸우는가

동물들은 가장 기본적인 자원인 먹이와 보금자리를 두고 경쟁할 때도 대개 같은 종끼리는 죽이지 않는다. 그런데 우리는 왜 서로 죽이는가? 인구가 증가하고 사회가 복잡해짐에 따라

대량 살상과 폭력을 부추기는 어떤 일이라도 일어난 것일까? 전쟁과 관련된 많은 이론들이 있지만 그리 널리 알려지지 않은 근본적 원인이 하나 있다. 바로 트라우마다. 즉, 폭력적인 전쟁이 지속되고 악화되는 원인은 외상 후 스트레스 때문이라고 볼 수 있다. 인류의 역사 속에서 일어난 충돌은 두려움, 분리, 편견, 적대감이라는 유산을 남겼다. 이것은 규모만 클 뿐이지 개인이 겪는 트라우마의 후유증과 본질적으로 다를 바가 없다.

트라우마가 일으키는 반응 중에서도 재연은 가장 강력하고 오래 지속된다. 일단 트라우마의 충격을 겪으면 분명히 어떤 식으로든 계속해서 그 경험의 일부를 재연하거나 반복하게 된다. 원래의 트라우마를 연상시키는 상황으로 자꾸만 끌려가고 또 끌려가는 것이다. 전쟁으로 인한 트라우마의 영향력은 이루 말할 수 없을 정도다.

이쯤에서 우리가 트라우마에 대해 알게 된 것들을 떠올려 보자. 정신적 외상을 입으면 내부 시스템이 각성된다. 그래서 주변을 과도하게 경계하는 상태가 되지만 위협의 근원은 찾지 못한다. 이런 상황은 두려움과 반응성을 악화시켜 위협의 근원을 찾아야겠다는 욕구를 부채질한다. 그 결과 우리는 적을 찾아내려고 시도하다가 재연으로 쉽게 끌려들어 간다.

이제 전 인류가 같은 사건으로 정신적 외상을 입고 비슷한 일들을 겪어 왔다고 상상해 보자. 그리고 그들이 언어, 피부색, 종교, 민족적 전통이 다른 두 집단으로 나뉘어 같은 지역에 살고 있다고 하자. 결과는 불 보듯 뻔하다. 어딘가에 위험이 도사리고 있다는 느낌에 늘 불안하고 각성됐던 이유를 이제 '설명'할 수 있다. 위협의 근원은 바로 '그들'이었다. 두 이웃은 서로를 죽이고, 불구로 만들고, 난도질하려는 충동에 휘말려 서로의 집을 부숴 버리고 꿈과 희망을 파괴한다. 그렇게 하여 그들 자신의 미래도 없애 버린다.

전쟁의 원인을 하나로 규정할 수는 없지만 주로 인접한 나라들 사이에서 전쟁이 일어나는 경향이 있다. 이것은 역사에서 수도 없이 반복된 패턴이다. 트라우마가 전쟁이라는 끔찍한 형태로 재연되는 것이다. 세르비아인과 이슬람교도, 크로아티아인은 1, 2차 세계대전과 같은 폭력의 역사를 반복했다. 어쩌면 그것은 오스만제국 시절의 재연으로도 볼 수 있다. 중동지역 국가들의 전쟁 재연은 그 기원이 성서 시대까지 거슬러 올라간다. 격렬하고 야만적인 전쟁이 반복되지 않는 곳에는 다른 형태의 폭력이 만연하다. 살인, 가난, 노숙자 문제, 아동 학대, 인종 및 종교적 혐오와 박해는 모두 전쟁과 연관되어 있다. 전쟁은 사회 곳곳에 영향을 미치기 때문에 그로 인한 트라우마의 여파를 피할 방법은 없다.

역사가 된 트라우마 변화시키기

건강한 아기는 행동하고 느끼고 지각할 수 있는 복합적인 능력을 가지고 태어난다. 아기는 이런 능력을 활용하여 세상을 탐색하고 유대를 맺으며 궁극적으로 건강한 사회적 행동을 수행해 나간다. 그러나 스트레스와 트라우마가 있는 환경에서 태어나면 생존에 도움이 되는 능력들이 방해를 받는다. 이런 아기들은 탐색하고 유대를 맺는 대신 움츠러들고 겁에 질린 행동을 보이며, 아동기와 청년기를 거치면서 사회성이 떨어지고 폭력성이 강해진다. 건강한 탐색과 유대는 이러한 폭력과 무질서를 줄이는 일종의 해독제라고 할 수 있다.

개인적 트라우마 후유증이 변화될 수 있듯이, 사회적 차원의 전쟁 트라우마 또한 치유될 수 있다. 우리는 다투는 대신 기꺼이 나눌 수 있고 트라우마를 퍼뜨리는 대신 변화시키기 위해 뭉칠 수 있다. 그리고 반드시 그렇게 해야만 한다. 그 출발점은 아이들과 함께하는 것이다. 아이들은 우리가 한때 적대적인 존재로 여겼던 사람들에게 친밀감과 유대감을 경험할 수 있게 해주는 다리가 될 수 있다.

제임스 프레스콧James Prescott 박사는 국립정신건강연구소에서 진행했던 연구를 바탕으로, 유아 및 아동 양육 관행이 원주민 사회의 폭력적 행동에 미치는 효과에 관한 중요한 인류학적 연구를 발표했다.[6] 이 발표에 따르면 친밀하고 풍부한 신체적 유대감과 활기차고 율동적인 동작을 이용하여 아이를 키우는 사회에서는 폭력이 적게 발생했다. 이와 반대로 신체적 접촉이 적거나 체벌할 때만 신체 접촉이 일어나는 사회에서는 전쟁, 강간, 고문의 형태로 폭력을 행사하는 경향이 뚜렷하게 나타났다.

프레스콧 박사의 연구는 우리가 직관적으로 느끼고 있던 사실, 바로 출생 전후와 유아기가 자아 형성과 발달에 결정적으로 중요한 시기라는 것을 증명했다. 아이들은 아주 어린 시절부터 부모가 서로를 대하는 모습, 세상과 관계를 맺는 방식을 주의 깊게 관찰하고 배운다. 트라우마를 겪는 부모들은 자녀에게 기본적인 신뢰감을 가르쳐 주기가 어렵다. 신뢰감이라는 정신적 자원이 없는 아이들은 트라우마에 더욱 취약하다. 이런 트라우마의 되물림 고리를 깨는 해결책 중 하나는 자기 자신과 타인을 불신하는 부모의 태도를 자녀가 완전히 흡수하기 전에 신뢰와 유대감을 느낄 수 있는 경험에 부모와 아기를 함께 참여시키는 것이다.

---

6 Body, Pleasure, and the Origins of Violence-Futurist Magazine, April/May, 1975-Atomic Scientist, November, 1975

이 주제와 관련하여 노르웨이에서 흥미로운 연구를 진행한 적이 있다. 나와 내 동료 엘드뵤르그 베도^{Eldbjörg Wedaa}는 결정적 시기인 유아기에 대해 우리가 알고 있는 점들을 이용해 치료 활동을 벌였다. 이 활동에 참여한 모든 사람들은 과거에 겪은 트라우마의 잔재들을 변화시킬 수 있었다.

이 활동은 방에서 진행되고 간단한 악기 몇 개와 아기의 무게를 지탱할 만큼 튼튼한 담요 여러 장만 있으면 된다. 진행 방법은 다음과 같다.

종교, 인종, 정치적 성향 등에서 서로 반대되는 입장인 엄마와 아기들이 집이나 시민회관 같은 곳에 모인다. 그리고 각자의 문화에서 전해지는 민요를 서로 돌아가며 가르쳐 주면서 만남을 시작한다. 엄마들은 아기를 안고 노래를 부르면서 부드럽게 춤을 추고, 조력자는 간단한 악기를 사용하여 박자를 맞추며 흥을 돋운다. 움직임과 리듬, 노래는 평화로운 각성과 수용성을 만들어 내는 신경학적 패턴을 강화하기 때문에 노래가 끝날 때쯤에는 여러 세대에 걸친 적대감이 누그러지기 시작한다.

처음에 아기들은 뜻밖의 상황에 어리둥절해하지만 곧 흥미를 느끼고 참여한다. 아기들은 딸랑이, 북, 탬버린 등 조력자가 쥐어 주는 물건들에 푹 빠진다. 유아의 특성상 리드미컬한 자극이 없었다면 아기들은 기껏해야 물건들을 입에 넣는 행동 정도밖에 하지 않았을 것이다. 하지만 이 활동에서 아기들은 리듬을 만들어 내는 과정에 아주 즐겁게 참여한다. 아기들은 신이 나서 꺄악 소리를 내며 웃고 옹알이로 즐거움을 나누려고 한다.

이미 고도로 발달된 유기체로 태어난 아기들은 엄마의 깊은 내면에 있는 평온함, 반응성, 생물학적 능력을 활성화시키는 신호를 마구 발산한다. 이런 건강한 관계 속에서 엄마와 아기는 긍정적인 생리적 반응을 주고받으며 안전함과 기쁨을 느낀다. 이 시점부터 트라우마로 발생한 악순환이 변화하기 시작한다. 엄마들이 아기를 바닥에 내려놓고 주변을 탐색하게 하면 아기들은 수줍음을 극복하고 자석처럼 서로를 향해 신나게 움직인다. 그동안 엄마들은 아기들이 마음껏 탐색할 수 있도록 조용히 그 주변을 둥글게 둘러싼다. 이 작은 모험이 만들어 내는 유대감은 직접 보지 않고서는 말로 표현하거나 상상하기 어려울 정도로 감동적이다.

그다음 단계에서는 참여자들이 작은 집단으로 나뉜다. 각 집단은 서로 다른 문화에 속하는 엄마와 아기들로 구성된다. 엄마들은 두 명씩 짝지어 아기들을 담요 위에 내려놓고 그네를 태우듯 부드럽게 흔들어 준다. 행복을 넘어 완전히 황홀함에 빠진 아기들이 내뿜는 사랑의 기운은 방을 가득 채우고 곧 엄마에게(문화적으로 허용되는 경우 아빠에게도) 전염된다. 이들은 서

로를 보며 미소 짓고, 전에는 불신하고 두려워하던 집단 구성
원들과도 깊은 유대감을 느낀다. 활동을 마친 엄마들은 새로워
진 마음과 영혼을 느끼며 하루빨리 다른 이들과도 그 느낌을
나누고 싶어 했다.

공동체 치유에 있어서 이런 접근법은 간단하고 효과적이라
는 장점이 있다. 외부의 조력자가 첫 번째 집단을 이끌어 주면
그 후에는 참여했던 엄마들이 조력자가 되어 다른 집단의 활동
을 도울 수 있다. 조력자가 갖추어야 할 자질은 참가자들 사이
에 존재하는 경계심을 예민하게 포착하는 능력이다. 사람에 따
라 다르지만 이것은 직접 활동에 참가하고 설명을 듣기만 해도
쉽게 익힐 수 있는 기술들이다. 한번 훈련받은 엄마들은 자신
이 속한 공동체에서 평화의 전도사가 된다.

"지렛대를 받칠 장소만 준다면 지구를 움직여 보겠다." 아르
키메데스가 남긴 말이다. 갈등과 파괴, 트라우마로 가득한 세
계에서 우리는 엄마와 아기의 친밀하고 리드미컬한 신체적 공
명을 통해 그 지렛대를 발견했다. 노르웨이에서 진행했던 집단
활동은 사람들을 하나로 모아 다시 조화와 평화 속에서 살아갈
수 있게 해 줄 것이다.

트라우마로 받는 충격은 사람마다 다르기 때문에 우리는 자
신을 치유할 책임을 기꺼이 받아들여야 한다. 앞으로도 계속

서로 전쟁을 벌인다면 많은 이들이 갈망하는 치유는 허망한 꿈에 지나지 않을 것이다. 우리는 여러 세대에 걸쳐 우리를 인질로 잡고 있는 파괴와 폭력, 반복되는 트라우마의 악순환을 깨고 나올 수 있다. 그리고 적대적인 트라우마의 올가미 안에서도 조화를 추구하는 유기체의 능력을 이용함으로써 우리 자신과 아이들을 위한 안전한 공동체를 만들 수 있다.

사회적 트라우마를 방관할 때 치러야 할 대가

아르메니아의 한 마을 주민은 이렇게 탄식했다. "이웃 사람들과 다시 대화하려면 100년은 걸릴 것이다." 미국 대도시에서도 사회적 갈등이 높아져 결국 파괴적으로 폭발하고 마는 일들이 종종 일어난다. 북아일랜드 사람들은 얼굴을 맞대고 살면서도 종교의 차이로 분열되어, 자신의 아이들이 다른 아이들을 원수로 여기며 전쟁을 벌이는 모습을 지켜봐야 했다.

트라우마의 영향을 받지 않은 사람들은 가능하다면 조화롭게 살고자 한다. 하지만 트라우마의 잔재는 우리가 적대감을 극복할 수 없으며 오해의 장벽이 우리를 항상 갈라놓을 것이라고 믿게 만든다. 앞서 설명한 유대감의 경험은 이 심각한 난관을 헤쳐나가는 데 이용할 수 있는 많은 개념과 활동들 가운데 하나일 뿐이다. 시간과 비용이 허락된다면 우리는 유아기를 지난 어린이, 임산부, 아빠들 역시 평화롭게 공존하는 집단 활동에 참여하게 할 다른 방법들도 개발할 수 있다.

이러한 접근법이 만능 해결책은 아니지만 출발점이 될 수는 있다. 이런 관점은 정치적 방안만으로 해결할 수 없는 곳에 희망을 준다. 유대인 대학살, 이라크와 유고슬라비아의 갈등, 디트로이트와 로스앤젤레스를 비롯한 여러 도시에서 일어나는 폭동과 같은 충돌은 전 세계에 트라우마를 남겼다. 이런 일들은 우리 사회가 트라우마를 손대지 않고 그대로 놔둘 경우 치러야 할 대가를 생생하게 보여 준다. 우리는 효과적인 해결책을 찾는 데 온 힘을 다해야 한다. 인간이라는 종의 생존이 여기에 달려 있을지도 모르니 말이다.

트라우마를 피할 수는 없다. 그것은 우리를 여기까지 데려온 원초적 생리작용에 내재하는 부분이다. 개인과 집단으로서 우리가 트라우마의 재연에서 자유로워질 수 있는 유일한 길은 재조정을 통해 트라우마를 변화시키는 것뿐이다. 우리가 집단 활동, 샤머니즘 방식, 개인적 방식 등에서 어떤 길을 선택하든 트라우마가 남긴 유산은 반드시 변화되어야 한다.

PART 4

트라우마 예방을 위한 응급처치

보호자가 알아야 할 사고 후 정서적 응급처치

> 뇌의 기능이란 과거의 일들을 선택하고 축소하고
> 단순화하는 것이지 간직하는 것이 아니다.
> —앙리 베르그송, 『창조적 마음』

이 장에서는 성인을 대상으로 한 응급조치를 알려 주려 한다.
지금부터 설명할 내용은 사고 직후에 일어나는 일들, 그리고
트라우마가 장기화되는 것을 예방할 수 있는 방법에 관한 기본
적인 예시다.

여기서 소개하는 조치들은 최소한의 안전장치라고 할 수 있
다. 그러므로 항상 자신의 상황에 맞게 최선의 판단을 내리도
록 해야 한다.

1단계 : 사고 현장에서 할 수 있는 즉각적 조치

- 필요한 경우 인명구조를 위한 의학적 절차들이 가장 먼저 시행되어야 한다.

- 사고 피해자의 체온을 따뜻하게 유지해 주고 눕힌 다음 가만히 있게 한다. 단, 사고 현장에서 추가적인 위험에 노출될 가능성이 없어야 한다.

- 피해자가 벌떡 일어나려고 할 수 있으니 제지해야 한다. 뭔가 해야 할 것 같고 움직여야 할 것 같은 느낌 때문에 차분하게 에너지를 방출해야 하는 중요한 시점을 놓칠 수 있다. 그들은 사건의 심각성을 부정하려 하고 아무 문제도 없는 것처럼 행동하려고 할 가능성이 있다.

- 구조대가 오고 있고 그때까지 당신이 곁에 있겠다고 말하며 안심시킨다(실제로 가능한 경우에만). 다쳤지만 괜찮을 것이라고도 말해 준다(이 경우는 판단력이 필요하다. 부상이 심하다면 이런 말이 의미가 없을 수도 있다).

- 얇은 담요 등을 덮어 따뜻하게 해 준다.

- 아주 심각한 사고가 아니라면 피해자가 신체 감각을 경험해 보도록 격려한다. 아드레날린이 치솟는 느낌, 마비된 느낌, 떨림, 더위 또는 추위 등을 느끼는지 알아차리게 한다.

- 사고 피해자가 에너지를 방출할 수 있도록 그 자리에 함께 머무르며 돕는다.
- 몸이 떨리는 것은 괜찮을 뿐만 아니라 좋은 반응이며 충격을 떨쳐 내는 데 도움이 된다고 알려 준다. 떨림이 멈추면 안도감이 들 것이고 손발에서 온기가 느껴질 수도 있다. 편안하고 깊게 호흡하는 것이 좋다.
- 이 첫 번째 단계에는 약 15~20분 정도가 걸린다.
- 구조자가 도착하더라도 가능한 한 부상자 곁에 있어 준다.
- 필요한 경우 당신을 도와줄 사람을 데려온다.

2단계 : 집이나 병원으로 옮겨진 후

- 극심한 충격 반응에서 벗어날 때까지 차분하게 안정을 취할 수 있게 해 준다.
- 부상자는 반드시 하루 이틀 정도 일을 쉬면서 몸을 추슬러야 한다. 당사자는 집에서 쉴 만한 일이 아니라고 생각할지 모르지만 휴식은 중요하다. 휴식에 대한 저항은 단순한 거부 반응일 수도 있고 무력감에 대한 방어 수단일 수도 있다. 뒷목이 뻐근한 증상처럼 흔한 부상이라도 초기 회복기

간을 놓치면 증세가 악화되고 치료가 훨씬 길어질 수 있다. 하루 이틀 정도의 휴식으로 이를 예방하도록 한다.

• 이 두 번째 단계는 사고 피해자의 감정이 올라오기 시작하는 시기다. 판단하지 않고 감정들을 그저 느끼게 한다. 분노, 두려움, 깊은 슬픔, 죄책감, 불안 같은 감정들이 느껴질 수 있다.

• 떨림, 오한 등의 신체 감각이 계속 느껴질 수 있는데, 정상적인 반응이므로 안심해도 좋다.

3단계 : 트라우마에 접근하여 재조정 시작하기

3단계는 2단계와 겹치는 부분이 많다. 이것은 축적된 트라우마 에너지에 접근하여 그것을 완전히 방출하도록 하는 데 필수적인 단계다. 이때 사건과 직접 관련되지 않은 부수적인 장면, 느낌, 감각들을 떠올리도록 도와주는 것이 중요하다.

• 어떤 단계에서든 사람들이 자신의 경험을 이야기하면서 각성되거나 흥분할 수 있다는 점을 염두에 둔다. 호흡이 평소와 달라지거나 빨라질 수 있다. 심장 박동수가 높아지거나 갑자기 땀이 날 수도 있다. 이런 일이 일어나면 이야기

를 멈추고, 목에 통증이 있다든가 속이 울렁거리는 느낌 등 몸에서 느껴지는 '감각'에 집중하게 한다.

- 당신이 잘 모르겠다면 그들에게 어떤 느낌이 드는지 물어 보라.
- 그들이 차분하고 편안해 보인다면 경험과 감각에 대해 더 자세히 이야기해 본다. 이때 몸이 가볍게 떨리거나 흔들린 다는 대답이 나올 수 있다. 그러면 지금 각성이 가라앉고 있고 천천히 에너지에 접근하여 방출하는 과정이 진행되 고 있다는 사실을 알려 준다. '적정 titration'이라고 알려진 이 과정은 아주 조금씩 천천히 나아가는 방식을 가리킨다.

다음 내용은 교통사고 상황을 바탕으로 재조정 과정에서 경 험할 수 있는 일들의 예시다.

사건 발생 이전

- 행동: 집에서 나와 차에 탔다.
- 감각: 운전대를 돌리는 팔의 감각과 뒤쪽을 보려고 움직이 는 머리의 감각이 느껴진다.
- 느낌: 속상하고 화가 난다.
- 장면: 고속도로를 달리고 있고 출구가 보인다.

- 생각: 그 출구로 나갈 수 있었는데 그러지 않았다(여기서 차를 돌리게 하거나 그 출구로 나가도록 유도한다. 사고는 이미 일어났지만 이렇게 함으로써 그들이 경험을 인식하고 트라우마 에너지를 방출하도록 도와줄 수 있다).
- 몸에서 에너지가 방출되도록 시간을 준다.

사건 발생 이후

사고 이후 일어난 일들을 자세히 알아본다.

- 장면 혹은 기억: 응급실에 있다. 의사들이 나에 대해 이렇게 말하면서 이야기를 나눈다. "이 사람 아주 엉망이네."
- 느낌: 죄책감을 느낀다.
- 생각: 내가 좀 더 주의를 기울였더라면 사고를 피할 수 있었을 텐데.
- 이때 각성이 고조되면 에너지가 방출될 때까지 몸의 감각에 집중함으로써 현재로 돌아오게 한다. 방출 후에는 사고 당시 일어난 일들로 돌아가도록 부드럽게 이끌어 준다. 전에도 언급했듯, 몸이 떨리고 방출이 일어난 후에는 안도감과 함께 손발에서 온기가 느껴질 수 있고 더 깊이 호흡할 수 있다.

사건 발생 직전

사건 전후에 일어난 자세한 일들을 성공적으로 지나왔다면 사고가 임박했음을 알아차린 순간의 느낌, 감각, 장면들을 살펴본다. 이 과정은 다음과 같을 수 있다.

- 장면: 노란색 범퍼가 내 차 왼쪽으로 아주 가깝게 다가오는 것을 본 기억이 난다. 정지 신호가 들어왔지만 그 차가 멈추지 않은 것도 보았다.
- 느낌: 상대 차량 운전자가 주의하지 않은 것에 화가 났다.
- 감각: 운전대를 꽉 움켜쥘 때 등이 뻣뻣하게 긴장되는 것을 느꼈다.
- 생각: 순간적으로 이런 생각이 든 것 같다. "어떡해, 사고나겠어……, 이렇게 죽나 보다!"

4단계 : 충격의 순간을 경험하기

사람들은 충격의 순간에 다시 접근할 때 유리가 산산이 부서지고 금속이 부딪히는 소리를 듣기도 하고, 자신의 몸이 뒤틀리거나 내던져진 모습을 보기도 한다. 펠트센스를 통해 무엇이든 전부 탐색하게 한다. 반응이 일어나면 자연스럽게 몸이 약간 움직일 수 있다. 움직임이 완전히 끝나도록 15~20분 정도 시간을 주고, 그동안 몸의 감각에 집중하여 에너지 방출을 촉진하게 한다. 방출이 끝나면 안도감을 경험하게 되고 그다음에는 대개 팔다리와 손발이 따뜻해지는 느낌이 든다.

자신의 몸이 서로 다른 방향으로 움직이려고 한다고 느끼는 사람들도 있다. 예를 들어, "자동차 앞유리에 처박힐 때 등 근육이 긴장되면서 내 몸을 반대 방향으로 끌어당기는 느낌이 들었어요" 같은 경험을 한다. 그들에게 괜찮다고 말해 주면서 안심하게 한 뒤, 이후의 움직임들을 천천히 따라갈 수 있게 한다. 어떤 사람들은 몸의 떨림이나 흔들림 같은 격렬한 충격 반응들을 재경험하기도 한다. 앞으로 잘 나아가고 있다고 격려하고 인정해 주자.

사고를 완전히 회피하려고 하거나 여기에서 설명한 여러 단계들을 왔다 갔다 넘나드는 사람들도 있다. 충격이 발생한 바로 그 순간 같은 사고의 핵심 측면을 완전히 회피하려는 것이 아니라면 괜찮다.

충분히 안도감을 느끼게 되어 이 과정을 끝낼 수 있을 때까지 이 단계에 머무르는 것이 중요하다. 호흡이 편안해지고 심장 박동도 안정되는 시점이 있다. 이렇게 되기까지는 한 시간 정도 걸릴 수 있다. 필요하다면 중간에 멈췄다가 다시 시작하는 식으로 2~3일에 걸쳐 진행할 수도 있다. 한 번에 모든 과정을 끝내려고 밀어붙이는 것보다 시간을 두고 진행하는 편이 낫다. 과정이 완전히 끝날 수 있도록 불완전한 부분을 여러 번 다시 시도해야 할 수도 있다.

5단계 : 마무리하기

모든 단계를 만족스럽게 완료했다면 전체적인 경험을 다시 한 번 묘사하면서 각성 상태를 살펴본다. 치료에 참여하는 사람이 불편함을 느낀다면 뭔가 놓친 부분이 있을지도 모른다. 아니면 이렇게 전체 과정을 최종적으로 검토해 보는 단계를 통해 문제가 해결될 수도 있다. 증상이 계속되거나 뒤늦게 발현되지 않았다면 작업을 마무리한다. 만약 증상이 계속된다면 필요한 단계들을 다시 밟도록 한다.

다른 경험들과 관련된 느낌이나 기억이 떠오르기 시작할 수도 있다. 이 경우에 해당한다면 해소되지 않은 또 다른 트라우마를 대상으로 지금까지 안내한 과정을 다시 밟아나갈 수 있다. 하지만 이 과정은 더 오랜 기간에 걸쳐 훨씬 더 천천히 일어날 수도 있다. 만약 사고가 자꾸 일어나는 경향이나 패턴이 있다면 이 과정을 통해 타고난 회복력과 정향 반응 및 대처 능력을 재정립함으로써 앞으로의 사고를 예방할 수 있다.

사고 후 치유 과정 시나리오

조는 혼자 운전중이었다. 교차로를 지나려는데 어떤 차가 정지 신호를 보지 못하고 갑자기 튀어나왔다. 상대 운전자는 조의 차를 보지 못하고 그대로 차 왼쪽을 들이받았다. 조도 충돌할 때까지 그 차를 보지 못했기 때문에 사고를 피할 수 없었다.

조는 넋이 나간 채로 잠시 차 안에 앉아 있었다. 자신의 상태가 괜찮다는 것을 알아차린 뒤 차가 얼마나 망가졌는지 살펴보기 위해 내렸다. 차가 심하게 찌그러졌지만 크게 속상하지는 않았다. 상대 운전자가 보험에 가입되어 있었고 경찰 보고서에도 그쪽 잘못이라고 기록될 것이기 때문이었다. 게다가 조는 어쨌든 차를 새로 칠하고 싶기도 했다. 기분이 나쁘지 않았다. 오히려 좋기까지 했다. 사고를 수월하게 처리한 뒤 중요한 미팅도 잘 끝마쳐서 더 기분이 좋아졌다. 미팅은 오래 공들인 만큼 차질 없이 진행됐고 조는 행복감을 느꼈다. 그런데 다음 날 불안한 느낌이 들기 시작했다. 사고를 당한 쪽은 왼쪽인데 이상하게 목과 오른쪽 어깨, 팔에 뻣뻣한 느낌이 들었다.

조는 이상한 기분을 떨치기 위해 친구 톰을 만나 그날의 사건을 되돌아봤다. 출근하기 위해 집을 나섰던 기억으로 돌아가자 문득 아내에게 화가 난 채로 차에 탔던 것이 떠올랐다. 그 기억이 떠오르자 조는 어금니에 힘이 들어가며 턱이 떨리는 것이 느껴졌다. 이어 몸이 떨리기 시작했고 통제할 수 없다는 느낌이 들었다. 톰이 조를 안심시키며 괜찮다고 말해 주었다. 몸의 떨림이 멈추자 조는 안도감을 느끼고, 두 사람은 사고 전에 일어난 일들을 더 구체적으로 살펴봤다.

조의 머릿속에 떠오른 기억은 집에서 출발한 뒤 우회전을 하려고 오른쪽으로 고개를 돌리는 장면이었다. 그는 자신이 양팔로 운전대를 돌리는 것을 느끼는 동시에 화가 나서 가속 페달을 거칠게 밟는 것을 알아차린다. 속도를 줄이려고 브레이크로 발을 옮기자 오른쪽 다리가 팽팽하게 긴장되는 것이 느껴졌다. 그는 이 행동을 다리 근육을 통해 감지한다. 조는 친구 톰의 격려에 힘입어 잠시 오른쪽 다리의 긴장과 이완을 느껴 본다. 발을 가속 페달에서 브레이크로, 또 다시 가속 페달로 옮기면서 다리가 약간 떨리는 것을 느낀다.

그때 조는 집에 돌아가서 아내와 이야기하고 싶다고 느낀 것을 기억해 낸다. 이번에도 톰에게 격려를 받아 집으로 차를 돌리는 상상을 하던 조는 오른쪽 팔에서 통증이 심해지는 것을 느낀다. 그 감각에 집중하자 통증이 가라앉는다. 그들은 집으로 돌아가려는 조의 욕구에 집중한다. 이번에는 조가 몸과 마음 안에서 완전히 방향을 돌릴 수 있었다. 그는 아내와의 갈등을 풀기 위해 집으로 돌아가는 상상을 한다. 아내를 만난 조는 어젯밤 모임에서 그녀가 자신을 무시하는 것 같아서 마음이 상했다고 말한다. 아내는 그저 남편에게 의존하지 않고도 사람들과 잘 어울릴 수 있다는 기분을 느끼고 싶었다고 말한다. 그녀는 그의 기분을 상하게 하려는 의도가 아니었다고 하면서 지금 두 사람의 관계에 만족한다는 이야기도 덧붙인다. 한결 마음이 편해진 조는 아내를 더 깊이 이해할 수 있게 됐다고 느낀다. 그리고 차에 올라타기 전에 아내와의 갈등을 풀었더라면 돌진하는 차를 발견할 수 있었을지 궁금해한다. 이 부분에서 조는 안도감을 느낀다. 명백히 정지 신호에 달려온 상대 운전자의 잘못으로 일어난 사고였지만 그도 어느 정도 죄책감을 느끼고 있었기 때문이다.

조는 무슨 일이 일어났는지 기억이 안 난다고 했지만 톰은 사고 직전의 상황을 자세히 이야기해 달라고 한다. 조가 기억나는 대로 묘사하기 시작하자 양쪽 어깨에 뻣뻣하게 힘이 들어가고 위로 치켜 올라가는 느낌이 든다. 몸이 오른쪽으로 당겨지는 느낌이 들더니 어른거리는 그림자가 보인다. 톰의 말에 따라 조가 그림자를 바라보자 노란색이 보이기 시작한다(정향 반응). 조가 더 자세히 보려고 하니, 앞바퀴 쪽 범퍼가 지나가고 다음 순간 앞유리를 통해 운전자의 얼굴이 보였다는 사실을 알게 된다. 멍하니 생각에 잠긴 듯한 상대 운전자의 얼굴을 보니 그가 정지 신호를 그냥 지나치고도 의식하지 못했다는 것이 확실해진다. 톰은 조에게 기분이 어떤지 묻는다. 조는 상대 운전자에게 매우 화가 났으며 그를 박살내 버리고 싶다고 말한다. 톰은 그 차를 박살내 버리는 상상을 해 보라고 권한다. 조는 자신이 커다란 망치를 들고 그 차를 후려쳐서 산산조각 내는 모습을 본다. 그는 이제 전보다 훨씬 높은 각성 상태를 경험하고 있다. 손이 부들부들 떨리고 차가워졌다. 톰은 조를 진정시키면서 그 순간에 머무르며 에너지를 방출하도록 도와준다. 시간이 조금 지나자 조는 호흡이 안정되고 어깨와 턱의 긴장이 풀어지며 떨림이 가라앉는다고 느낀다. 이제 안도감이 느껴지고 손이 따뜻해졌다. 조는 마음이 편안해지는 동시에 정신이 바짝 드는 것 같은 기분을 느낀다.

이제 조는 어깨가 치켜 올라가고 오른쪽으로 쏠리는 것을 알아차린다. 차가 충돌하는 소리와 금속이 찌그러지는 소리가 들리자마자 팔이 오른쪽으로 운전대를 돌리려고 하는 것을 깨닫는다. 톰은 조에게 지금은 충돌에 신경 쓰지 말고 감각에 집중해서 오른쪽으로 방향을 돌리는 행동을 끝까지 해내라고 말한다. 조는 방향을 바꾸려는 감각을 끝까지 느낀 뒤 사고를 피한다. 그의 몸이 조금 더 떨리더니, 이미 사고가 일어났다는 사실을 알고 있는데도 갑자기 엄청난 안도감이 밀려든다.

톰은 조에게 노란 앞바퀴 쪽 범퍼를 처음 감지한 순간으로 돌아가서 상대 운전자를 보라고 한다. 두 사람은 금속이 쾅 부딪히는 소리를 처음 들은 순간으로 이동한다. 조는 이 장면들을 떠올리는 순간 몸이 왼쪽으로 내던져지는 느낌과 함께 반대쪽으로 잡아당겨지는 느낌을 경험한다. 몸이 앞으로 쏠리는 동시에 등 근육들이 안간힘을 써서 뒤로 잡아당기는 느낌이 든다. 톰은 조에게 등 근육을 계속 느껴 보라고 격려한다. 조가 근육에 집중할수록 그 부분이 점점 팽팽하게 긴장된다. 그다음 순간 조는 가벼운 공황 상태를 경험한다. 갑자기 등 근육의 긴장이 풀리며 땀이 나고 몇 분 동안 몸이 심하게 흔들리고 떨린다. 그리고 모든 과정이 끝나자 평화롭고 안전하다는 느낌이 든다.

조는 사고가 이미 일어났고 자신이 사고를 피하려고 했다는 사실을 알아챈다. 아내와 이야기하기 위해 집으로 돌아가고 싶었다는 것도 안다. 조에게 이 경험들은 모두 똑같은 현실이다.

어떤 것은 현실이고 어떤 것은 꾸며낸 것처럼 느껴지지 않는다. 하나의 사건에서 파생된 다른 결과일 뿐 모두 똑같이 현실로 느껴진다. 트라우마로 갇혀 있던 에너지가 방출된 지 며칠 만에 조의 오른쪽 팔에 느껴지던 통증이 뚜렷이 가라앉았다.

여기서 중요한 점은 그가 경험하던 통증이 완료되지 못한 충동들과 관련이 있었다는 사실을 깨닫는 것이다. 첫 번째 충동은 운전대를 오른쪽으로 돌려 집으로 돌아가서 아내와 이야기하고 싶은 충동이었다. 두 번째 충동은 사고를 피하기 위해 오른쪽으로 방향을 급격히 돌리려는 충동이었다. 세 번째 충동은 그를 뒤로 잡아당기려던 등 근육에 내재된 충동이었다. 이미 사고가 일어난 후였지만, 조는 각각의 충동을 행동으로 옮기는 과정을 완료하도록 격려받아 충동들과 얽혀 갇혀 있던 에너지를 방출할 수 있었다.

우리는 이러한 과정을 통해 생리적 반응이 완료되고 이미지들이 더 밀접하게 연결되는 것을 알 수 있다. 한 번에 하나씩, 단계적으로 에너지가 방출되고 생리적 반응이 완료됨에 따라 축적된 에너지는 방출되고 압축된 이미지들은 확장된다.

아이들을 위한 응급처치

마음의 고통은
한번 물리치고 나면 돌아오지 않는다.
—타르탕 툴구 린포체

흔히 나타나는 지연된 트라우마 반응

조니는 다섯 살 때 첫 자전거를 자랑스럽게 타고 가다가 듬성 듬성한 자갈밭에서 중심을 잃고 나무를 들이받았다. 아이는 바닥으로 굴러떨어졌고 순간적으로 넋이 나가 몇 분 동안 멍하니 앉아 있었다. 잠시 후 눈물을 흘리며 일어나던 조니는 어딘지 혼란스럽고 이상한 기분을 느꼈다. 뒤늦게 조니를 발견한 그의 부모는 아이를 안고 달랜 후 다시 자전거에 앉히고 너는 용감하고 씩씩한 아이라며 계속 자전거를 탈 수 있도록 응원해 주었다. 이들은 조니가 얼마나 놀라고 겁에 질렸는지는 알아차리지 못했다.

이 사소해 보이는 사건이 있은 지 20년 후, 어른이 된 조니는 아내와 아이들을 태우고 운전하다가 달려드는 차를 피하려고 급히 방향을 꺾었다. 그런데 운전대를 돌리다 말고 얼어붙고 말았다. 다행히 상대 운전자가 간신히 비껴가는 바람에 큰 사고는 피할 수 있었다.

며칠 후 아침, 조니는 출근길에 운전을 하다가 초조함을 느꼈다. 심장이 거세게 요동치기 시작했고 손이 얼음장처럼 차갑고 축축했다. 위협받고 궁지에 몰린 기분이 들면서 갑자기 차에서 뛰어내려 달려가고 싶은 충동이 치밀었다. 그는 자신이 '미친 것 같은' 기분이 들었지만 아무도 다치지 않았다는 사실을 떠올리자 증상이 서서히 가라앉았다. 하지만 하루 종일 막연한 불안감은 사라지지 않았다. 그날 밤 아무 일도 없이 집에 돌아오고 나서야 마음이 놓였다.

이튿날 아침, 조니는 교통체증을 피해서 일찍 출근했다가 늦게까지 회사에 남아 동료들과 회의를 했다. 집에 돌아오니 짜증과 불안이 밀려왔다. 조니는 아내와 싸우고 아이들에게도 성질을 냈다. 일찍 잠자리에 들었지만 차가 걷잡을 수 없이 미끄러지는 꿈을 꾸며 한밤중에 깨어났다. 몸은 땀에 흠뻑 젖어 있었고, 이후에도 며칠이나 악몽에 시달리며 깨어났다.

조니는 어린 시절 자전거 사고로 인한 '지연 반응delayed re-action'을 경험하고 있었다. 사실 이런 유형의 외상 후 반응은 흔하다. 수십 년 동안 트라우마를 치료해 오면서, 나는 내 환자의 절반 이상이 상당히 오랜 기간 동안 잠재된 트라우마와 함께 지내고 있었다는 것을 알게 되었다. 대개 트라우마 사건이 일어난 이후 그 증상이 시작되기까지 걸리는 시간은 6주에서 18개월 사이다. 하지만 잠복기가 몇 년, 혹은 수십 년까지 지속될 수도 있다.

물론 어린 시절의 모든 사건·사고들이 지연된 트라우마 반응을 일으키지는 않는다. 후유증을 전혀 일으키지 않는 사건도 있다. 하지만 사소해 보이고 기억에서 희미해진 어린 시절의 사고들이 심각한 후유증을 일으키는 최초의 계기인 경우도 생각보다 많다. 낙상, 그리 위험해 보이지 않는 수술, 심지어 포경수술이나 흔한 의료적 처치도 아이가 그 사건을 어떻게 경험하느냐에 따라 뒤늦게 트라우마 반응을 일으킬 수 있다.

트라우마를 일으키는 이러한 선행 사건들 중에서도 의료적 처치들은 가장 흔하면서도 가장 큰 충격을 줄 가능성이 높은 일들이다. 병원은 이미 겁에 질린 아이의 공포를 의도치 않게 부채질하는 경우가 많다. 유아들은 일상적인 처치를 위해 움직이지 못하도록 침낭 같은 자루에 싸여 꽁꽁 묶인다. 하지만 반대로 생각하면 아이는 그렇게 묶이지 않고서는 가만히 있기 힘들 만큼 겁에 질려 있는 것이다. 마찬가지로 심하게 겁먹는 아이는 평정심을 되찾기 전까지 마취에 적합한 상태가 아니다. 공포에 질린 채로 마취된 아이는 십중팔구 아주 심한 트라우마에 빠진다. 무신경하게 관장하거나 체온계를 사용한 경우에도 트라우마에 빠질 수 있다.

의료인이 다음과 같은 지침을 따른다면 의료적 처치와 관련된 트라우마를 예방할 수 있다.

- 부모에게 자녀와 함께 있도록 권한다.
- 사전에 최대한 자세하게 설명한다.
- 아이가 차분해질 때까지 처치를 미룬다.

문제는 이런 절차들이 얼마나 중요한지 아는 사람이 드물다는 점이다. 보통 의료인은 아이들의 안위와 밀접한 관련이 있지만 이런 정보는 보호자인 우리가 오히려 알려 주어야 할 수도 있다.

사고나 낙상 후 응급처치 8단계

사고와 낙상(추락)은 성장 과정에서 지극히 일상적으로 일어나는 일이고 대부분 크게 해가 되지 않는다. 하지만 아이들은 이런 일상적인 사건에서도 트라우마를 경험하기도 한다. 어떤 사건은 너무 경미해서 직접 보더라도 그것이 얼마나 심각한 후유증을 일으킬지 좀처럼 예상하기 어렵다. 어린아이는 어른이 보기에 대수롭지 않아 보이는 일들로도 트라우마에 빠질 수 있다는 사실을 늘 염두에 두어야 한다. 우리는 아이들이 트라우마의 충격을 나타내는 징후들을 상당히 능숙하게 숨길 수 있다는 것을 알아야 한다. 특히 '다치지 않아야' 엄마 아빠를 기쁘게 할 수 있다고 느끼는 아이일 경우에는 더욱 주의가 필요하다. 아이들이 도움이 필요할 때 적절히 대응해 주기 위해서는 이런 정보들을 숙지하는 것이 최선책이다. 이를 위한 몇 가지 지침은 다음과 같다.

1. 먼저 당신의 반응에 주의를 기울여라

다친 아이에 대한 걱정과 두려움으로 혼란스러운 마음을 잠시 느껴 본다. 천천히 깊이 숨을 들이쉬고 내쉬며 몸의 감각들을 느낀다. 그래도 심란하다면 다시 심호흡하며 감각을 느껴 보라. 이 시간은 아이에게 온전히 집중할 수 있는 역량을 강화해 주는 동시에 아이가 당신의 두려움이나 혼란에 반응하는 일을 최소화할 것이다. 또한 잠깐이라도 마음을 추스름으로써 사건을 객관적으로 이해하게 되어 아이에게 필요한 부분에 더욱 집중할 수 있다. 만약 당신이 너무 감정적이면 그것이 아이에게 사고 자체만큼 공포를 줄 수 있다. 아이들은 주위 모든 어른의 감정 상태에 매우 민감하고 특히 부모의 감정에는 엄청나게 민감하다.

2. 아이가 움직이지 않고 조용히 있게 한다

아이가 즉각 이송되어야 하는 부상을 입었다면 혼자 움직일 수 있는 것처럼 보이더라도 부축하거나 안아서 옮겨 주어야 한다. 아이들은 지금 느끼는 공포를 부정하기 위해 자신이 얼마나 멀쩡한지 보여 주려고 애쓰는 경우가 많다. 아이가 떠는 것 같다면 스웨터나 담요를 어깨와 몸에 부드럽게 덮어 준다.

3. 아이가 안전한 곳에서 충분히 휴식을 취하게 한다

특히 아이가 정신이 혼미해 보이거나 충격의 징후를 나타낸다면(멍한 눈, 창백한 안색, 빠르거나 얕은 호흡, 떨림, 방향 감각 상실, 어딘가 다른 곳에 있는 듯한 느낌 등) 더욱 휴식이 필요하다. 아이가 지나치게 감정적이거나 마치 폭풍 전야처럼 이상할 정도로 조용하다면 휴식이 매우 중요하다. 당신이 먼저 긴장을 풀고 차분하게 있음으로써 아이가 진정하도록 도와줄 수 있다. 안거나 받쳐 주는 것이 적절해 보인다면 방해되지 않는 선에서 부드럽게 안거나 받쳐 준다. 아이의 심장 뒤쪽인 등 가운데에 부드럽게 손을 얹어 자연스러운 신체 반응을 저해하지 않고 안정감과 지지를 전달할 수 있다. 너무 토닥거리거나 안고 흔들어 줄 경우 오히려 회복 과정을 방해할 수 있다. 의욕 넘치는 아이가 좋은 의도로 다친 새를 도와주려다가 해칠 수 있는 것처럼 말이다.

4. 아이의 신체 감각으로 주의를 유도한다

부드러운 말투로 이렇게 묻는다. "몸에서 어떤 느낌이 드니?" 아이가 대답하면 조용한 목소리로 천천히 질문 형식으로 바꿔 묻는다. "아, 몸에 불편한 부분이 있구나?" 그런 다음 아이가 고개를 끄덕거리거나 긍정하는 반응을 보일 때까지 기다린다. 이어서 더 구체적으로 물어볼 수도 있다. "어느 부분이 불편하게 느껴지니?" 그러고 나서 아이가 불편한 부분을 보여 주게 하고, 구체적인 부분을 가리키면 이렇게 묻는다. "배(머리, 팔, 다리 등)에서 어떤 느낌이 드니?" 아이가 분명한 감각을 말하면 정확한 위치와 느낌의 크기, 형태, 색, 무게 등의 속성에 대해 조심스럽게 묻는다. 아이가 현재 순간에 머무르거나 돌아오도록 부드럽게 유도한다. "아픈 곳(아야 한 곳, 긁힌 곳, 덴 곳 등)은 좀 어떻니?"

5. 질문 사이에 1~2분 정도 침묵하는 시간을 갖는다

이렇게 함으로써 아이가 다른 질문에 주의를 빼앗기지 않고 현재 진행 중인 반응의 주기를 완전히 끝낼 수 있다. 주기가 완료되었는지 잘 모르겠다면 단서를 발견할 수 있을 때까지 기다려야 한다. 아이가 깊고 편안한 호흡, 울음이나 떨림이 멎음, 기지개, 미소, 눈맞춤 또는 눈을 맞추다가 시선을 옮기는 등의 행동을 보이는지 살펴보라. 반응 주기가 끝났다고 해서 회복이 모두 끝난 것은 아닐 수도 있다. 또 다른 주기가 이어질 수도 있다. 모든 과정이 끝났다는 것을 확실히 하기 위해 아이가 몇 분 정도 감각에 집중하게 해야 한다.

6. 사고에 대한 이야기를 자제한다

사고 이야기를 나누고 그에 관한 활동을 하거나 그림을 그릴 시간은 앞으로도 많다. 지금은 에너지가 갇히지 않게 방출하고 휴식해야 하는 시간이다.

7. 아이의 신체적 반응을 인정한다

아이에게 나타나는 신체적 반응을 부정하지 말고 인정해 주어야 한다. 아이들이 충격에서 벗어나기 시작하면 울거나 몸을 떠는 경우가 많다. 이 자연스러운 과정을 빨리 진정시키고 싶은 마음이 들더라도 참아야 한다. 불편함이 신체적으로 나타날 때는 그것이 멈추거나 지절로 가라앉을 때까지 계속되도록 놔두어야 한다. 이 과정은 대개 몇 분 정도면 끝난다. 여러 연구에 따르면 사고 후 신체적 반응을 지속할 기회가 있었던 아이들은 회복 과정에서 문제를 덜 겪는다고 한다.

당신의 임무는 아이가 몸을 떨거나 울 때 그것이 정상적이고 건강한 반응이라고 알려 주는 것이다. 등이나 어깨에 따뜻하게 손을 얹고 안심시키며 "괜찮아", "잘하고 있어, 무서운 것들이 이렇게 흔들려서 나가게 해 주자" 등의 말을 해 주는 것이 매우 큰 도움이 될 수 있다. 당신의 주된 역할은 아이들이 다친 것에 대해 자연스러운 반응을 끝까지 경험할 수 있도록 안전한 환경을 만들어 주는 것이다. 아이의 선천적 치유력을 믿어라. 그리고 그것을 허용할 수 있는 당신의 능력 또한 믿어라.

의도치 않게 아이가 겪고 있는 과정을 방해하지 않으려면 아이의 자세를 바꾸거나, 주의를 분산시키거나, 너무 세게 안아주거나, 아이에게 너무 가까이 가거나 멀리 떨어지는 등의 일들을 피해야 한다. 정향 반응은 충격 반응이 완료되었음을 나타내는 신호이므로 아이가 언제 외부 세계에 다시 적응하기 시작하는지 잘 살펴보고 반응하도록 한다.

8. 마지막으로, 아이의 감정적 반응에 주의를 기울인다

직전 단계까지는 아이가 차분해 보이는 것이 좋지 않지만 이 단계에서는 괜찮다. 아이가 안전함을 느끼고 차분해 보인다면 따로 시간을 내서 사건에 대해 이야기를 나누거나 재연해 본다. 먼저 어떤 일이 일어났는지 아이에게 말해 달라고 한다. 아이는 말하면서 분노, 두려움, 슬픔, 창피함, 수치심, 죄책감 등을 경험할 수 있다. 이때 당신 혹은 아는 사람이 그와 비슷한 감정을 느꼈다거나 같은 사고를 당한 적이 있다고 말해 준다. 이것은 아이가 자신의 감정을 정상적이라고 여기는 데 도움이 된다. 어떤 감정이든 느껴도 괜찮고 주의를 기울일 만한 것임을 아이에게 알려 주라. 마지막으로, 이 응급처치법을 적용할 때 당신 자신을 신뢰하라.

트라우마는 피할 수 없는 인생의 일부이므로 미리 막을 수는 없다. 하지만 치유는 할 수 있다. 중단된 본능적 반응이 틈날 때마다 스스로 완료되려는 경향을 나타내는 것이 바로 트라우마다. 그럴 기회를 만들어 준다면 당신의 자녀는 이 과정을 완료함으로써 트라우마의 악영향을 피할 수 있을 것이다.

아이의 트라우마 반응 해소하기

치유의 기회를 마련하는 것은 낯선 나라의 관습을 배우는 것과 비슷하다. 어려운 것이 아니라 그저 다른 것이다. 당신과 아이는 생각이나 감정의 영역에서 벗어나 더 근본적인 신체 감각의 영역으로 옮겨가야 한다. 우리의 일차적인 과제는 느낌과 몸의 반응에 주의를 기울이는 것이다. 요컨대 감각을 다룰 때 치유의 기회가 온다.

트라우마로 인해 충격을 받았지만 내부 감각과 단절되지 않은 아이는 파충류 뇌에서 발생하는 충동에 주의를 기울이므로 미묘한 변화와 반응들을 쉽게 알아차린다. 이것들은 모두 과잉 에너지를 방출하고 중단되었던 감정과 반응을 완료하기 위한 행동들이다. 이러한 변화와 반응들은 알아차릴수록 강해진다.

이 변화는 아주 미세할 수도 있다. 예를 들면 내부에서 바위처럼 느껴지던 것이 갑자기 녹아서 따뜻한 액체가 된 것처럼 느껴지기도 한다. 이런 변화에 끼어들지 않고 그저 지켜볼 때 가장 유익한 효력이 발생한다. 이 시점에서 변화에 의미를 부여하거나 그에 대해 이야기할 경우 아이의 인지 과정이 더 진화된 뇌의 영역으로 전환되어 파충류 뇌와의 직접적인 연결이 방해받을 수 있다.

신체 반응은 대개 무의식적인 몸의 떨림, 울음 등으로 나타난다. 때로는 아주 느리게 움직이거나 특정 동작을 반복하기도 한다. 이때 아이에게 의젓하고 씩씩해야 한다거나, 정상적으로 행동해야 한다거나, 지금 느끼는 감정은 좋지 않은 것이라고 말한다면 자연스러운 신체 반응이 방해를 받아 축적된 에너지를 효과적으로 방출할 수 없다.

파충류 뇌를 통해 발생하는 경험의 또 다른 특징은 주기와 시기가 중요하다는 점이다. 야생에서는 모든 것이 주기에 따라 일어난다. 계절이 바뀌고, 달이 찼다가 기울고, 바닷물이 밀려왔다 나가고, 해가 뜨고 진다. 동물들도 자연의 주기에 따른다. 자연의 시계추에 반응하여 짝짓기, 출산, 수유, 사냥, 수면, 겨울잠 등의 행동을 한다. 마찬가지로, 트라우마 반응을 해결하는 데 필요한 신체 반응 역시 자연의 주기에 따른다.

자연의 주기는 인간에게 두 가지 도전 과제를 제시한다. 첫째, 자연은 우리에게 익숙한 속도보다 훨씬 느리게 움직인다. 둘째, 자연의 주기는 우리가 전혀 통제할 수 없다. 다시 말해 치유의 주기는 우리와 상관없이 그저 지나가며, 오직 관찰되고 입증될 뿐이다. 우리가 그것을 평가하거나 조작할 수 없고 앞당기거나 바꿀 수도 없다. 다만 치유에 필요한 시간과 관심을 제공해 준다면 치유의 주기가 그 임무를 완수할 것이다.

아이가 완전히 본능적 반응의 영역에 들어가 있을 때 치유의 주기를 최소한 한 번은 겪을 것이다. 그렇다면 주기가 완료되었다는 것을 어떻게 알 수 있을까? 아이를 주의 깊게 살펴보면 된다. 트라우마를 겪는 아이가 억지로 사고 과정으로 넘어가지 않고 감각을 느끼는 상태에 머무른다면, 결국 에너지는 방출되고 해방감과 함께 다시 외부 세계로 주의가 옮겨간다. 당신은 아이의 이런 변화를 느낄 수 있을 것이며 치유가 일어났다는 것을 알게 될 것이다.

트라우마 반응의 해소는 나중에 반응이 나타날 가능성을 없애는 것 이상의 의미가 있다. 트라우마 반응을 해소함으로써 아이는 앞으로 위협적인 상황을 훨씬 수월하게 헤쳐 나갈 수 있다. 본질적으로 스트레스에 대한 자연적 회복력이 생기는 것이다. 스트레스를 받았다가 그것에서 벗어나는 데 익숙해진 신경계는 지속적인 스트레스를 떠안고 있는 신경계보다 더 건강하다. 자신의 본능적 반응에 주의를 기울이도록 격려받은 아이들은 평생의 건강과 활력이라는 유산을 받은 것과 같다.

아이가 보내는 트라우마 신호

아이가 심한 공포에 사로잡힌 사건, 특히 마취를 포함한 의료적 처치 직후 심상치 않은 행동을 보인다면 트라우마의 징후일 수 있다. 장난감 자동차로 인형을 내리친다거나 하는 강박적이고 반복적인 행동은 해소되지 않은 트라우마 반응이 있다는 거의 확실한 신호다. 이 행동들은 트라우마 사건을 그대로 재연할 수도 있고 아닐 수도 있다. 정신적 외상으로 인한 스트레스를 확인할 수 있는 또 다른 신호들은 다음과 같다.

- 고집스럽고 통제하려는 행동
- 엄지손가락을 빼는 등 유아기로 퇴행하는 행동
- 떼쓰기, 짜증, 스스로도 주체하지 못하는 분노 행동
- 과다한 활동성(과잉 행동)
- 자주 소스라치게 놀라는 경향
- 반복되는 밤공포증이나 악몽, 잠결에 몸부림치거나 허우적거리기, 야뇨증
- 학교에서 집중하기 어려워함, 건망증
- 지나치게 투쟁적이거나 수줍음, 위축되거나 두려워함
- 극도로 집착하거나 매달리려는 욕구

• 복통이나 두통, 기타 원인을 알 수 없는 질병들

  평소와 다른 행동이 정말로 트라우마 반응인지 알아보려면 아이가 매우 두려워했던 일을 언급한 다음 아이의 반응을 살펴보라. 아이가 정신적 외상을 입었다면 그 기억을 떠올리고 싶어 하지 않을 수 있다. 이와 반대로 한번 떠올리고 나면 흥분하거나 두려워서 그 이야기를 멈추지 못할 수도 있다.

  사건을 연상케 하는 단서들은 과거에 일어난 일들을 말해 준다. 아이가 이상한 행동 패턴을 더 이상 보이지 않더라도 꼭 에너지를 방출한 것은 아니다. 트라우마 반응이 몇 년이나 잠복할 수 있는 이유는 신경계가 성숙함에 따라 과잉 에너지를 통제할 수 있게 되기 때문이다. 아이의 행동을 달라지게 했던 무서운 사건에 대해 함께 이야기함으로써 아이에게 트라우마의 잔재가 남아 있는지 알아볼 수 있다.

  트라우마 증상이 다시 활성화될까 봐 지나치게 걱정할 필요는 없다. 치유와 관련된 생리적 과정들은 자연스러운 치유 과정을 이끄는 우리의 개입에 잘 반응한다. 아이들은 트라우마의 치유적 측면을 경험하는 것을 놀라울 정도로 잘 수용한다. 우리가 할 일은 그저 치유가 일어나도록 기회를 마련해 주는 것뿐이다.

효과적인 놀이 치유 방법 : 새미의 사례

다음 이야기는 비교적 일반적인 사건이 잘못되었을 때 어떤 결과를 낳을 수 있는지 보여 주는 사례다.

나는 새미가 할머니, 할아버지와 함께 주말을 보낼 때 손님으로서 방문했다. 새미는 더할 수 없이 폭군처럼 굴었고 줄기차게 공격성을 드러내며 낯선 환경을 통제하려고 했다. 어떤 일에도 즐거워하는 법이 없었고 깨어 있는 내내 성질을 부렸다. 잠자는 동안에는 마치 이불과 씨름이라도 하듯 허우적거렸다.

부모와 떨어져 주말을 보내는 두 살 반 된 아이에게서 전혀 예상할 수 없는 행동은 아니었다. 분리불안이 있는 아이들은 종종 이렇게 행동하기 때문이다. 하지만 새미는 할머니 댁에 놀러가는 것을 늘 즐거워했기 때문에 이런 행동은 좀 지나쳐 보였다.

새미의 조부모에게 들은 바로는 6개월 전 새미가 높은 의자에서 떨어져 턱이 찢어졌다고 했다. 피가 많이 나서 응급실로 가야 했는데, 그곳에서 새미는 너무 겁에 질려서 간호사가 체온과 혈압을 잴 수 없을 정도였다. 새미는 결국 상체와 다리를 움직이지 못하도록 파푸스 보드라는 기구에 묶였다. 이것은 판에 아이를 눕히고 벨트로 온몸을 고정하는 기구다. 묶인 새미가 움직일 수 있는 부분은 머리와 목뿐이었다. 당연히 새미는 있는 힘껏 몸부림쳤고 의사들은 턱의 상처를 봉합하기 위해 새미를 더욱 단단히 묶었다.

이렇게 강압적인 수술을 받은 뒤 새미는 엄마 아빠를 따라 햄버거 가게와 놀이터에 갔다. 새미의 엄마는 딸을 다정하게 안아 주며 정말 무섭고 아팠겠다고 위로해 주었다. 그렇게 모든 일이 잊힌 듯했다. 하지만 이 사건 직후부터 새미는 제멋대로 행동하기 시작했다. 과연 새미의 과잉 통제 행동은 트라우마 사건을 겪으며 경험한 무력감과 관련이 있을까?

나는 새미가 이런저런 일들로 응급실에 여러 번 가봤지만 이렇게까지 공포와 공황 상태에 빠진 적은 없다는 사실을 알게 되었다. 새미의 부모가 돌아왔을 때 우리는 새미의 행동이 그토록 달라진 것이 최근의 사건과 관련된 트라우마 때문인지 알아보기로 했다.

모두 내가 머물던 오두막집에 모였다. 의자에서 떨어진 일이나 병원에서 겪은 일들에 대한 이야기는 전혀 꺼내지 않기로 했다. 새미의 부모와 조부모, 그리고 새미가 지켜보는 가운데 나는 의자 위에 곰돌이 푸 인형을 아슬아슬하게 올려놓았다. 인형은 곧 떨어졌고 병원에 가야 했다. 새미는 비명을 지르며 쏜살같이 문으로 뛰어나가더니 징검다리를 건너 개울로 이어지는 좁은 길을 달려갔다. 우리가 의심하던 부분은 사실이었다. 최근 응급실에서 있었던 사건은 대수롭지 않은 일도, 잊힌 일도 아니었다. 새미의 행동은 이 놀이가 그 아이를 완전히 압도해 버릴 수도 있다는 것을 보여 주었다.

새미의 부모는 아이를 다시 집으로 데려왔다. 새미는 미친 듯이 엄마에게 매달렸다. 우리는 다른 놀이를 준비하면서, 모두가 곰돌이 푸를 보호하도록 도와주겠다고 새미를 안심시켰다. 새미는 다시 달려나갔지만 이번에는 내가 묵던 침실로 들어갔다. 우리는 새미를 따라 들어가서 어떤 일이 일어날지 지켜보며 기다렸다. 새미는 침대로 뛰어가더니 양 팔로 침대를 치며 기대에 찬 눈으로 나를 바라봤다. 나는 이것을 계속해도 좋다는 신호로 해석해서 푸 인형을 침대에 눕히고 담요를 덮은 뒤 새미를 그 옆에 앉혔다.

"새미, 다 같이 푸를 도와주자."

나는 담요를 덮은 푸 인형을 잡고서 모두에게 푸를 구해 달라고 요청했다. 새미는 흥미롭게 지켜보고 있었지만 곧 일어나더니 엄마에게 달려갔다. 엄마에게 매달린 새미는 이렇게 말했다. "엄마, 무서워요." 우리는 새미를 몰아붙이지 않고 아이가 다시 놀이에 참여할 마음이 들 때까지 기다렸다. 이번에는 할머니도 푸와 함께 붙잡혔다. 잠시 후 새미는 그들을 구조하는 데 적극적으로 나섰다. 푸와 할머니가 풀려나자 엄마에게 달려간 새미는 전보다 더욱 겁에 질려 매달렸지만 한편으로는 승리감과 자랑스러움을 느끼는 듯했다. 그 아이는 더 이상 움츠리지 않았고 어깨를 폈다. 다음번에 엄마를 붙잡았을 때는 마구 매달리거나 흥분해서 뛰어오르는 행동이 줄어들었다. 우리는 새미가 다시 놀이할 준비가 될 때까지 기다렸다. 새미를 제외한 모두가 번갈아 푸와 함께 한 번씩 구조되었다. 새미는 담요를 잡아당겨 사람들을 구조할 때마다 점점 더 활기를 띠었다.

드디어 새미가 푸와 함께 담요를 덮고 구조를 기다릴 차례가 되었다. 새미는 상당히 초조해했고 최후의 도전을 받아들이기까지 여러 번 엄마에게 달려갔다. 결국 새미는 용감하게도 푸와 함께 담요 밑으로 들어갔다. 내가 담요를 덮은 새미의 팔을 부드럽게 잡자 두 눈이 공포로 커지는 것이 보였다. 이내 새미는 푸 인형을 움켜잡고 담요를 확 뿌리친 다음 엄마 품으로 뛰어들었다. 새미는 부들부들 떨고 흐느끼며 소리쳤다. "엄마, 여기서 꺼내 줘요! 엄마, 이것 좀 치워 줘요!" 새미의 아빠는 이 말을 듣고 깜짝 놀랐다. 새미가 파푸스 보드에 묶여 있었을 때 했던 말이라고 했다. 새미 아빠가 이것을 똑똑히 기억하는 이유는 두 살 남짓한 아이가 이처럼 직접적이고 분명하게 요구할 수 있다는 데 놀랐기 때문이었다.

우리는 이 탈출 놀이를 몇 번 더 했다. 놀이를 거듭할 때마다 새미는 점점 더 힘과 승리감을 느끼는 듯했다. 두려움에 사로잡혀 엄마에게 달려가는 대신 신이 나서 펄쩍펄쩍 뛰었다. 탈출에 성공할 때마다 다 같이 박수치고 춤을 추며 응원했다. "와, 새미 최고다! 와아, 새미가 곰돌이 푸를 구했다!" 두 살 반인 새미는 몇 달 전 그 아이를 충격에 빠뜨렸던 경험에 완전한 지배력을 얻었다.

우리가 이렇게 개입하지 않았더라면 어떤 일이 일어났을까? 새미의 불안, 통제적 경향, 과잉 행동은 아마도 더 심해졌을 것이다. 수십 년 후에는 무의식적으로 그 사건을 재연하거나 원인불명의 복통, 편두통, 불안발작 등에 시달렸을 수도 있다.

이 예측은 모두 실현 가능성이 높지만, 어떤 전문가도 아이의 트라우마가 언제 어떻게 어떤 형태로 그들의 삶을 덮칠지 장담하지 못한다. 하지만 트라우마를 예방함으로써 이런 가능성에서 아이들을 보호하고 그들이 능동적이고 확신에 찬 어른으로 자라도록 도와줄 수는 있다.

놀이 vs. 재연 vs. 재조정

트라우마와 연관된 놀이, 재연, 재조정 간의 차이를 이해하는 것은 중요하다.

트라우마를 겪는 성인은 어떤 방식으로든 원인이 된 사건을 재연한다. 이와 마찬가지로 아이들은 놀이를 통해 트라우마 사건을 재창조한다. 비록 아이가 자기 행동의 중요성을 알지 못하더라도 트라우마 사건과 연관된 느낌들은 사건을 재연하려는 충동을 일으킨다. 아이들은 직접적으로 트라우마에 대해 말하지 않더라도 놀이라는 수단을 통해 그 사건에 대해 이야기한다.

레노어 테르는 『울기엔 너무 무서운Too Scared To Cry』이라는 책에서 세 살 반인 로런의 장난감 자동차 놀이와 반응들에 대해 묘사했다. "차가 사람들 쪽으로 가고 있어요." 로런은 자동차 두 대를 손가락 인형들 쪽으로 붕 달려가게 하면서 말한다. "자동차가 뾰족한 부분을 사람들한테 향하고 있어요. 사람들이 무서워해요. 뾰족한 부분이 사람들 배, 입, 그리고… (자기 치마를 가리키며) 여기를 찌를 거예요. 배가 아파요. 이제 놀이 그만 할래요." 로런은 두려움이 갑자기 신체적 증상으로 나타나자 놀이를 그만둔다. 이것은 매우 전형적인 반응이다. 로런은 아마 같은 놀이를 무의식적으로 하고 또 할 것이다. 그리고 매번 두려움이 복통의 형태로 나타나면 놀이를 그만둘 것이다. 심리학자들 중에는 로런이 트라우마 상황에 대한 통제력을 얻으려고 놀이를 한다고 말하는 사람도 있을 것이다. 분명 로런의 놀이는 공포증이 있는 성인에게 주로 사용되는 노출 치료exposure treatment와 비슷한 면이 있다. 하지만 이런 놀이는 무언가를 해소하는 것이 아니라 그저 강박적으로 반복하는 것에 가깝다. 어른들이 트라우마를 재연함으로써 트라우마를 오히려 강화할 수 있듯이, 해소되지 않은 트라우마를 놀이로 반복한다면 아이들이 받은 충격이 더욱 심해질 가능성이 있다.

새미의 사례에서 보았듯 트라우마 경험의 '재조정'은 놀이나 재연과 근본적으로 다른 과정이다. 간섭하지 않고 놔두면 대부분의 아이들은 놀이하면서 트라우마와 연관된 느낌들이 올라올 때 그것을 피하려고 한다. 반면 새미는 우리의 안내에 따라 한 단계씩 순차적으로 두려움을 정복함으로써 자신의 느낌들을 경험할 수 있었다. 트라우마 사건의 단계적 재조정과 곰돌이 푸의 도움으로 새미는 승리자이자 영웅이 될 수 있었다. 대부분의 경우 영웅이 된 느낌과 승리감은 트라우마 재조정이 잘 마무리되었다는 신호다.

아동 트라우마 재조정의 5가지 핵심 원리

이번에는 새미의 경험을 바탕으로 다음과 같은 원칙들을 이야기해 보려 한다.

1. 아이가 놀이의 속도를 조절하게 하라

새미는 곰돌이 푸가 의자에서 떨어졌을 때 밖으로 달려 나감으로써 놀이를 할 준비가 되지 않았음을 분명히 전달했다. 새미는 부모에게 구조되고 편안함을 느낀 다음에야 그 상황으로 돌아왔다. 우리는 새미에게 곰돌이 푸를 곁에서 보호해 주겠다고 약속했고, 그 덕분에 새미는 좀 더 안심하고 놀이에 참여할 수 있었다.

새미가 집 밖으로 뛰쳐나가지 않고 침실로 달려갔을 때, 우리는 그 아이가 위협을 덜 느끼고 우리의 도움을 신뢰하게 됐음을 알았다. 아이들은 놀이를 계속하고 싶은지 아닌지 말로 표현하지 않는 경우가 많기 때문에 행동과 반응을 잘 관찰해 단서를 감지해야 한다. 아이가 원하는 바는 물론이고 그들이 선택하는 소통 방식 역시 존중해야 한다. 아이들은 스스로 하고자 하고, 실제로 할 수 있는 범위 이상의 행동을 요구받아서는 안 된다. 가쁜 호흡, 굳어 버림, 해리가 일어나 멍한 상태 등 공포의 징후가 감지된다면 즉각 중단해야 한다. 곁에서 아이를 안심시키며 인내심 있게 기다려 주기만 해도 그런 반응들은 사라진다. 보통 아이의 눈이나 호흡을 관찰해 보면 언제 놀이를 더 이어나가야 할지 알 수 있다. 놀이를 계속하겠다는 새미의 결정이 드러나는 부분들에 특히 주의하며 새미의 이야기를 다시 읽어 보라.

2. 두려움, 무서움, 흥분을 구별하라

놀이 과정에서 일시적이지 않은 두려움이나 무서움을 느끼는 것은 트라우마에서 벗어나는 데 도움이 되지 않는다. 대부분의 아이들은 그것을 피하려는 행동을 보인다. 그렇게 하도록 놔두면 된다. 단, 그것이 회피인지 탈출인지 구별할 수 있어야 한다. 새미가 개울가로 달려간 것은 회피 행동이었다. 트라우마 반응을 해소하려면 감정에 떠밀려 행동하는 것이 아니라 행동을 스스로 통제할 수 있다고 느껴야 한다. 회피 행동은 두려움과 무서움에 압도당할 때 일어난다. 대개 이런 행동에는 울음, 겁에 질린 눈, 비명 등 감정적 고통의 신호가 따라온다. 이와 반대로 능동적으로 탈출할 때는 아주 신나는 모습을 보인다. 작은 승리들에 흥분한 아이들은 환한 미소를 띠거나 깔깔 웃고 박수를 치며 기쁨을 드러내는 경우가 많다. 이때의 반응은 전반적으로 회피 행동과 매우 다르다.

흥분은 트라우마 경험에서 느낀 감정들을 방출하는 데 성공했다는 증거다. 이것은 긍정적이고 바람직하며 필요한 단계다. 트라우마는 견딜 수 없는 감정과 감각들을 기분 좋은 것으로 바꾸는 과정을 통해 변화한다. 이것은 트라우마 반응이 일어났을 때와 비슷한 각성 상태에서만 일어날 수 있다. 아이가 흥분하고 기분이 좋아 보인다면 우리가 새미와 함께 박수치고 춤춘 것처럼 아이를 격려해 주고 놀이를 이어나가도 좋다. 반대로 아이가 겁에 질렸거나 주눅 들어 보인다면 안전한 곳에 있다는 사실을 느끼게 해 주고, 더 이상 나아가라고 격려하지는 말아야 한다. 두려움이 가라앉을 때까지 참을성 있게 기다려 주라.

3. 한 번에 아주 조금씩 나아가라

트라우마 사건을 재조정할 때는 아무리 느려도 괜찮다. 트라우마와 관련된 놀이는 당연히 반복적일 수밖에 없으니 이 주기적인 특성을 활용하자. 트라우마 재조정이 놀이와 가장 다른 점은 아이의 반응과 행동에서 아주 조금씩 진전이 일어난다는 점이다. 새미가 밖으로 나가지 않고 침실로 달려갔을 때 새미의 달라진 행동은 진전이 일어났다는 신호였다. 몇 번이든 놀이를 반복하라. 아주 조금씩이라도 아이가 흥미를 더 보이고 말이 많아지고 자발적인 움직임을 보이는 등 전과 다르게 반응한다면 트라우마를 극복해 나가고 있는 것이다. 아이의 반응이 확장되고 다양해지는 대신 위축되고 반복되는 쪽으로 변하는 것 같다면 한번에 너무 멀리 나아가려고 시도했기 때문인지도 모른다. 변화의 속도를 늦춰 보고, 그래도 별로 도움이 되지 않는 것 같다면 이 장을 다시 읽으면서 당신이 하고 있는 역할과 아이의 반응을 더 자세히 살펴보라. 아마 놓친 신호들이 있을 것이다.

우리는 곰돌이 푸 놀이에 새미가 열 번 이상 참여하게 했다. 그래도 새미는 트라우마 반응을 꽤 빨리 재조정할 수 있었던 편이다. 다른 아이에게는 시간이 더 필요할 수도 있다. 똑같아 보이는 과정을 몇 번이나 반복해야 하는지는 신경 쓰지 말라. 아이가 반응하고 있다면 걱정은 멈추고 놀이를 즐겨 보라.

4. 믿어야 한다

자연이 당신의 편임을 기억하라. 아이와 트라우마 사건을 재조정할 때 성인으로서 가장 어렵고 중요한 부분은 결국 다 잘될 거라는 믿음을 유지하는 것이다. 당신의 내부에서 발생하는 이 느낌은 아이에게도 전달된다. 그리고 이것이 아이를 자신감으로 둘러싸고 지지해 준다. 아이가 트라우마를 재조정하려는 당신의 시도에 저항할 때 긍정적인 믿음을 유지하기가 특히 어려울 수 있다. 참고 견디며 아이가 불안하지 않도록 안심시켜 주는 태도를 유지하라. 아이의 속마음은 충격적이었던 경험을 재조정하고 싶어 한다. 당신이 할 일은 그 부분이 힘을 발휘하도록 기다려 주는 것뿐이다. 아이의 트라우마 반응이 변화될 수 있을지 지나치게 걱정한다면 무심코 아이에게 모순적인 메시지를 전달하는 셈이다. 당신에게 해소되지 않은 트라우마가 있다면 이 함정에 빠질 위험이 특히 높다. 해결되지 않은 당신의 경험들 때문에 아이가 고통받게 해서는 안 된다. 당신 자신과 아이를 위해 도움을 청하라.

5. 아이가 놀이에서 도움을 받는 것 같지 않다면 중단하라

새미는 한 번의 활동으로 경험을 재조정할 수 있었지만 모든 아이가 그렇지는 않다. 여러 번의 작업이 필요한 경우도 있다. 반복적인 시도에도 불구하고 아이가 계속 위축된 채 승리감과 기쁨으로 나아가지 못한다면 더 이상 강요하지 말고 자격 있는 전문가에게 도움을 요청하라.

세 개의 뇌, 하나의 마음

나는 이구아나가 느끼는
저 깊고, 깊고, 깊은 곳에 이르는 법을
제대로 배운 적이 없다네.

—주디 메이햄, 「이구아나 송」

우리는 지금까지 트라우마를 탐구하면서 파충류 뇌 안의 원시적 에너지에 대해 배웠다. 우리는 파충류가 아니지만, 파충류와 포유류에게서 이어받은 유산을 충분히 이용하지 않는다면 온전한 인간으로서 존재할 수 없다. 다시 말해 온전한 인간다움은 삼위일체 뇌의 기능들을 통합하는 능력에 있다.

트라우마를 해소하기 위해서는 본능, 감정, 합리적 사고 사이를 유연하게 넘나드는 법을 배워야 한다. 이 세 가지 원천이 감각, 느낌, 인지와 관련된 메시지를 주고받으며 조화를 이룰 때 우리의 유기체는 원래의 목적대로 기능할 수 있다.

우리는 신체 감각들을 식별하고 그와 접촉하는 법을 배움으로써 우리 안에서 본능적인 파충류의 뿌리를 깨닫기 시작한다.

이 뿌리 안에서 본능은 자극에 대한 단순한 반응일 뿐이다. 하지만 이 반응들이 감정적인 포유류의 뇌와 인지 능력에 힘입어 체계적으로 통합되고 확장되면 우리는 진화적 유산의 충만함을 경험하게 된다.

현대적인 뇌가 오직 인지적 기능만을 수행하지 않듯 뇌의 원시적 부분들이 오직 생존만을 지향하지 않는다는 점을 이해해야 한다. 원시적 뇌는 우리가 누구인가에 대한 중요한 정보를 전달한다. 본능은 싸우고, 도망치고, 얼어붙어야 할 때만 알려주는 것이 아니라 우리가 이곳에 속한 존재임을 알려 준다. 우리는 본능적으로 '나'를 느낀다. 포유류 뇌는 이 감각을 '우리'로 확장하고 우리가 함께 이곳에 속한 존재임을 알려 준다. 그리고 인간의 뇌는 물질세계를 넘어서는 성찰과 연결의 감각을 더해 준다.

본능과 느낌에 확실하게 연결되어 있지 않다면 우리는 이 지구와 가족뿐만 아니라 그 어떤 것에도 유대감과 소속감을 느낄 수 없을 것이다. 바로 여기에 트라우마의 뿌리가 있다. 어딘가에 소속되어 있다는 펠트센스와 단절될 때 우리의 감정들은 외로움의 공백 속에서 버둥거린다. 이때 이성적 마음은 연결이 아니라 단절을 바탕으로 하는 환상들을 만들어 낸다. 그래서 우리는 이 환상에 빠져 경쟁하고, 전쟁을 일으키고, 불신하고,

자연스럽게 삶을 존중하는 마음을 잃는다.

모든 것들과 연결되어 있음을 느끼지 못할 때 우리는 그것들을 쉽게 파괴하거나 무시해 버린다. 인간은 본래 협력하고 사랑하는 존재이고 함께 무언가 해내기를 좋아한다. 하지만 세 개의 뇌가 완전히 통합되지 않은 상태로는 자신의 이런 측면들을 알 수 없다.

우리는 트라우마를 치유하는 과정에서 삼위일체 뇌를 통합할 수 있다. 이때 일어나는 변화는 우리로 하여금 진화의 숙명을 따르게 한다. 그리고 우리는 타고난 능력들을 모두 발휘할 수 있는 완전한 인간이라는 동물이 된다. 우리는 맹렬한 전사이자 온화한 양육자이며, 그 사이의 모든 존재다.

| 감사의 글 |

나의 아버지 모리스와 어머니 헬렌, 내 연구를 표현할 수단인 삶이라는 선물을 주고 끊임없이 전폭적인 지지를 보내 주신 부모님께 감사한다. 야생 들개인 파운서는 나를 동물의 세계로 인도해 주는 안내자이자 늘 곁에 있어 준 친구다. 열일곱 살인 이 녀석은 여전히 나에게 물질세계의 활력 넘치는 기쁨을 보여 주는 존재다.

인간이라는 동물에 대한 자연주의적 시각과 과학적 기록들을 남겼을 뿐만 아니라 나와 개인적으로 교류하고 격려해 준 니콜라스 틴베르헌, 콘라트 로렌츠, H. 폰 홀스트, 폴 리하우젠, 아이블 아이베스펠트를 비롯한 많은 생태학자들에게도 감사한다.

그리고 나는 빌헬름 라이히가 남긴 유산에 큰 은혜를 입었다.

에너지에 관한 그의 기념비적 업적이 단순한 지혜와 따뜻한 마음을 가진 필립 커커루토를 거쳐 나에게 전수되었다는 점에 감사한다.

아직도 관련 지식이 한참 부족한 나에게 자기수용에 대해 가르쳐 준 리처드 올니와 리처드 프라이스, 내가 과학자이자 치유자라는 정체성을 형성하는 데 결정적 계기가 되어 주고 영감을 준 아이다 롤프에게도 감사한다. 변화된 의식 상태altered states of consciousness를 비판적으로 이해해 준 버지니아 존슨 박사에게도 깊이 감사한다.

한편 에른스트 겔혼을 비롯한 이론 교육자들 덕분에 신경생리학적 사고를 형성할 수 있었고 아크테르 아센 덕분에 '떼려야 뗄 수 없는 몸과 마음의 일치성'이라는 관점을 강화할 수 있었다.

여러 친구들, 특히 집필을 도와준 에이미 그레이빌과 로런 헤이저에게 감사하고, 열정적이고 훌륭한 동물 작품들을 사용하도록 흔쾌히 허락해 준 가이 코헬리크에게도 감사한다.

마지막으로 내 존재의 원형을 형성한 메두사, 페르세우스와 더불어 신체 무의식body unconscious의 강력한 힘을 나타내는 인물들에게 겸허히 감사를 전하고 싶다.

호랑이 깨우기

초판 1쇄 인쇄 2024년 11월 15일
초판 1쇄 발행 2024년 11월 25일

지은이 | 피터 A. 레빈
옮긴이 | 김아영

발행인 | 정상우
편집인 | 주정림

펴낸곳 | (주)라이팅하우스
출판신고 | 제2022-000174호(2012년 5월 23일)
주소 | 경기도 고양시 덕양구 으뜸로 110 오피스동 1401호
주문전화 | 070-7542-8070 팩스 | 0505-116-8965
이메일 | book@writinghouse.co.kr
홈페이지 | www.writinghouse.co.kr

한국어출판권 ⓒ 라이팅하우스, 2024
ISBN 979-11-93081-11-2 (03180)